国家科技支撑计划课题

村镇建设用地再开发规划编制技术研究（2013BAJ13B04）

"十二五"国家重点图书出版规划项目

土地利用与空间规划丛书 ‖ 主编 曹小曙

乡村贫困的地方性特征及 土地利用对乡村发展的影响

任慧子 著

陕西师范大学 出版总社

图书代号　ZZ16N0270

图书在版编目（CIP）数据

乡村贫困的地方性特征及土地利用对乡村发展的影响 / 任慧子
著. —西安：陕西师范大学出版总社有限公司，2016.5
　　（土地利用与空间规划丛书/ 曹小曙主编）
　　ISBN 978-7-5613-8311-7

　　Ⅰ.①乡…　Ⅱ.①任…　Ⅲ.①农村—贫困问题—研究—连州市
②土地利用—影响—农村经济发展—研究—连州市　Ⅳ.①F323.8
②F321.1

　　中国版本图书馆CIP数据核字（2015）第293763号

乡村贫困的地方性特征及土地利用对乡村发展的影响

任慧子　著

选题策划 / 刘东风　郭永新
责任编辑 / 赵荣芳
责任校对 / 安　雄
装帧设计 / 蒋宏工作室
出版发行 / 陕西师范大学出版总社
　　　　　　（西安市长安南路199号，邮编710062）
网　　址 / http://www.snupg.com
印　　刷 / 西安建科印务有限责任公司
开　　本 / 720mm×1020mm　1/16
印　　张 / 21.5
插　　页 / 2
字　　数 / 270千
版　　次 / 2016年5月第1版
印　　次 / 2016年5月第1次印刷
书　　号 / ISBN 978-7-5613-8311-7
定　　价 / 48.00元

总　序

　　在人类出现之前，地球环境的变化是受自然力量支配的。在人类出现之后，人类就开始干预地球环境的演变过程，其突出的表现就是对土地、矿产等自然资源的利用和对地球环境的影响。人类最初对土地的干预是微不足道的，但随着生产力的发展，人类对土地的影响越来越全面、复杂而且深刻。农业革命使人从旷野走向了城市，工业革命使人从农村走向了工厂，信息革命使人走向以互联网与新能源相结合的第三次工业革命新时代。

　　在农业社会中，人类的发展主要依靠土地资源，在工业时代则主要依靠能源，而在信息化时代将主要依靠信息和数据。尽管当今的科学技术水平已经取得了前所未有的进步，但人类仍无法脱离地球而生存。地球的资源是有限的，而人类的消费是无限的。人类过于频繁地索取地球资源，给地球带来了巨大的生态负担及负面效应。中国改革开放以来的经济发展，是建立在大量消耗土地、能源等资源的第二次工业革命基础之上的，但随着第三次工业革命的兴起，目前的发展模式已走到了尽头，迫切需要以土地使用的低碳排放甚至零排放为目标的新发展模式。如何整体推进改革发展，目前尚未找到整体性、系统性、长期性的适应中国特色的土地利用发展方式及模式。从基础数据、监测监管、转型升级、规划设计、建设管理到效益效应评估等问题，依然处于摸着石头过河的状态，因此革命性土地变革的顶层设计必不可少。

农业发展的基本支撑是耕地资源，保护耕地资源从根本上讲是为了促进农业产业的发展，因为只有农业产业的发展才能使农民真正富裕起来。在不断变化的环境中，农业土地利用要持续发展，需要技术、政策和管理方式不断适应变化，从而可以调整土地利用方式，改进土地利用系统，优化土地利用效益。耕地补充是中国发展过程中长期而艰巨的任务，已经从第一阶段的数量补充提升到现在质量、数量并重的第二阶段，发达地区已进入景观生态修复和生物多样性恢复的第三阶段。耕地红线与国家发展、粮食安全、农民权益等多方面的问题有着交织互动的关系，单纯的行政手段和纯粹的市场机制均不能完全解决问题。

中国自改革开放以来，城乡发展均处于规模扩张过程，诱发了众多的矛盾与冲突。有限的土地资源与无限的发展需求之间的矛盾将会在中国社会发展中长期存在。节约、集约用地就是在这种状态下所产生的解决问题的办法，但节约、集约用地并不是最终目的，高效利用、促进发展、生态和谐才是终极目标。长期以来，我国经济发展主要以廉价土地和廉价劳动力的粗放式带动为主，致使土地的集约化程度较低，并使建设用地规模量迫近未来的指标。但建设用地在促进经济发展中依然起着其他资源所不能替代的作用，建设用地的永续利用将伴随着人类社会的发展而长期存在。目前，仅仅关注存量土地的利用与利用效益是不够的，使存量土地在发展方式转变中起到革命性的变革作用，才是发达地区应该为国家的发展战略起表率作用的根本。

建设用地再开发贯穿于一个城市与区域发展的长期过程。然而，目前以房地产开发为导向的土地再开发模式以追求短期的投资回报率为目标，没有为城市整体经济发展和社会进步发挥基础性作用，呈现出强烈的经济利益驱动性特征；在操作上也存在制度缺失、利益失衡、空间失序和社会阶层不平等等现象。由此催生的更新规划失控、房价高涨、社区解体、居住分异和社会不公平等一系列问题，正威胁着城市与区域长远发展的未来。

中共十八届三中全会指出，山、水、林、田、湖是一个生命共同体，人的命脉在田，田的命脉在水，水的命脉在山，山的命脉在土，土的命脉在树。应该将海也作为生命共同体的组成部分，而山、水、林、田、湖、海的命脉最终在人，人不是生命共同体的主人，而是生命共同体的组成要素。土地利用中人类的影响是必然的，表现在生态环境与人类社会经济的协调、多层次多领域人的参与和干预、人际关系的协调、人类土地利用的历史经验及教训等方面。土地利用惠及民生实际上也代表着人类社会对待土地的态度，生活中人们一方面尊敬土地，而另一方面在一定程度上又轻视土地。

伴随着科学技术的发展，人类终于能够将地球作为一个整体进行观测和研究。其中，对国土疆域面积、地理区域划分、地形地貌特征、道路交通网络、江河湖海分布、土地利用与土地覆被、城乡布局与扩展、生产力空间布局、灾害分布等地理国情有了科学的认识。

农业土地，特别是耕地和高标准基本农田的建设与持续利用，建设用地的再开发持续利用，离不开持续投入与经营。因此，规划作为投入与经营的先决条件是必不可少的。人们在实践中逐步认识到，城市地区的城乡规划与土地规划的剥离造成了越来越多的问题，事实上在乡村地区此类问题也越来越突出，以居民点为核心的乡村规划与以农用地为核心的土地规划，如何相互融合，已经到了需要我们深刻反思的阶段。以"三规合一"和"多规融合"为理想出发点的规划变革已经出现。乡村地区的各种规划融合与统一，特别是以农用地为核心的规划思想是未来发展的方向。目前，我们面临的难题是，传统的以地学、农学等为基础的土地方面的研究，已无法满足日益变化的土地功能多样化的现实需求，迫切需要贯穿地学、农学、测绘工程、农田水利工程、土地规划与管理等人类干预土地利用全过程的研究人才与团队。

"土地利用与空间规划丛书"的编撰宗旨是：遵循土地利用理论的历史演化、理论基础、方法构建、案例验证、规范标准、实施应用、评估持续的总体思路，从传统的以经济发展为导向的再开发，走向生态控制下的统筹经济发展与生态保护的再开发，从以项目为导向的碎片化的再开发，走向区域与城乡统筹的再开发。围绕我国村镇建设的要求，贯彻国家城乡统筹全面发展与新农村建设的方针政策，以规划技术为重要手段，全面提升村镇功能，促进发展方式转变，改善人居环境，实现土地可持续利用。在全球视野、国家战略、地方实践基础上进行继承创新与集成创新，系统地提出村镇建设用地再开发的空间管制体系与方法，为美丽中国的精致化建设与精细化管理提供重要的技术支撑。

陕西省"百人计划"陕西师范大学特聘教授

中山大学教授、博士生导师

曹小曙

2014年11月

前　　言

　　全书内容共九章，笔者以乡村贫困空间和乡村贫困人群为研究对象，对乡村贫困的时空格局演化、空间分布特征及群体特征，以及由此而显现出的乡村贫困地方特征进行了分析、研究；在此基础上，从空间、经济、社会等多维度探讨乡村贫困的影响因素，特别深入分析了土地利用对乡村发展至关重要的影响。每一章的具体内容与安排如下：

　　第一章回顾和总结了国内外乡村贫困特征与乡村贫困影响因素研究的代表性成果，不仅概括了主要的研究内容和研究方法，也详细地总结出国内相关研究所存在的主要问题，即乡村贫困研究存在地域偏重性、研究内容集中性及学科交融性弱等问题。在此基础上，第二章研究设计中提出本书的研究目标、研究框架与技术路线。

　　第三章对连州地区乡村贫困空间传承性进行了研究。首先借鉴国外贫困文化理论研究，指出在代与代之间可寻出贫困亚文化的传承轨迹，提出了本研究的第一个思考：贫困亚文化的载体——贫困群体，其所居住的贫困聚居区，是否亦存在时空分布上的传承轨迹？以乡村聚落密度为主要指标，在对传统农耕时期乡村贫困空间历史演化分析的基础上，总结出连州地区乡村贫困的地方特征之一——空间传承性。在此基础上，进一步分析了五个时间断面上乡村贫困的空间分布特征，这为乡村贫困的空间传承性特征提供了更多依据。

第四章对连州市乡村贫困空间隐藏性与空间集聚性进行了研究。在分析发达国家逆城市化背景下乡村贫困空间隐藏性特征的基础上，提出了本研究的第二个思考：研究区城市化背景下的乡村贫困空间是否同样存在隐藏性特征？选取平均经济统计数据和贫困人口数据，分别分析2009年乡村经济发展格局与贫困人口空间分布，并进行对比研究，证明了连州市乡村贫困的地方特征之二——空间隐藏性。在此基础上，从微观层面选择研究区164个行政村作为研究对象，以乡村贫困发生率作为主要指标，分析乡村贫困的空间集聚，研究、总结出连州市乡村贫困的地方特征之三——空间集聚性。

第五章对连州市乡村贫困群体差异性特征进行了研究。首先，依据调查问卷，通过主成分分析与聚类分析，将乡村调查户划分为四种类型，发现乡村调查户的发展潜力普遍较差。其次，在此基础上，选取多种乡村贫困测度方法，综合分析乡村贫困户的贫困程度；对比分析乡村贫困户与非贫困户的主要社会经济特征差异，以及乡村少数民族住户的贫困地位及贫困根源。进而，总结出连州市乡村贫困的地方特征之四——群体差异性。

第六章对连州市乡村贫困影响因素进行了研究。首先，界定中观和微观两个研究层面，并依据国内外相关研究及研究区自身特点，确定指标体系及研究方法。其次，在中观层面，以行政村乡村贫困发生率为研究对象，运用多元线性回归分析，探究乡村贫困发生率的影响因素；在微观层面，以乡村调查户为研究对象，运用逻辑回归分析，对乡村调查户陷入贫困风险的影响因素进行分析。

第七章对连州市典型案例村的乡村贫困状况进行了研究。首先，依据行政村乡村贫困率的高、中、低等级选取三个典型案例村，在此基础上，依据调查问卷数据与访谈资料，深入分析村庄贫困具体程度、贫困人群类型、致贫原因及反贫困策略。并从微观视角探讨乡村贫困地方特征及影响因素在典型案例村的表现。

第八章为乡村贫困研究的相关结论与讨论。

第九章以广州市为典型案例地，深度分析了土地利用对乡村发展的影响，以集体建设用地使用权流转及征地留用地开发为切入点，着重分析了两项政策在操作过程中存在的问题与困难，为下一步更好地推进政策执行提出意见与建议，希望可以通过乡村地区土地利用的高效与市场化，带动乡村地区脱贫与经济发展。

依据上述主要研究内容与研究方法，笔者确定本书的研究框架与技术路线为：

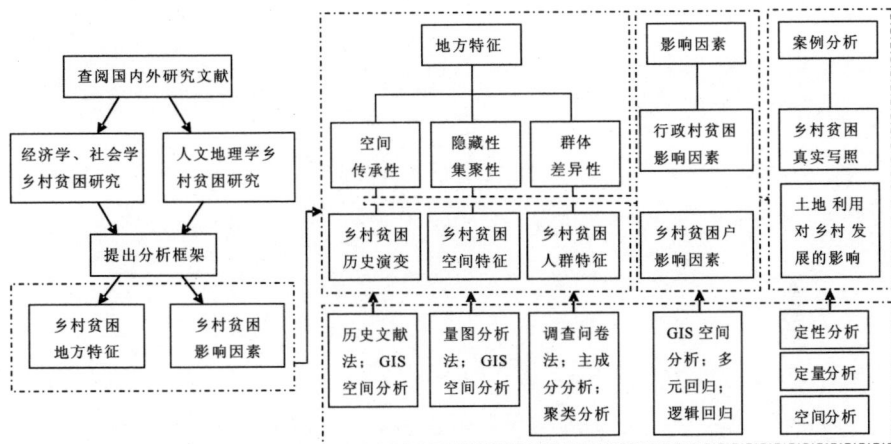

目　　录

目录
Contents

第一章 研究综述

　　贫困是一种伴随着人类社会发展进程而出现的社会现象（沈红，
2000）。乡村地区地理位置多较偏僻、经济基础较为薄弱、发展权利
与机遇相对缺乏，是中国绝大部分贫困人口的集中地。特别是在城乡
二元体制所引发的城乡矛盾激化下，乡村贫困问题已成为我国当前所
面临的最主要的社会经济发展问题之一（李雨停 等，2009）。中国
乡村贫困研究自21世纪以来，呈现快速增长态势，其中2003年为一重
要转折点，这与2003年中国乡村贫困人口出现改革开放以来的首次反
弹不无关系（巩晶 等，2010）。

　　从乡村贫困研究本身来看，其为一门多学科交叉研究，通常涉及
经济学、社会学、地理学和人类学等，而人文地理学研究有其特别之
处，它不仅关注乡村贫困的"穷"和"人"，而且更强调对人地关系
（穷人同区域之间的关系）的关注（高更和 等，2008），这对于因
地制宜地最终解决乡村贫困问题意义重大。不少学者将贫困这一社会

现象，按照贫困的过程、互动和行动框架来系统解释（沈红，2000；袁媛，2006；罗遐，2007），这也涵盖了贫困研究的主要内容，这种逻辑框架同样给予本研究以分析结构的启示。然而，作为一个研究领域，乡村贫困研究范围十分宽广，本研究则致力于通过对国内外乡村贫困研究内容的分析，着重探讨乡村贫困的特征及影响因素。因此，笔者对国内外乡村贫困的研究综述集中在乡村贫困特征、类型及影响因素等方面。

一、国外乡村贫困研究综述

国外贫困的研究可以追溯至1889年Booth（布思）对于英国贫困问题的分析，在其著作《伦敦居民的生活和劳动》一书中，他以街道为基础绘制了伦敦内城区详细的社会阶层分布图，为当时贫困地理学的研究提供了一幅详尽、生动的画面（Orford et al.，2002）。这一研究的对象虽并非乡村贫困，但作为贫困研究早期较为经典的代表，无疑对日后的乡村贫困研究起到了重要的指导作用。但是，随着经济的不断发展与城市的大规模增长，在过去很长一段时间里，人文地理学将其关注焦点锁定在城市议题方向，故乡村贫困的研究并未引起重视（Tickamyer，2009）。直至20世纪七八十年代以来，乡村经济的发展使得乡村地区发生诸多变化，就像Heather（resident of Mountain View，WA）所说的一样"Rural America is really changing，and that is an interesting story in itself"（美国的乡村确实正在改变，乡村本身就是一个有趣的故事）（Jarosz et al.，2002），在这一背景下，乡村贫困问题重新被学术界所重视。

1.发达国家与发展中国家乡村贫困的差异

通过对国外乡村贫困研究内容的梳理，笔者发现，发达国家与发展中国家的乡村贫困既有相同之处，又存在明显差别。其中，两者的相同之处在于：①两者的乡村贫困率普遍高于城市贫困率，这说明乡村贫困并非仅存在于发展中国家，发达国家的贫困集中地区通常亦分布于乡村地区。以美国为例，虽然经济的发展已将美国城市贫困与乡村贫困之间的差距不断缩小，但美国乡村地区的高贫困率已持续近50年，很多偏远乡村地区的贫困人口甚至超出地区总人口的20%（Tickamyer，2009）。②两者乡村贫困的产生原因极为相似，从其相关分析来看，乡村贫困的产生皆归因于可靠生计和工作机遇的缺乏，从某种程度上看，日益加速的全球化进程将使发达国家和发展中国家地理区位偏远的乡村地区和农民，在全球劳动分工中处于更加不利的地位，继而导致乡村地区出现日益严重的被剥夺和被排斥，这也使得农民越发丧失获取资源的机会和能力，乡村地区因而陷入更加严峻的贫困（Stockburge，1967）。

但是，发达国家与发展中国家的乡村贫困亦存在明显差别：①两者的深度并非平等，相对于发达国家来说，发展中国家面临着更加严峻的乡村贫困形势。②两者的社会福利保障能力不同，很多发达国家拥有健全的社会福利体制，可以为乡村贫困群体提供必要援助，但是许多发展中国家在这一方面的能力却十分有限。③20世纪70年代以来，发达国家的乡村地区已处于逆城市化阶段（counterurbanization）（Mitchell，2004），这与发展中国家的乡村地区仍处于城市化进程阶段存在较大差异，因而两者乡村贫困的发生背景存在较大不同。在发达国家处于逆城市化阶段的乡村地区，大量中产阶级注入乡村，改变了乡村原本的阶层结构，使得乡村原住民以及随中产阶级一起进入乡村的服务阶层共同成为乡村新的贫困人群。而在发展中国家处于城市化阶段的乡村地区，大批农民工进城务工使得乡村内部人口结构出现较大变化，妇女、儿童、老人和残障等劳动能力低或无劳动能力的人群成为乡村贫困主体；与此同时，进城农民工却有很大可能成为城市贫困的主体人群，乡村贫困发生转移（Tickamyer，2009）。笔者用一个简单框图来表示发达国家与发展中国家乡村贫困发生背景的不同，详见图1-1。

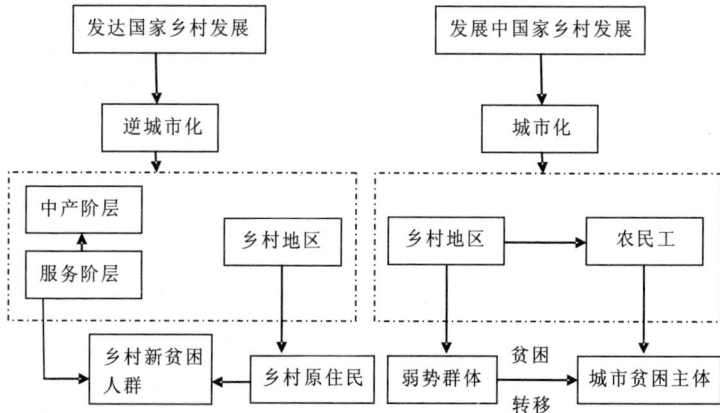

图1-1　发达国家与发展中国家乡村贫困发生背景的差异[①]

　　正是由于发达国家与发展中国家的乡村贫困存在众多差异，特别是两者乡村贫困发生背景的不同，使得两者乡村贫困研究内容存在较大差异，故本研究将发达国家与发展中国家乡村贫困的研究分开阐述。

　　贫困研究起源于发达国家，至今已拥有丰富的理论建构。从其定义、测度，到贫困发生原因及机理的剖析，这些理论不仅指导发达国家自身乡村贫困的研究，也成为发展中国家乡村贫困研究的理论基础。在乡村贫困发展过程的特征研究中，随着乡村经济的不断发展，发达国家乡村贫困研究已经不单是关注乡村贫困本身特征，而是更为关注乡村贫困背后的地方背景（特别是文化、社会和空间背景），其中最为典型的是乡村贫困的隐藏性特征。而且，发达国家更为关注乡

————————————————

① 依据发达国家与发展中国家乡村贫困发生背景的不同而绘制。

乡村贫困的地方性特征及土地利用对乡村发展的影响
土地利用与空间规划丛书

村贫困人口本身，特别是特定乡村贫困人群，诸如儿童贫困、种族贫困等，从微观视角分析这类人群的社会生活状况，特别是其社会剥夺和社会排斥的经历。在乡村贫困互动研究中，发达国家对乡村贫困影响因素的认识已从20世纪70年代之前的单纯的经济因素转移至其背后历史文化差异、政治认同等机理方面的探讨。而在乡村反贫困行动研究中，发达国家不仅包含针对贫困地区的反贫困政策，还包含针对贫困人群社会排斥的反贫困政策，更增添了对于反贫困措施的评价。故可以说，在发达国家，乡村贫困的研究已经形成了"过程—互动—行动"的完整探讨。

2.发达国家乡村贫困特征

分析乡村贫困发生、发展过程中所表现出的特征，是乡村贫困过程研究的另一重要内容。随着乡村经济的不断发展，发达国家乡村贫困研究已经不单是关注乡村贫困本身特征，而是更为关注由于地方背景（特别是文化、社会和空间背景）而使得乡村贫困所呈现出的独特特征，主要包括乡村贫困的隐藏性、空间集聚性以及贫困群体的特征。

（1）乡村贫困的隐藏性

乡村贫困的隐藏性，是乡村贫困最显著的特点之一（Commins, 2004）。乡村贫困的隐藏性，是发达国家所特有的现象。一方面，因为发达国家乡村贫困的程度相对不深且社会福利保障制度健全，故乡村贫困很难被发现；另一方面，由于城市研究的相对热衷以及乡村贫困本身的特点，使得发达国家很容易将乡村贫困问题忽视和边缘化（Cloke et al., 2006）。这里所指的"乡村贫困本身的特点"，即是乡村贫困的隐藏性特征（Commins, 2004），这可以从两个方面对其进行解释：一是乡村贫困具有空间上的隐藏性，乡村贫困广泛分布在乡村地域，它不像城市贫民窟一样集中分布在特定地理区域，因此，其在空间分布上不易识别；二是乡村贫困也倾向于"文化上的隐藏性"，这一观点与Cloke et al.（1995）、Tickamyer（2009）所提出的观点是一致的，他们认为"自给自足的""快乐的""生态的"和"无忧无虑的"等乡村"田园式"生活方式的印象和构建，将乡村贫困等乡村问题隐藏化。

（2）乡村贫困的空间集聚性

乡村贫困的空间集聚性，是乡村贫困的另一重要特点。以美国为例，学者们一致认为乡村贫困集中分布在美国南部和西南部乡村地区（Stockburger，1967；Nord，1998；Alwang，2004），这是因为，这些地区通常有着独特的经济、社会文化、种族以及民族的历史和身份（Nord，1998）。在Black belt（黑人聚居区）（包括密西西比河三角洲以及东南部的滨海平原）、阿巴拉契亚地区，亦始终保持较高的乡村贫困率，在很多情况下，其乡村贫困人口通常会超过总人口的一半（Nord，1998； Alwang，2004）。另外，在大平原地区、西北和中西部地区，散布着一些小的乡村贫困区（Stockburger，1967）。对于爱尔兰来说，其乡村贫困主要集中于国家的北部和南部地区（Walsh，2010）。除了简单描述其空间特征外，发达国家还不断探索新的空间研究方法，Tanton et al.（2010）对于澳大利亚城市和乡村贫困的空间微观模拟给予改进。他利用一个空间微观模拟模型，将澳大利亚的贫困发生率以更小区域的研究尺度呈现，进而分析其空间特征及效应。

（3）乡村贫困的弱势群体

发达国家乡村贫困的研究，在注重国家或区域层面上的分析的同时，越来越关注对乡村贫困弱势群体的研究。在美国，乡村贫困总是与黑人及其他种族问题相关。例如，据美国人口普查局统计，主要种族和民族群体，黑人和西班牙裔人的乡村贫困率均较高。除此之外，美国的乡村贫困还通常与单身女性家庭、儿童和老年人群体相关（Porter，1989）。但是，在美国南部之外的其他乡村地区，大部分的贫困人口为白种人（Porter，1989），这就不得不提到美国独特的一类乡村贫困人群rednecks，rednecks是对乡村白种贫困人群的一种称谓，是白种人内部的阶层分化现象。Jarosz et al.（2002）指出rednecks所代表的乡村贫困是一种生活方式的选择，是一种个性化了的文化特质。

而在英国和欧洲大陆，各个国家和欧盟广泛关注社会排斥问题，把注意力从空间维度的贫困转移到基于社会和人口统计特征所定义的弱势群体身上。Commins（2004）亦指出十几年来乡村贫困、剥夺和社会排斥引起了欧盟的研究者和政策制定者的强烈兴趣。社会排斥（social exclusion）是一个复杂和动态的过程，是指保证个人和家庭、社会融合的社会体系的瓦解。社会排斥是一种积累的边缘化：从生产边缘化（失业）、消费边缘化（贫困）、社会网络边缘化（社区、家庭和邻居）、决策制定边缘化，到整个生活质量的边缘化。目前，社会排斥已成为欧洲所面临的重大社会问题之一。对于社会排斥的相关研究，较少直接关注个人或者群体，更多的则是关注引起社会排斥的过程分析，在这一过程当中，地方背景（local context）至关重要（Walsh，2010）。

社会剥夺，是指其满足基本需要的属性特征、财产和机会的缺乏。社会剥夺，是与贫困最为紧密相连的概念（Walsh，2010）。Shaw早在1979年就已总结出乡村剥夺的模式（如图1-2所示），从家庭剥夺（低收入）、机会剥夺（工作、教育、医疗、休闲的缺乏）、移动性剥夺（交通成本及可达性差）等三个方面阐述了乡村贫困人口社会剥夺的具体状况。Walsh（2010）也提出反映社会剥夺的指标主要涉及七个方面：收入、就业、医疗、教育与培训、服务邻近性、生活环境和犯罪。

第一章
研究综述

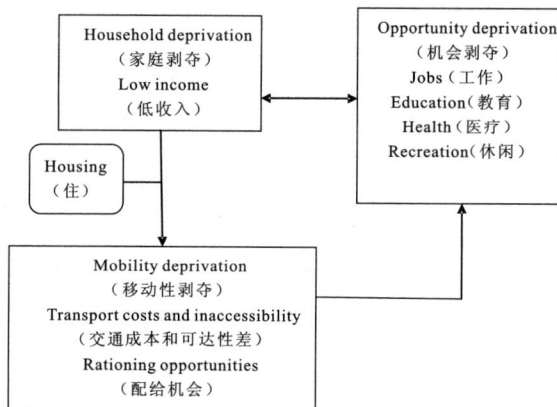

图1-2　Shaw的乡村剥夺模式①

3.发达国家乡村贫困影响因素

乡村贫困影响因素研究，是乡村互动研究的重要内容。20世纪70年代以前，乡村贫困的影响因素以经济因素为主，其中以非农收入最为重要。1955年至1965年，日本乡村家庭非农收入占总收入的比重从28%增长至42%；1972年，美国乡村家庭的非农收入来源占总收入的50%；1967年，台湾地区的收入调查数据显示，其家庭非农收入增加在减少乡村贫困方面扮演着非常重要的角色（Chinn，1979）。可以说，这一时期，经济增长、收入分配和贫困问题一直是发展经济学家所关注的重要问题，他们认为经济增长和收入分配对贫困程度产生重要影响，并将贫困（poverty）、经济增长（growth）、收入不平等（income inequality）之间存在的复杂关系称为"PGI三角"（PGI triangle）。

在乡村贫困社会学研究中，乡村贫困与空间的复杂关系研究越来越受到重视，更具体地说，贫困与不同的物质形式、表现和经历，特别是地方背景密切相关。乡村贫困与空间的关系研究之所以被重视，

---

① 引自Cloke et al.（1995）。

主要是因为逆城市化现象所带来的乡村人口和社会结构的转变，使得乡村空间重构，因而其研究受到重视。逆城市化现象在发达国家的出现始于20世纪70年代，大批中产阶级（例如，收入较高群体、退休老人等）由于不堪忍受越来越糟糕的城市生活（拥挤、污染等城市问题日益严重），迁入乡村居住。这批新鲜血液的注入导致了乡村社会阶层的重构，并导致乡村新贫困人群的出现，而乡村新贫困人群具有较强的社会和空间识别性，所以近些年引起了发达国家对乡村贫困空间研究的兴趣，他们开始将乡村贫困以地图的形式表现出来，指出它复杂的空间表现（complex spatial manifestations），并探讨乡村贫困与地方（place）、空间（space）之间的复杂联系。Milbourne（2004）以英国乡村为例（英格兰南部的威尔特郡），研究乡村贫困的地方性地理。基于当地乡村贫困数据的分析和深入式访谈，他研究得出三个重要结论，即乡村贫困具有复杂的社会−空间属性、具有不同的空间尺度和能见度、乡村贫困与当地空间社会构成的变化两者之间存在重要联系。Alwang（2004）认为美国对于贫困和空间的相互关系的研究，主要集中在两个中心问题上：一是研究乡村空间如何影响区域贫困差异；二是乡村空间如何影响地方有利条件、政策与贫困变化三者之间的关系。

从人文地理视角来看，20世纪八九十年代所出现的文化和社会转向，同样刺激了发达国家对于乡村贫困问题的再思考。在这一思潮的影响下，乡村贫困的研究内容也多从乡村贫困特征的现象研究转移至其背后历史文化差异、政治认同等机理方面的探讨。不少学者指出，乡村历史发展模式及不同社会制度，对于乡村贫困的形成及演变，有着十分重要的影响，换言之，关注当地独特的地方性特征，是理解乡村贫困的关键（Tickamyer，2009）。Rupasingha et al.（2007）还利用空间数据分析技术研究了美国乡村贫困的社会和政治决定因素，他指出社会资本、种族和收入不均、地方政治竞争、联邦赠款、外国出生人口以及空间效应等被认为是美国乡村贫困最为重要的决定因素。Lawson et al.（2008）在分析美国北部乡村贫困人群的真实情况的基础上，指出经济转型和贫困人口与种族、阶层和乡村空间密切相关。当然，这一时期经济因素对于乡村贫困的影响仍不容忽视，例如，Crandall和Weber、Swaminathan和Findeis指出，就业增长是乡村减贫的重要推动力之一。乡村经济发展对乡村贫困的减少有着重要的推动作用。在促进乡村经济发展的众多政策意见中，大力发展乡村旅游得到多数人的支持。但是，并非所有学者对此均持肯定态度。Deller（2010）在分析1990—2000年美国乡村贫困率变化的基础上，采用地理加权回归的方法关注乡村旅游和休闲在改变贫困发生率方面的空间差异，结论表明，在Deller所研究的区域，乡村休闲和旅游在解释贫困发生率变化方面的作用很小，其空间差异并不明显。这一结论对于将发展乡村旅游和休闲作为乡村经济发展重要策略之一的思想，是一个很好的挑战。

4.发展中国家乡村贫困空间特征

在借鉴发达国家乡村贫困产生的理论构建的基础上，发展中国家乡村贫困的研究集中于其过程特征及互动影响因素的分析。在作为过程的乡村贫困特征研究中，以空间特征的研究最多，其研究追求尽可能小的研究尺度，并体现了经济学与地理学研究方法的较好结合。在作为互动的乡村贫困影响因素的分析中，发展中国家将众多空间因素纳入解释范畴，为乡村贫困的区域差异性及区域性反贫困措施的制定提供依据。而在作为行动的乡村反贫困研究中，发展中国家主要探讨了如何确定反贫困的目标区域及主要反贫困策略，缺乏对主要反贫困策略的评价。

在发展中国家对于乡村贫困特征的研究中，以乡村贫困空间特征的研究最为突出，体现出经济学与地理学研究的完美结合。乡村贫困空间可视化（poverty map）是乡村贫困空间特征研究的前提。在乡村贫困空间可视化研究中，多数学者认为以较大研究尺度为单位的乡村贫困可视化并不能反映乡村贫困显著的空间差异，因此，提倡采用小面积估算（small area estimation，简称SAE）的方法尽可能将其研究尺度缩小。较为典型的研究有三个：一是Amarasinghe et al.（2005）对斯里兰卡乡村贫困空间的集聚特征的研究，其认为以district（斯里兰卡共有25个区）为研究尺度并不能很好地反映乡村贫困的空间特征，故将研究尺度缩小至Divisional Secretariat（DS）（低于区、县的一种行政区划，斯里兰卡共有325个DS），使用的方法就是主成分分析与综合小面积估算法；二是Kam et al.（2005）由于调查样本规模和地理区域覆盖的局限性，采用SAE方法将孟加拉国乡村贫困空间可视化；还有一个是Minot et al.（2005）对于越南贫困空间模式的研究，同样也是采取了SAE的方法。由上述研究可知，SAE方法的主旨是通过家庭调查数据，利用回归分析，估算家庭收入与家庭特征之间的关系，进而将所得出的回归系数结合相同家庭特征的人口普查数据以预测普查数据中每户家庭贫困的概率。

在乡村贫困空间可视化的前提下，多数学者探究了乡村贫困的空间特征及空间影响因素。上述Amarasinghe et al.（2005）在将乡村贫困以小研究尺度为单位进行可视化之后，运用Moran's I（莫兰指数）、贫困家庭标准百分比散点图回归线斜率和贫困家庭百分比的空间延迟（spatial lag）等分析了其乡村贫困空间的聚类（spatial cluster）情况，结果指出，两个统计上出现显著的集群：其中一个集群的特征是低贫困的乡村地区，周边是一些低贫困的城市地区，这里的农业就业率不高，且交通通达性较好；另一集群是高贫困的乡村地区，在这里，农业是最主要的经济活动，而且这一空间聚类的形成与影响农业生产的因素密切相连。Kam et al.（2005）探究了孟加拉国乡村贫困的空间差异（spatial variation），他们计算和绘制了415个乡村地区的贫困指数，揭示了显著的高贫困发生率地区与生态贫困地区相一致的现象。

第一章
研究综述

除此之外，教育、交通可达性和服务便捷度也很显著地与乡村贫困相联系。另外，地理加权回归分析表明，空间差异在众多贫困影响因素中相对更为重要。Minot et al.（2005）研究了越南的贫困空间模式，这里不仅包含了乡村贫困，同时也包含了城市贫困，结论指出，最高贫困发生率在偏远的北部和中部高原地带，最低的贫困发生率分布在东南和大的城市中心。但是，贫困密度图反映出最贫困的人群却不居住在最贫困的地区，而是居住在贫困发生率处于中间水平的两个三角洲地区。这一结果对扶贫政策的制定很有意义，扶贫政策到底应以贫困地区作为目标还是应把贫困人口作为目标，决策层应给予权衡。

5. 发展中国家乡村贫困影响因素

20世纪80年代，发展中国家乡村贫困的文献研究，相当一部分是探讨乡村贫困与农业增长之间的关系（Ahluwalia，1978；Griffin et al.，1979；Bardhan，1985）。Gaiha（1988）在对印度的研究中，指出最为贫困的群体在快速农业增长中所获益处要比中等贫困群体多。

在对乡村贫困空间特征的研究方面，有些学者已经指出空间因素是乡村贫困的重要影响因素之一，那么到底是空间哪些方面的因素对乡村贫困有所影响，抑或是如何产生影响？有学者对此也进行了较为深入的研究。Benson以马拉维（非洲国家）的乡村地区为研究区，探讨了其乡村贫困状况的空间决定因素。他在风险链理论的指导下选取了24个独立变量，主要分为农业气候、自然灾害、农业和生计、服务可达性、人口、教育及其他等7个方面，并采用空间回归方法建立一个全球贫困发生率模型，采用地理加权回归方法建立地方贫困发生率模型。在全球贫困发生率模型中，在所选择的24个决定因素中只有8个被证明是显著的，包括降雨量、玉米均产量、农作物产量、非农经济活动、服务可达性、合计抚养比例、平均最高教育程度、基尼系数等。与此相反，在基于地理加权回归的地方模型中，所有决定因素都被证

乡村贫困的地方性特征及土地利用对乡村发展的影响
土地利用与空间规划丛书

明是显著的，而且这些模型证明了贫困与决定因素之间存在空间非平稳性，即不同的空间背景下，贫困与各决定因素之间的强弱关系是不一样的，这个结论意味着马拉维乡村减贫政策应以较小的区域尺度为单位进行。另外，Okwi et al.（2007）研究了肯尼亚乡村贫困的空间决定因素，即探讨乡村贫困发生率与地理条件之间的关系，研究应用空间回归的技术来探索地理因素对于乡村贫困的影响。结果表明，坡度、土壤类型、到达公共服务设施的距离/行程时间（服务可达性）、海拔、土地利用的类型、人口统计变量等被证明在解释贫困的空间模式时是最为显著的。这一研究与Benson的研究存在相同之处，即认为空间因素和其他因素对于乡村贫困的影响存在高度的区域异质性，即不同的空间因素对于不同区域的乡村贫困的影响是不同的，这也为因地制宜地制定区域减贫政策提供依据。

在乡村贫困空间影响因素的研究中，学者们提出了交通可达性对于乡村贫困空间的重要影响，也有学者专门针对交通可达性与贫困的相关性进行了研究。Ahlström et al.（2011）以斯里兰卡南部为例，探讨了改进的可达性模型以及与贫困的关系。研究指出，很多研究都认为可达性与众多社会-经济指标有密切的关系，但是使用欧几里得距离的一般可达性未能解决可达性在社会、空间上可能存在的差异性问题，故研究使用的是在GIS（地理信息系统）背景下的栅格可达性模型。而且在这一研究中，三种等级道路的行驶速度是通过访谈数据估算的，在GIS模型中实现了地方性知识与地理数据的融合。同时，研究分析表明，贫困发生率与此种方法所估算出的空间可达性之间有很强的关联，优于使用一般可达性方法（使用欧几里得距离）。

综上所述，国外发展中国家乡村贫困的研究具有很强的实践性意义，目的都是为了最终解决乡村贫困这一重大社会经济问题。在乡村贫困空间的研究中，基于经济学与地理学方法的双重指导，多数学者是在估算贫困发生率的前提下，将贫困空间可视化，并从宏观视角分析乡村贫困空间的显现特征，继而从自然、社会、经济、空间等方面解释影响乡村贫困空间呈现的因素，最终为扶贫减贫政策提供服务。

二、国内乡村贫困研究综述

计划经济时代，由于受到意识形态及传统社会影响，人们并不认为存在乡村贫困问题。直至20世纪80年代中期，随着农村收入差距不断扩大，贫困问题凸显，故而乡村贫困研究才逐渐引起了政府和学术界的关注。其中，经济学、社会学、地理学是研究乡村贫困问题较多的学科。

国内关于乡村贫困的研究数量较多，据统计，1999—2008年，共有922篇关于农村贫困研究的论文发表，其主题主要为反贫困政策和行动理论、贫困现状研究及发展趋势的预测等三个方面（巩晶，2010）。其中，作为"行动"的乡村反贫困研究最多，主要探讨地方扶贫机制与扶贫路径，但其研究多为定性分析，且内容趋同，集中于经济扶贫、政策扶贫、人口调整和环境改善四大方面。由此而知，国内乡村贫困特征和影响因素的研究并非主流。

1.国内乡村贫困特征

（1）乡村贫困类型划分

中国乡村贫困区域类型与地理分布研究开始于20世纪80年代。早在1989年，姜德华等就已出版了《中国的贫困地区类型及开发》一书，这是我国第一本较为全面系统地反映贫困地区的专著。这本专著根据自然条件和社会经济条件指标，量化了贫困地区发展基础的差异，并在此基础上，将我国664个贫困县划分为6大类21个区，进一步对各类地区的特点、问题和发展方向进行了分析。1995年，郭来喜、姜德华根据贫困状况的变化，从环境视角重新评定贫困地区的类型划分，将我国592个贫困县划分为三大类型贫困区：中部山地高原环境脆弱贫困带、西部沙漠高寒山原环境恶劣贫困带和东部平原山丘环境危急及革命根据地贫困区。以上均侧重从自然环境角度对贫困区进行类型划分，后有学者将"人"的因素纳入其中。张启慧（1996）在考虑自然环境恶劣区和地方病主发区的基础上，将中国乡村贫困划分为22个贫困地区，从地域分布来看，除沂蒙山地区、闽粤山区和五指山地区外，其他均位于我国中西部地区。孙继凤等（1998）认为贫困区致贫的根本原因在于人与环境系统的人力资源生产、物质生产和生态环境生产三个环节的长期不适应及不和谐，其根据不和谐的矛盾焦点所发生环节的不同，将贫困区划分为：人力资源生产薄弱型、物质生产薄弱型和生态环境生产薄弱型三大类。另外，依据贫困现象的多元性和致贫因子的同一性，谢让志（1997）将我国592个贫困县划分为跨省（区）贫困区（9个）和省内贫困区（9个）两大类。以上是对于中国区域性贫困的分类和描述，不少学者还针对某一特定区域，进行了区域贫困类型的划分（冯彦，2001；郭利平，2001）。

总的来说，虽然姜德华等1989年的研究首次量化了贫困分布的异质性，但贫困类型划分的方法依然以定性分析为主。郭利平（2001）指出，"用传统的描述性定性分析方法对贫困地区的类型划分已不能满足客观和科学的需要"，他从农村人口、乡村自然环境与基本生产条件、农村经济状况、农户经营与生活状况、农村社会发展状况、乡村对外联系6个方面选出44个具体化贫困指标，拟定反映乡村贫困各方面特征的综合指标体系，采用因子生态分析法（包含因子分析和聚类分析），并结合云南省文山州的实际情况，将文山州50个特困乡分为三个类型，并对每一类型的特困乡专门提出反贫困建议，是定量研究乡村贫困类型划分的典型代表。

（2）乡村贫困的空间特征

国内对于贫困空间的研究，多数关注于城市贫困空间的研究。中国城市贫困的研究开始于20世纪90年代初期，进入21世纪才有少量关于贫困空间调查、贫困人口分布研究、贫困人口聚居类型、贫困阶层社会空间分析的研究（袁媛 等，2008）。虽然城市贫困的相关研究起步较晚，但是越来越被重视。国内对于乡村贫困空间的研究，较之城市贫困空间研究要少，多数是对贫困类型的地理空间表现，或者是在定量计算区域经济发展水平空间差异的基础上，寻找出扶贫开发的关键地区。专门对乡村贫困空间分布特征所进行的研究多在选取资源、经济、人口、社会等众多具体指标的基础上，建立测评区域贫困度的综合指标体系，并以此对研究区贫困化程度的空间分布特征进行详细研究（李双成 等，2005；许月卿 等，2006；胡业翠 等，2008；官文 等，2011）。

　　对于乡村贫困人口空间分布的研究是乡村贫困空间研究的重要内容，主要包括两个方面：一是对于乡村贫困人口集中趋势及成因的研究（张玉玺 等，2010；李汉中，2011）；二是对于乡村贫困人口迁移及其影响的研究（杨靳，2003）。从对乡村贫困人口集中趋势的研究中发现，在我国的西部地区，乡村贫困人口仍主要分布在贫困山区，特别是少数民族的贫困发生率较高且相对集中，可以说贫困人口空间分布与贫困地区分布基本一致。但是，这种情况在中、东部地区会发生些许变化，这就涉及人口迁移对乡村贫困的影响问题。中、东部地区大批农村青年外出打工，他们有很大可能成为城市最底层以及成为城市贫困的主体人群。这就导致了乡村贫困人口空间分布与乡村贫困地区发生部分分离，贫困人口集聚点逐渐由乡村地区向城市地区转移。但是，这种转移（包括人口的转移与贫困的转移）是否可以真正解决乡村贫困问题？学界对此主要存在两种观点：一种认为大批乡村人口向城市迁移对乡村经济帮助很大，可普遍提高乡村人口收入水平，以解决乡村贫困问题；另一种认为大批乡村人口外迁必然扰乱现有乡村经济和社会秩序，从而加剧乡村贫困化（廖少廉 等，2002）。乡村贫困及人口的转移，是乡村贫困研究由区域贫困转向阶层贫困研究的重要依据。

乡村贫困的地方性特征及土地利用对乡村发展的影响
土地利用与空间规划丛书

（3）乡村贫困弱势群体

国内学者在探讨中国乡村贫困问题时，大都集中在国家或区域层面，较少进入对贫困的微观研究领域。但是，随着经济的发展及社会改革的深入，乡村贫困性质已发生根本性转变，乡村贫困由区域、整体性贫困过渡为个体性贫困，其人口构成也以边缘化人群为主（都阳 等，2005），故弱势群体研究逐渐被人们所关注。近年来，国内一些女性学者开始尝试从社会性别分析的视角，对中国乡村日益突出的女性贫困化问题做出理论与实践层面的探索（段塔丽，2004；金昱彤，2010）。她们不仅仅关注乡村女性经济贫困状况（蒋美华，2007；叶普万 等，2010），同时还关注乡村女性的精神贫困（陈慧，2006）与文化贫困（杨静如，2009；秦存强 等，2009），而且还对乡村女性贫困的决定因素（王增文，2010）及制度、文化成因（焦若水，2006）进行分析与解释。乡村老年贫困群体，作为现代社会一个传统的弱势群体，一直处于边缘化的社会地位，而且该群体的贫困深度和范围均呈现扩大化趋势（仇凤仙，2010）。对于老年贫困问题的探讨，多为实践性质的研究，内容多为最低生活保障政策、医疗救助政策（于立繁，2007）以及弱化老年人遭遇排斥力度等（仇凤仙，2010）。

随着社会学对于社会分层结构研究的兴起（李强，2008；孙立平，2009），乡村贫困研究在关注贫困弱势群体的同时，对乡村阶层贫困分化的研究逐渐引起了学者们的兴趣。毋庸置疑，乡村贫困阶层确实正在经历着迅速的分化，而乡村贫困阶层分化与脱贫行为呈正相关，即乡村贫困阶层相对较高者能够较快地摆脱贫困状态，反之亦然（徐秀虎，2011）。

2.国内乡村贫困影响因素

国内对于乡村贫困影响因素的研究不多，主要包括以下两种尺度的研究。

一种是区域尺度乡村贫困影响因素的研究，此类研究多以定性分析为主，涉及经济因素、环境因素、社会因素、体制因素及思想因素诸多方面。在定量分析方面，主要包括经济增长、收入分配与贫困问题的关系研究（盛来运，1997；魏众 等，1998；陈绍华 等，2001；林伯强，2003；胡兵 等，2007），还有探讨多种因素（包括教育、经济资源、自然灾害及农业机械化等）对农村贫困的影响（韩林芝 等，2009），也有学者仅关注某一因素对乡村贫困的影响，例如，自然灾害（程静，2010；庄天慧 等，2010；何红梅 等，2011；明亮，2011；李小云 等，2011）、政府投资行为（张淑芬 等，2010）、教育差距（杨俊 等，2010）、最低工资（罗小兰，2011）等对乡村贫困的影响研究。

另一种是乡村住户尺度乡村贫困影响因素的研究，其主要目的是探究决定我国乡村贫困程度的乡村住户行为选择（段鹏 等，2009），综合多位学者的分析与研究（唐建 等，2004；谷洪波 等，2004；曹建民 等，2005；刘修岩 等，2007；陈光金，2008；李翠锦，2010），可知农户家庭结构、农户教育水平、农户收入结构、农村制度缺失以及农业技术水平，是乡村住户贫困程度的主要影响因素。

三、国内外研究述评及研究启示

1.国外研究述评

20世纪70年代以来，西方乡村社会经济的发展使得乡村地区发生许多变化，乡村贫困研究进入了新的发展期，研究重点从现象及特征研究转向文化、社会、政治机理的探讨，反贫困策略研究更加注重对政策的评价及分析。以乡村贫困空间特征研究为例，从早期侧重空间分布、集聚、模式等类型学分析转到侧重深入分析乡村贫困与地方复杂关系的研究，从不同层面深刻分析乡村历史演变、社会制度变迁、经济发展、人口流动、社会阶层变化对乡村贫困空间产生的影响，在社会和文化转向背景下探讨特殊人群贫困区的形成和特点。反贫困策略也不断细化，不仅从标准化的国家政策细化到以区域为尺度实施扶贫政策，更从政府、社会和个人三个视角共同出发，提出和实践更具针对性和有效性的扶贫、减贫政策。因此，可以总结出国外乡村贫困研究存在一种趋势，即从解释乡村贫困特征到深入探讨乡村贫困与地方背景紧密联系的发展趋势。

对于国外发展中国家来说，乡村贫困本身的特征，特别是空间维度的特征，仍是其关注的重要内容，在基于乡村贫困空间特征分析的基础上，探讨乡村贫困空间与主要空间、经济、社会等要素的相关性，故发展中国家的研究视角多以宏观或中观视角为主，较少直接关注乡村贫困人口本身的社会生活状况，而且较少考虑地方背景要素对乡村贫困的影响。但是，值得一提的是，国外发展中国家在研究乡村贫困空间特征时亦存在一种趋势，即努力尝试以尽可能小的研究尺度来更为真实地反映乡村贫困的空间特征的趋势。

以上两种研究趋势均值得我国乡村贫困研究借鉴和学习，特别是在城乡二元体制和乡村社会经济转型的背景下，更应该注重乡村贫困和地方的互动研究。由于乡村贫困是与社会发展相伴生的社会现象，随着城乡发展不平衡的加剧，乡村贫困地区和贫困人群的新问题会不断出现，因此，应不断加强和完善乡村贫困问题的相关研究。

2.国内研究述评

（1）乡村贫困研究的地域偏重性

自从20世纪80年代中国进行反贫困行动以来，各地脱贫进度很不平衡，脱贫人口主要集中于东部沿海地区，中西部一些贫困面积较大的省、区由于多种原因脱贫进展相对缓慢，成为新世纪贫困研究的重点区域。从研究内容所涉及的区域来看，研究地域多集中于河南、山西、湖北等中部地区，陕西、甘肃、宁夏、新疆等西北地区，以及四川、云南、广西等西南地区，特别是中西部跨省（区）接壤区（陕甘宁边区、渝鄂湘黔接壤区等）以及少数民族聚居区。而对于贫困非集中区 "贫困保留地" 的关注度却不高，这些 "保留地" 的贫困发生率要显著高于其他地区，是环境恶劣、资源匮乏的偏僻地区（彭德福，1986）。

（2）乡村贫困研究的内容集中性

改革开放以来，我国政府及研究工作者逐渐认识到乡村贫困的严峻形势及缓解乡村贫困的重要性，故其相关研究论著随之大规模出现。在乡村贫困研究中，国外较为成熟的贫困理论为国内学者提供了理论上的帮助与参考。自1995年以来，经济学领域大量借鉴国外贫困度量方法的贫困计量文献相继出现，在对中国区域乡村贫困进行科学度量的同时，对其成因也从不同角度进行分析（杨国涛，2006）。除此之外，学者们长期以来关注贫困地区的脱贫问题，特别是对政府采取的针对贫困人口的参与式扶贫规划关注较多，近些年又增加了国际非政府组织与其他新的社会力量的注入，定将有力地推动中国乡村反贫困行动的开展。由上可以看出，国内乡村贫困研究内容多集中于贫困程度及成因分析以及反贫困行动方面，对于乡村贫困特征及影响因素的关注并非主流。而往往乡村贫困特征及影响因素与区域地方背景密切相关，加强其特征及影响因素的研究，对于乡村贫困区域差异的分析及有针对性地制定区域反贫困策略，意义重大。

（3）乡村贫困研究的学科交融性差

乡村贫困是一项多学科交叉的研究领域，经济学、社会学、地理学等对其均有涉猎。从经济学对乡村贫困的研究来说，其较为关注乡村贫困的程度及经济增长对乡村贫困的影响方面（例如，农业、非农业发展及缩小收入不平等），而社会学对于乡村贫困的研究，则较为关注贫困成因分析及弱势群体、阶层贫困现象。社会学家指出，要真正理解贫困，需要将西方贫困成因理论中的结构（结构取向的表述主要指社会力和经济力是造成贫困的主导力量）与文化（文化取向则认为贫困文化和情境适应对贫困产生的作用更大）两种取向结合而看（周怡，2002），这不仅是对经济学领域研究的巨大补充，同样也体现了文化和社会背景的重要作用。这两个学科虽然在各自领域均有较为深入的研究，但并未很好地结合，而且均未十分关注乡村贫困的区域差异性问题。地理学对于乡村贫困的研究，虽然不乏对乡村贫困的理论、贫困标准、产生原因及反贫困策略的探讨和分析，但其仍主要集中在乡村贫困的类型划分研究方面，按照NG Wing-fai博士论文的观点，即认为其研究陷入了"类型化的困境"，类型化研究认为可以通过区域性发展解决乡村贫困问题，但类型化研究多基于地理环境、资源禀赋等的划分标准，且多为宏、中观尺度定性分析，并不能很好地细致地从多元化角度综合反映区域乡村贫困状况。近年来，地理学的一些研究已经注意到这一问题，尝试从多维度反映和分析乡村贫困的区域差异，并取得了较好的效果，但对于乡村贫困弱势群体及阶层贫困的差异性分析仍略显不够。

3.研究启示

鉴于上述对于国内外乡村贫困研究的述评，本研究从人文地理学的研究视角，总结出以下三点研究启示：首先，乡村贫困集中区的攻坚研究固然重要，但亦不可忽视对乡村贫困非集中区的关注，非集中区的乡村贫困隐藏性更深，与周边环境的差距更大，应当给予足够重视；其次，加强乡村贫困特征研究并将研究尺度尽可能缩小，特别是加强由于区域历史、文化、社会等地方背景所呈现出的乡村贫困地方特征的研究，以更为真实地反映区域乡村贫困及区域差异；最后，注意跨学科知识的运用和结合，充分发挥人文地理学以"人"为本的思想，以微观视角关注乡村贫困群体的社会生活状况，并加强乡村贫困多维度影响因素的研究，特别是空间因素与社会阶层等非经济类因素对乡村贫困的影响。

第二章 研究设计

一、研究背景和研究对象

1.研究背景

（1）乡村贫困是共同面对的社会经济问题

环顾全球，世界大部分人口正在经历着一场历史性的迁移，即从具有显著乡村特征的区域迁至城市地区，继而导致超级大都市的持续增加。这种城市的大规模增长以及不断从乡村涌往城市的民工潮，将人文地理学的关注焦点锁定在城市议题方向，城市贫困包含其中。但是，不可否认，贫困仍然遗留在乡村地区。目前，世界上约有3/4的贫困人口居住于乡村区域，而且这一数字的下降趋势十分缓慢。并且，乡村贫困不仅存在于落后的国家和地区，也同样存在于很多欧美发达国家。在美国，乡村贫困发生率与城市贫困发生率持平，有时甚至超过了城市贫困发生率。因此，乡村贫困仍然是全球未来贫困和剥夺（deprivation）的主导形式（Tickamyer，2009），乡村贫困是发达国家与发展中国家所共同面对的重要社会经济问题。

（2）我国乡村贫困的历史及现状

那么，乡村贫困在乡村人口占绝大多数的我国，其表现又是如何？众所周知，我国乡村人口占总人口的比重在逐年下降，但不容忽视的是，乡村人口的绝对数量仍呈上升趋势。我国向来非常重视乡村地区的发展，其扶贫减贫措施亦是我国乡村发展战略的重要组成部分。以下将从贫困标准线变动情况、贫困人口数量增减情况和国家反贫困措施三个方面详细分析我国乡村贫困的历史与现状。

①贫困标准线变动情况。改革开放以后，我国制定了包含绝对贫困线标准与低收入线标准在内的乡村贫困线标准，并且自1985年开始启动政府扶贫计划，给生活在贫困线以下的贫困人口以补助。根据历年《中国农村贫困监测报告》及中国扶贫信息网最新公布数据，1985年绝对贫困线确定为人均年纯收入206元以下，低收入标准为201～399元，此后每年根据物价水平逐年变动。图2-1为历年中国官方贫困标准曲线。

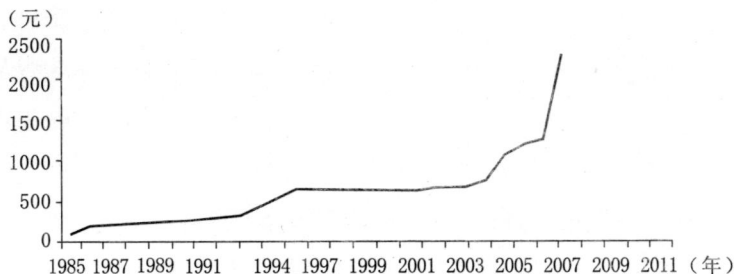

图2-1　历年中国官方贫困标准曲线[①]

资料来源：国家统计局农村社会经济调查总队.中国农村贫困监测报告（2000—2012年）。

[①] 1993年和1996年的贫困标准数据未公布。

由图2-1可以看出，改革开放33年以来，我国政府曾多次上调国家扶贫标准，官方贫困标准曲线总体呈现上升趋势。2008年，我国开始将绝对贫困线标准与低收入贫困线标准两者合二为一，并且绝对贫困线标准的设置首次超过1000元人民币，而2009—2011年更是连续三年上调贫困线标准。其中，2009年国家扶贫标准从2008年的1067元上调至1196元，2010年因消费物价指数的上涨而再次上调，达到1274元，特别是2011年，国家贫困线标准陡增至2300元，其上调幅度达到80%。

国家扶贫标准的不断上调，是与时俱进的典型象征。因此，可以说，国家扶贫标准在不同时代具有不同的内涵。例如，在20世纪80年代，国家贫困标准线相当于"吃饭线"（基于人的基本热量需求计算得到），即把"保证生存"放在首位。

而时至今日，国家扶贫标准已发展至多维度和全方位，其不仅仅保障贫困人口的生存和吃饭问题，还要使贫困人口在教育、医疗、住房、社会保障等诸多方面的公共服务中享有同等的使用权利。

虽然政府一再提高贫困标准线，但长期以来，贫困标准线普遍低于国际贫困标准线（2008年之前国际贫困线标准为日收入1美元，2008年世界银行宣布将其提升至日收入1.25美元）。经过2011年贫困标准线的大幅上调后，我国国家贫困标准线与国际贫困标准线最为接近。按照2011年11月29日（此日宣布2011年中国贫困标准线为农民人均年纯收入2300元人民币）人民币市场汇价（1美元兑6.358 7元人民币）计算，我国新的国家扶贫标准大致相当于每日1美元。[①]

②贫困人口数量增减情况。我国国家贫困标准线的不断变动，意味着我国贫困人口数量的不断变动。自1978年改革开放以来，我国已成功将贫困人口减少了约2.5亿。而且，为了让社会各界更为直接和

————————

① http://baike.baidu.com/link?url=wJtLfPwKM-MVmE8G5lLe2IXClq4YU-oeRgL51ubc PC5dZHPKpgLv5yL0RJqhoLwRNs4hcuhEDoIH1J hCXMj-K。

清晰地了解中国农村贫困状况等一系列相关问题，自2000年起，国家统计局便定期公开出版《中国农村贫困监测报告》，从中可以了解到自1978年至今，中国贫困人口的波动状况（如图2-2）。

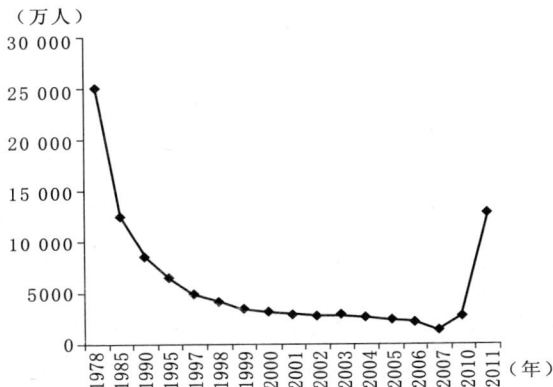

（万人）

图2-2　历年中国官方农村贫困人口曲线

资料来源：国家统计局农村社会经济调查总队. 中国农村贫困监测报告（2000—2008年）。

由图2-2可见，2007年之前，我国农村贫困人口一直处于下降状态，但是2009—2011年连续三次提高贫困线标准，使得农村贫困人口不降反升。特别是经过2011年贫困标准线的大幅上调，全国农村贫困人口数量和覆盖面也由2010年的2688万人扩大至1.28亿人，增加了将近1亿人。而贫困标准的多维度化及贫困人口的大量增加无疑给未来的农村扶贫、减贫任务带来巨大压力。

③国家反贫困措施。一直以来，乡村贫困及其相关问题一直是中国经济发展的沉重负担。改革开放后，我国政府在致力于促进经济和社会全面发展的过程中，在全国范围内实施大规模的扶贫开发活动，极大地缓解了乡村贫困现象，这可以从上述乡村贫困人口的持续减少趋势中得以反映。不少学者都将1978年至今的中国扶贫开发实践划分为四大阶段（高更和　等，2008；杨颖，2011）：

第一个阶段为1978—1985年的区域性开发扶贫。这一时期国家在农村改革和农村经济发展双重努力下，使得农民贫困得到大大缓解。特别是在1982年，国家开展"三西"专项建设计划，集中发展最为贫困的甘肃定西、河西和宁夏西海固三个地区，这意味着国家区域性开发扶贫的重大开始，并取得了显著成效。

第二个阶段为1986—1993年的全国性贫困开发。这一时期国家扶贫开发力度加大，贫困人口继续减少。这一时期比较重要的事件是，在1986年国家确定了重点贫困县328个，省级贫困县371个，并在各方面给予扶持，促进这些地区的扶贫与经济发展。这是国家有计划、有组织和大规模的开发式扶贫（造血式扶贫）的开始。

第三个阶段为1994—2000年的"国家八七扶贫攻坚计划"时期。1994年，国家执行"八七扶贫攻坚计划"，将国家贫困县增至592个，并计划至2000年，最终解决国家贫困县的贫困问题。在这一阶段，尽管中国扶贫开发取得显著成效，但是世界银行的研究报告却显示出20世纪90年代中国农村剩余贫困人口的贫困情况有恶化的趋势。

第四阶段为21世纪初至今的中国农村反贫困战略时期。我国于2001年正式颁布了《中国农村扶贫开发纲要（2001—2010年）》（以下简称《纲要》），提出2001—2010年十年间中国扶贫开发的目标任务、指导思想和方针政策。在2010年年底，《纲要》所确定的目标任务基本实现，农村贫困人口减少至2010年年底的2688万，贫困发生率下降到2.8%；国家扶贫开发工作重点县农民的人均收入增加至3273元；贫困地区的基础设施和生产生活条件明显改善，农村居民生存和温饱问题基本解决。但是，中国现阶段仍处于社会主义初级阶段，经济社会发展水平的区域差异性依旧存在，这成为贫困地区发展的最大障碍。同时，随着市场经济的不断发展，扶贫开发面临着新的机遇和挑战。根据新形势、新任务的要求，2011年国家提出《中国农村扶贫开发纲要（2011—2020年）》，将进一步加强农村扶贫工作的指导思想、目标任务、总体思路、工作重点和政策措施。

总而言之，乡村贫困是全球国家所面临的重要问题。对中国来说，虽然在过去30多年里，我国的扶贫开发一直在有条不紊、循序渐进地进行着，但是，由于乡村贫困标准的多维度化、乡村贫困人口的庞大以及新形势下乡村贫困所面临的冲击，都预示着未来我国扶贫开发的任务依旧严峻。因此，加强乡村贫困的相关研究势在必行。

2.研究对象

贫困能够被人口学概念化（conceptualized demographically）和空间概念化（conceptualized spatially）。贫困人口是贫困地区的主要构成因素，贫困人口的社会、经济和心理特征是贫困地区制度制定的依据，同时，贫困人口也是贫困地区结构化体征形成的内在人文因素。两者虽在概念上一个侧重主体，一个侧重空间，但是两者之间存在相关联系。乡村贫困从字面上看是以空间来定义的，很多研究都致力于探讨乡村贫困地区的特征、原因和影响。同时，在乡村地区内部，贫困人口的社会-人口学特征也被探讨，用以分析他们自身所具备的信息性价值，以及决定他们是否具有不同于其他区域人群的特征。当然，贫困人口的特征依旧可以跨越空间界线进行对比研究，探讨不同空间下的贫困人群的相对形势。

书中所研究的乡村贫困同样是建立在空间概念化和人口学概念化的基础之上。本书中的乡村贫困人口，是指人均年纯收入低于2500元的人口（广东省2009年开展 "双到"扶贫[①]时确认的扶贫标准是2500元），其中包含人均年纯收入低于1500元且享受国家最低生活补助的人口。乡村贫困空间，是指经济发展水平落后、乡村贫困发生率高

---

① "双到"扶贫，是指扶贫工作要做到"规划到户、责任到人"。

（贫困发生率是指贫困人口占总人口的比率）的区域。

二、研究目标与研究方法

1.研究目标

针对目前国内乡村贫困研究存在的问题，本研究从人文地理学的视角出发，综合分析乡村贫困的时空格局演变、空间分布及贫困群体差异，探讨由此而显现出的乡村贫困地方特征——乡村贫困空间传承性、空间隐藏性、空间集聚性与群体差异性。在此基础上，尝试从研究区自然和人文背景的角度解释乡村贫困地方特征的形成原因。同时，选取行政村与乡村住户两种尺度，分别从空间、经济、社会等多维度探讨、研究乡村贫困的影响因素。

2.研究方法

（1）实证分析

在文献分析与实地调研的基础上，将研究区选定为广东省连州市，以典型实证研究，探讨粤北山区乡村贫困的地方特征及影响因素。

（2）定性与定量相结合

在对研究区乡村贫困状况、地方背景及因素定性分析的基础上，通过量图分析法、贫困率指标构建、主成分分析、聚类分析、GIS空间分析等方法量化贫困问题，研究贫困的地方特征；对入户调查问卷运用SPSS统计分析，进行模型构建，定量分析、研究乡村贫困的影响因素。

（3）入户问卷访谈的社会调查方法

对选取的53个样本村发放问卷1200份（978份有效问卷），样本覆盖面广泛、全面。在每个样本村选择村委会领导及具有典型意义的若干家庭进行深度访谈，加大调查深度。从调查问卷到深度访谈，全面调查乡村贫困阶层的生活状况与存在的问题。同时，采用深度访谈方法，探讨乡村土地利用对乡村贫困的重大影响。

三、研究区域和资料来源

1.案例地区的基本情况和代表性

（1）广东省乡村贫困发展

广东省作为全国经济发展先进省份，其同样存在着乡村贫困问题。自1984年开始，广东省就已列出了全省43个山区县①的名单，当时的山区县与乡村贫困县的概念类似，连州（当时称为连县）即为其中之一。

1985年，省政府同意将饶平、揭西、南澳和高州四县增加为山区县。

1986年，省贫困地区山区工作领导小组参照国务院划定贫困县的标准，把广东省（含海南）1985年底农民人均纯收入300元左右的30个县列为省定贫困县，其中含4个国定贫困县，分别为：信宜、乳源、乐昌、广宁、怀集、郁南、揭西、连南、连山、阳山、东源、紫金、和平、连平、龙川、五华、丰顺、大埔、梅县、平远、蕉岭、陆丰（后改为陆河）、饶平、兴宁24个县，以及海南行政区的乐东、保亭、琼中、白沙、儋县和万宁6个县。由此可见，当时的连州还未被列入省定贫困县，但是其周边的连南、连山和阳山均为省定贫困县。

---

① 广东省人民政府转发《国务院关于进一步扩大国营工业企业自主权的暂行规定》的通知（粤府〔1984〕159号）文中列出了全省43个山区县，分别为从化、新丰、龙门、佛冈、阳春、信宜、紫金、和平、连平、河源、惠东、龙川、始兴、南雄、仁化、乐昌、连县（连州）、阳山、英德、翁源、曲江、连山、连南、乳源、兴宁、大埔、蕉岭、平远、丰顺、五华、梅县、封开、德庆、广宁、怀集、云浮、新兴、郁南、罗定，以及海南自治州的乐东、琼中、保亭和白沙。

至1991年时，省政府新增加清远郊区（清新县）、连县（连州）、海丰、龙门、新丰、英德等6个县为省定贫困县，至此，广东省贫困县为31个。这一时期，连州市即为广东省贫困县，且整个清远市下辖县市中有6个为省定贫困县，可以看出，粤北山区为经济发展落后的贫困集聚区。

1996年全省第十次山区工作会议后，31个贫困县减少到16个，并改成特困县（1998年后又改成贫困县，2002年后改成扶贫工作重点县）。广东省有16个贫困县，其中，全国性扶贫县有3个，即阳山、乳源和陆河，省级重点扶贫的特困县有13个，即清新、连南、连山、五华、丰顺、大埔、紫金、和平、连平、龙川、东源、揭西和新丰。

2002年，省委、省政府召开加快山区发展工作会议后，增加平远、兴宁、乐昌、翁源4个县为扶贫工作重点县，至此，全省共有20个贫困县。随着经济的不断发展，至今，广东省贫困区域呈现出"大分散、小集中"的基本格局，已由贫困县的整体连片贫困转变为镇或村的整体连片贫困，贫困的集聚点下移（喻国华，2003）。

以上即为广东省乡村贫困发展的主要历程，由此可以看出，连州市始终为山区县，且部分时间还"升级"为省定贫困县，其周边的连南、连山和阳山县，一直都是经济发展十分落后的贫困区。因此，将研究区设定为连州市具有较好的研究意义，这是笔者选取连州市作为研究区的依据之一。

（2）2009年广东省县域乡村经济发展差异

据广东省政府2010年6月22日举行的"广东扶贫济困日"新闻发布会称："目前，广东省农村贫困人口还有70万户，316万人，所占比率高于全国平均水平。特别是广东仍存在200多万户的农民居住于危房和茅草房中，出现了全国最富的人群在广东，最穷的人群也在广东的奇特现象"[①]。连州市在1994年撤县设市的同时，摘掉了贫困

---

① http://news.163.com/10/0622/20/69QF0I37000146BD.html。

乡村贫困的地方性特征及土地利用对乡村发展的影响
土地利用与空间规划丛书

县的帽子，但作为"三连一阳"①的中心城市，其周边均被贫困县包围，这种"夹缝中"的乡村贫困现状及脱贫道路，值得研究与关注。而且，目前广东省在贫困集聚点下移的背景下，明确连州乡村发展在整个广东省乡村经济发展格局中所处的地位，对本研究至关重要。

基于广东省的行政区划图，以67个县及县级市为研究单元（除去各市区及珠海、深圳、佛山、东莞、中山市），综合选取经济、人口两个维度，共8项指标，通过定量分析计算出2009年各县域经济发展综合得分。本研究首先使用Z-Score的方法对原始数据进行标准化处理，其计算公式为：$y_i = \dfrac{x_i - \bar{x}}{s}$，其中平均值 $\bar{x} = \dfrac{1}{n}\sum_{i=1}^{n} x_i$，标准偏差 $s = \sqrt{\dfrac{1}{n-1}\sum_{i=1}^{n}\left(x_i - \bar{x}\right)^2}$。然后对其因子分析可行性进行检验，KMO和巴特利特球度检验显示（如表2-1），该数据符合因子分析的要求，适合做因子分析。

表2-1　KMO和巴特利特球度检验

Kaiser-Meyer-Olkin	Measure of Sampling Adequacy	0.838
Bartlett's Test of Sphericity	Approx.Chi-Square	391.312
	df	28
	Sig	0.000

由相关系数矩阵R计算得到特征值、方差贡献率和累计贡献率，应用主成分分析法提取公因子，采用方差极大法来简化因子负载（见表2-2）。

结果显示：前两个因子的方差累计贡献率达到71.81%，因此，选择此两个因子已足够描述县域经济发展的综合水平。第一公因子

————————

① "三连一阳"是指连州市、连南县、连山县和阳山县，均位于粤北地区，其中，连南县、连山县和阳山县均为广东省扶贫开发重点县。

与人均第二产业总产值、人均第三产业总产值、人均社会消费品零售总额、人均地方财政收入、人均城乡居民储蓄存款等均有较高的载荷，可将其定义为经济发展活力因子；第二公因子与人均第一产业总产值有很大载荷，体现出农业发展在经济发展中的重要作用，可将其定义为农业发展因子。以因子贡献率作为计算公因子权重的依据，将各公因子累计贡献率定义为1，计算出归一化的公因子指标新权重（见表2-3）。

表2-2　公因子特征值、贡献率以及累计贡献率

因子	原始变量的公因子载荷			未旋转的因子载荷			旋转后的因子载荷		
	特征值	贡献率	累计贡献率	特征值	贡献率	累计贡献率	特征值	贡献率	累计贡献率
1	4.448	55.601	55.601	4.448	55.601	55.601	4.403	55.040	55.040
2	1.297	16.207	71.809	1.297	16.207	71.809	1.341	16.768	71.809

表2-3　经济综合发展水平公因子权重

因子	1	2	累计贡献率
C_j	55.040	16.768	71.809
W_j	0.766	0.234	1.000

经济发展综合水平得分计算公式如下：

$$F_i = \sum W_j \square Y_{ij}$$

式中，F_i表示第 i 样本（研究县域）经济发展综合水平得分，W_j表示第 j 因子指标权重，Y_{ij}表示第样本的第 i 因子的单项得分值。

各县域经济发展综合水平得分见图2-3。由图2-3可知，连州市经济发展水平综合得分为-0.19，低于全省平均得分，是经济欠发达的粤北山区县市。这也是本研究选取连州市作为粤北山区乡村贫困研究案例的依据之二。

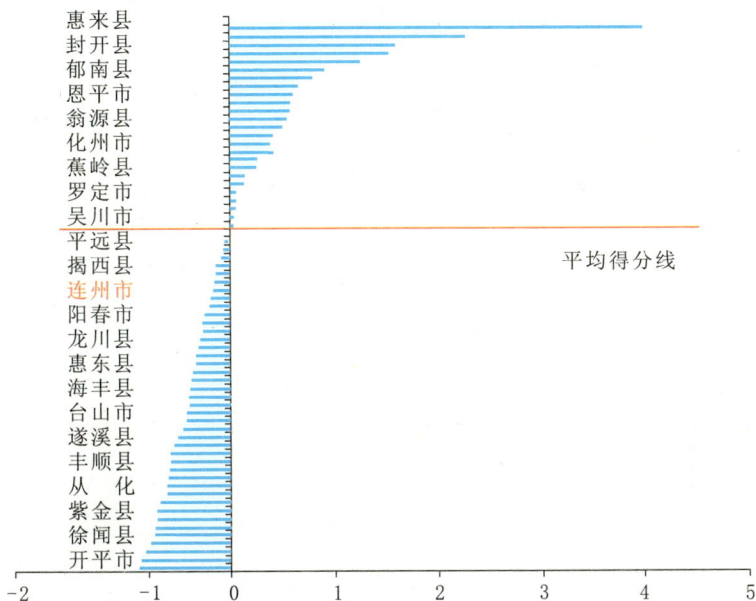

图2-3 广东省各县及县级市经济发展水平综合得分

（3）连州市的特点及贫困状况

连州市位于广东省西北部，小北江的上游，其具有三个方面的显著特点：

首先，历史久远。连州历史悠久，"连州"之名始见于隋朝开皇十年（590年），是粤北（广东省北部）置县历史最长的县。

其次，区位独特。连州地处粤（广东）、桂（广西）、湘（湖南）三省交界处，历史上它不仅是南北交通的重要通道，也成为交界三省边境各县市经济交往的要地，同样的，在军事上它也是个十分重要的地方。

最后，多层文化积累。连州不仅受桂、湘文化的浸染，而且还是少数民族聚居地，连州市下辖的两个民族乡（三水瑶族乡和瑶安瑶族乡）居住着民族文化浓郁的瑶族。不仅如此，连州还有不少客家人。另外，由于抗日战争时期（1938—1945年）广东省政府曾迁于此，故

第二章
研究设计

连州同时又深受广府文化的影响，所以说连州之地形成了文化上的多层积累。再加上以上部分中对于连州为经济欠发达地区的分析，故本研究在广东省普通高等学校人文社会科学重点研究基地重大项目的支持下，选取连州市为研究区，探讨粤北山区乡村贫困的地方特征及影响因素。

经2003年行政区划调整后，目前连州共辖12个乡镇，即连州镇、九陂镇、龙坪镇、西岸镇、星子镇、大路边镇、丰阳镇、西江镇、东陂镇、保安镇和两个民族乡（即三水瑶族自治乡和瑶安瑶族自治乡），除去城区及居委会，共下辖164个自然村（如图2-4）。

2009年，连州市总面积为2663.33平方公里，总人口525 415人，其中，农村人口有436 694人。连州市共有省级贫困村17个。在农村人口中，人均年纯收入在2500元以下的贫困人口有17 329户，共52 708人，包含人均年纯收入在1500元以下的贫困人口有9468户，共23 572人，其中，纳入最低生活保障制度的有7225户，共17 127人。以上这些仅是从数据上显示出连州乡村的贫困状况，但是其乡村贫困人口的真实生活又是如何？本研究将在典型村案例分析中，深入分析、研究、归纳和总结。

2.资料来源

（1）文献资料

研究参考的文献资料主要包括两部分：一是历史文献及相关史料，主要包括《连州志》（清康熙）、《连州志》（清乾隆）、《连州志》（清同治）、《连州志》（民国三十八年）等地方志，以及《新唐书》《宋史》等史籍中对于连州地区的记载。另外，还有连州市第三次全国文物普查成果等。二是相关研究的中英文著作，期刊论文，硕士、博士论文。在书末的参考文献中，已将所引用的公开发表的论著一一列出，对于所引用的报纸新闻、内部资料等均在书中以脚注形式予以标注。

乡村贫困的地方性特征及土地利用对乡村发展的影响
土地利用与空间规划丛书

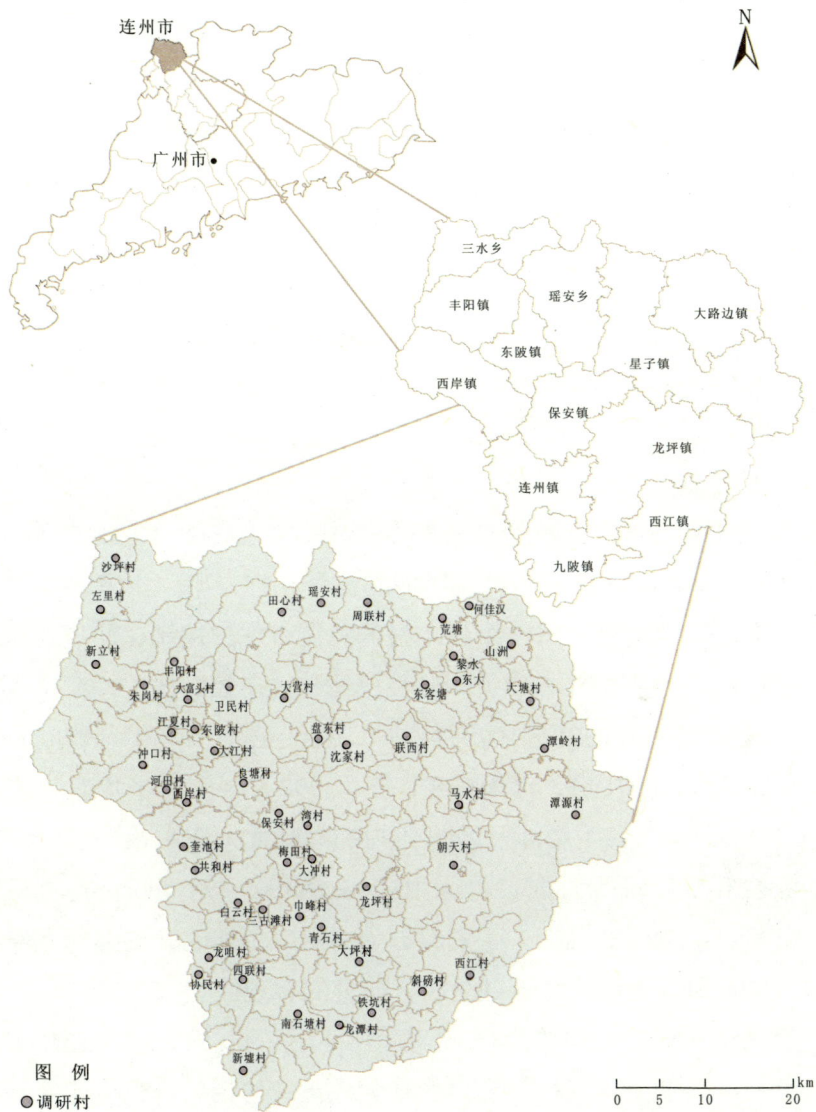

图2-4 连州市区位、行政区划图及调研样本村分布示意图①

————————

① 连州市现辖12个乡镇，共164个行政村（除去居委会）；图中比例尺适用于行政村区位及调研样本村分布图。

第二章
研究设计

（2）统计数据

①地名志。清远市地名委员会所编的《清远市地名志》以及广东省地方史志编纂委员会编写的《广东省志　地名志》。

②地方志。1985年广东省连县县志编写委员会编写的《连县志》。

③统计年鉴。主要包括2005年、2010年连州市社会经济统计年鉴，2010年广东省各地级市统计年鉴。

④地方提供数据。主要是连州市各乡镇所提供的各乡镇贫困人口数据，即人均年纯收入在2500元以下的人口数据；各村人均收入数据；各村低保人口数据，即人均年纯收入在1500元以下且接受国家福利的人口数据。

（3）问卷、访谈资料

①问卷资料。对随机选取的53个样本村（如图2-4）发放1200份调查问卷。2011年8月至10月在导师的监督和指导下，由笔者及学生进行问卷和访谈调查。每一个样本村的总调查住户控制在20户左右，其中选取10户为典型样本户（即5户最贫困、5户最富裕），在余下的农户中用等概率方法抽选10户样本户，剔除信息不全和无效问卷，共回收有效问卷978份，涉及978个家庭3997人，问卷平均有效率达到81.5%。调查内容主要涉及乡村住户的家庭人力资本状况、经济状况、社会生活特征等方面。再运用SPSS 16.0软件对问卷资料进行整理、分析，成为研究的第一手资料，为本研究工作的开展与深入奠定了坚实的基础，也强化了选题分析、研究的客观性。

②访谈资料。对相关政府部门工作人员进行访谈，包括连州市扶贫办公室、各调研样本村村委会的相关人员。与相关研究机构的研究人员访谈，包括连州市博物馆、连州市档案馆等单位的相关人员。与样本村典型低保户、贫困户和相对富裕家庭成员访谈。访谈内容皆采取了录音记录。在各类访谈过程中积累了大量有用的信息，为本选题系统研究打下了坚实的基础。

第三章　乡村贫困空间传承性

　　地方背景的影响，使得乡村贫困呈现出多种地方特征。在西方贫困的成因理论中存在结构与文化取向的对垒，其中，贫困文化理论以社会文化的角度解释贫困现象，是美国学者刘易斯（Lewis）基于对贫困家庭和社区的实践研究而提出的。这一理论认为穷人拥有独特的生活方式，将自己与他人在社会生活中隔离，形成一种脱离社会主流文化的贫困亚文化。这种亚文化通过贫困圈内的交往而得到加强，并且形成贫困文化的代际传递。贫困亚文化理论，实际上是一种历史的文化特征及模式（袁媛，2006），它不仅分析了贫困的产生，而且延续了贫困产生和发展的历史社会文化根源。这一理论表明，在代际可以寻出贫困亚文化的历史传承轨迹。这引起了笔者思考，作为贫困亚文化的载体——贫困群体，其在空间上所形成的贫困集中区，是否同样存在时空分布上的传承轨迹？弄清这一问题，有助于更好地解释地方历史因素在当今乡村贫困空间格局形成中的作用。

在一定程度上讲，乡村贫困空间格局是以乡村聚落空间为载体，通过乡村聚落空间下的不同贫困特征而表现出的乡村贫困的空间差异。特别是在历史时期，其有限的记载和资料，不能直接支撑对区域乡村贫困的空间差异进行分析。笔者认为，在传统农耕时代，乡村聚落规模与其经济发展水平呈正相关关系，探讨历史时期乡村聚落规模的演变及特征，可以从侧面反映乡村贫困的空间格局特征。故本研究首先探讨历史时期乡村聚落的格局演变及特征，以乡村聚落密度①为主要研究对象。通过对乡村聚落密度的差异及演变进行分析，以辨识出历史时期以来聚落密集区与稀少区（聚落稀少区即为传统农耕时期的乡村贫困集中区）。

一、乡村聚落时空格局演化的传承性

传承性（continuity）是历史乡村地理研究的重要特性。在乡村聚落演变发展过程中，乡村聚落某些要素基本保持不变，体现出一定的传承轨迹，以真实反映地方文化及环境。因此，了解乡村聚落的历史空间演化及其传承性，对于理解现今乡村聚落的空间格局至关重要。

国内乡村聚落空间的研究经历了由单一的物质空间研究向乡村空间系统研究的发展和完善。研究内容十分广泛，从外部空间形态、区位营造思想及聚落选址和布局的描述，到聚落群地域分布和等级体系的研究，再到聚落内部结构及院落、建筑景观（主要是古村落）等的分析，且不仅包括静态位置及关系的描述，还包括动态移动特点、规律及影响因素的探究。从20世纪90年代开始，历史乡村聚落空间研究亦受到学者们的高度重视，研究内容多为乡村聚落的空间分布及区

---

① 历史时期，农业的出现是人类定居生活的开始，而且随着社会的不断发展和进步，人类聚居也从单一的、分散的农舍，发展到一系列简单的农业集群和小村庄的凝聚，再发展为复杂的集聚成核。故乡村聚落密度，可以作为反映聚落空间规模的重要表征（韩茂莉，2004）。

域差异、乡村聚落规模等级、聚落空间格局的演变及影响因素等，其中，明清市镇空间结构的研究在历史地理学界备受关注。但是，国内对于聚落演变的研究，其焦点多在"变"处，并未关注演变过程中基本保持不变的因素。在国外，历史乡村聚落空间研究已将关注焦点转移至聚落演变的结构及其政治、文化背景分析。特别是Gillian Barrett在1982年提出乡村聚落时空传承性概念，认为欧洲乡村对于社会发展变化具有一定程度的抵触，以保持自身传统聚落景观的传承。除此之外，西方学者还结合GIS空间分析技术，以增加历史数据及传承性议题分析的精确度。因此，乡村聚落时空传承性，是理解历史演变与当代聚落空间格局形成关系的重要纽带。

1.研究区历史发展脉络

深入了解研究区乡村聚落空间格局及演化，必须首先对其历史发展背景进行总体把握，如此方可知研究区发展脉络及特点。连州地区历史悠久，早在新石器时代连州地区就已存在人类活动。秦汉时期两次统一岭南的战争，间接开发了连州之地，使得连州地区成为中原往南粤的主要通衢之一。至唐宋时期，随着中原人口的逐渐迁入，此时的连州地区也已慢慢开化，经济逐渐发展。至明清时期，由于楚地配食粤盐，作为湘粤主要通道和交流中心之一的连州地区就更为繁荣，同时也促进了古道沿线地区的经济发展。故全国第三次文物普查中，连州地区发现的明清时期的古建筑最多。抗日战争时期，广东省政府曾迁驻连州，大量广府人涌入这里，以致连州素有"小广州"之称。因此，对于历史时期连州的社会经济发展，可谓开发于两汉，兴盛于唐宋，繁荣于抗战一时，辉煌于当今。历史时期连州地区的人口变化趋势，同样印证了这一乡村发展脉络，其人口数量在唐宋和康熙时期分别达到两次高峰。

第三章
乡村贫困空间传承性

2.研究方法

由上可知，连州地区开发于两汉，兴盛于唐宋，繁荣于抗战一时。这种经济发展历程在乡村聚落空间上又是如何体现的？基于此，本研究以选用《广东省志 地名志》和《清远市地名志》所记载的地名资料为主，运用历史资料及GIS空间分析技术相结合的方法，探究不同时段连州地区乡村聚落的空间格局及演变。由于历史时期就算是居住在都邑及其附近的人口，从事手工业、商业以及其他行业的比例也非常小，绝大多数仍属于从事土地垦殖的农业人口[①]。在农业人口的推动下，都邑与村落在农业经济生活方式上形成一致。基于上述分析，本研究所探讨的历史时期研究区乡村聚落的范畴，将包含各级行政机构的治所。

3.乡村聚落的时空格局及演化

以210个乡村聚落为基础，按乡村聚落建立时间的不同将其划分为11个时期，分别为五代之前、两宋、元代、明代初期、明代中期、明代末期、清代初期、清代中期、清代末期、民国时期和新中国成立以后。通过对不同时期乡村聚落数量增长情况的统计分析，笔者发现连州地区乡村聚落数量增长具有如下特征：

（1）乡村聚落数量整体上呈持续增长态势，但从明代初期开始，乡村聚落数量增长加快，直至清代末期增长速率才有所减缓。

（2）新增乡村聚落在各个时段都有所发生，但是集中发生于明清时期，特别是在明代中期乡村聚落新增数达到高峰。这与连州历史时期的社会经济发展脉络相吻合。通过对各乡镇乡村聚落数量增长情况的统计分析，可以看出连州镇是增长速度最快的区域，其次为龙潭乡和龙坪镇，再次是西岸镇，三者皆分布于连州镇周边。按照乡村聚落

① 韩茂莉. 辽代西拉木伦河流域聚落分布与环境选择. 地理学报，2004，59（4）：543-549.

乡村贫困的地方性特征及土地利用对乡村发展的影响
土地利用与空间规划丛书

密度值的大小、增长速度的快慢以及空间分布格局的不同，将连州地区乡村聚落历史空间格局演化划分为六个发展阶段（如图3-1）：

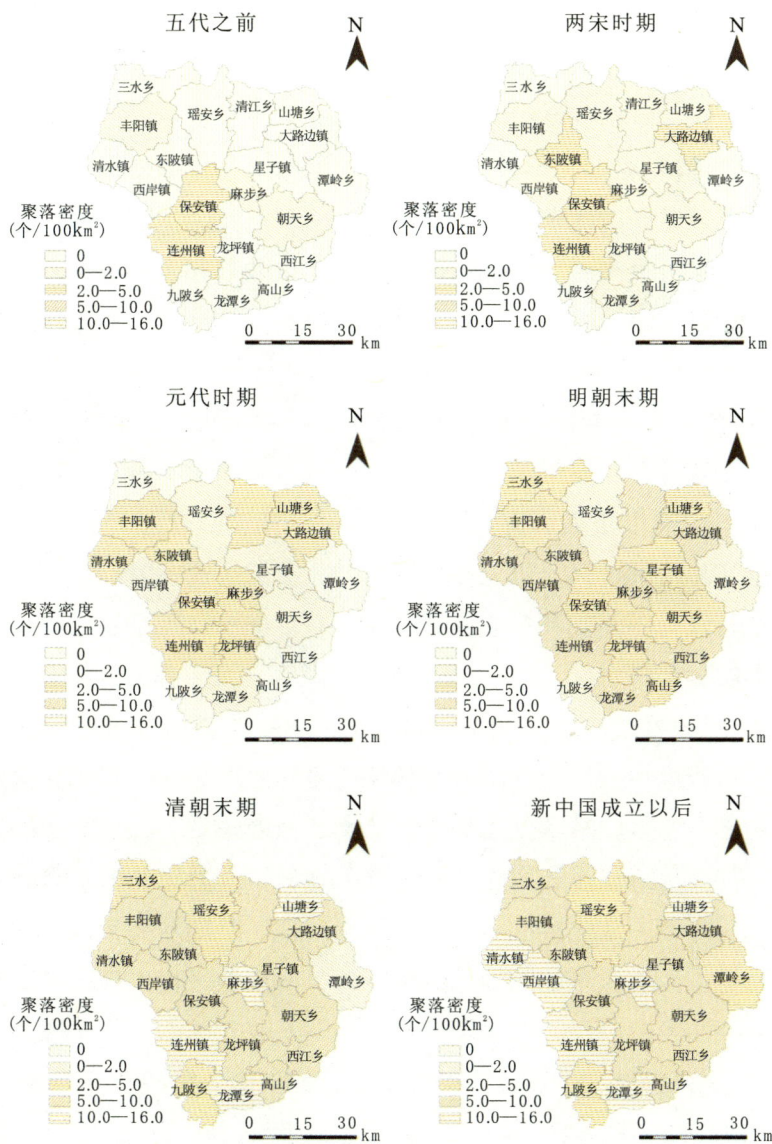

图3-1　连州地区乡村聚落的空间分布格局①

---

① 据地名志中不同乡镇不同时期乡村聚落密度差异而绘制。

第三章
乡村贫困空间传承性

① 缓慢增长期（前111—960年）。这一时期乡村聚落增长较为缓慢。从乡村聚落密度来看，密度最大者为连州镇和保安镇，其次为麻步乡、丰阳镇和朝天乡。这五个乡镇均位于连江及其支流（东陂河、保安河和星子河）流域内，地形较为平坦，适于人类生存。但总体来说，这一时期的乡村聚落仍十分稀少。

② 普遍发展期（961—1279年）。虽然这一时期新增乡村聚落数占乡村聚落总数的比例不高，但其空间分布已大为扩展。这一时期，乡村聚落密度最高者为连州镇、保安镇、东陂镇和大路边镇，增长最为迅速的是大路边镇和东陂镇。总体来说，这一时期乡村聚落普遍建立，中西部和东北部地区在原有基础上有所增长。

③ 持续发展期（1280—1368年）。这一时期，乡村聚落密度较大的乡镇集中分布于中西部和东北部，其中聚落密度最大者为连州镇；从增长速度上看，涨幅最大的是星子镇，其次是龙坪镇。但北部、东部和南部地区，仍无乡村聚落的分布。故这一时期乡村聚落空间分布表现为中西部和东北部地区在原有基础上持续增长，空间集聚特征更加显著。

④ 高速发展期（1369—1644年）。这一时期是连州地区乡村聚落新增数量最多的时期，所有乡镇均有乡村聚落分布，其中聚落密度最大的是麻步乡，其次是连州镇。从增长速度来看，涨幅最大的是麻步乡，其次是清江乡。另外，之前并无乡村聚落分布的西江乡和三水乡，这一时期的变化也很大。总的来说，这一时期乡村聚落空间分布除了原有中西部和东北部地区的集聚外，南部地区也出现了乡村聚落密度较高的乡镇。

⑤ 次高速发展期（1645—1911年）。这一时期聚落密度最大的为山塘乡，其次是连州镇。从增长速度来看，涨幅最大的是山塘乡，其次是连州镇和龙潭乡。这一时期乡村聚落空间分布较为典型，最高集聚地区出现在南北交通的重要节点位置，周边辐射

区为次集聚地区，而偏远的少数民族聚居地及高山地区为聚落密度低值区。

⑥ 缓速增长期（1912—1986年）。这一时期，清水镇、西岸镇和潭岭乡的乡村聚落密度有所增加，其余乡镇均无太大变化。故这一时期乡村聚落的空间分布与上一时期大致相同，只是西部地区的集聚现象更加突出。

从以上分析中可以看出，连州镇始终为各时期乡村聚落密度较大的镇，且连州地区各时期乡村聚落密度最大的乡镇多位于市域的中西部和东北部，聚落密度最小区域始终集中在其北部少数民族聚居地及东部高山地区。从其增长速度来看，连州镇及周边、东北部这两个区域的增长速度较快，这在一定程度上回应了上述关于各乡镇乡村聚落数量增长情况的分析。

4.乡村聚落时空格局演化的传承性

综上可知，连州镇是其乡村聚落增长的核心，且连州地区各时期乡村聚落密度最大的乡镇均位于中西部和东北部，而乡村聚落密度最小的地区始终集中在其北部少数民族聚居地及东部高山地区。这表明连州地区乡村聚落空间格局确实具备历史传承性，即在乡村聚落演变过程中，聚落空间格局呈现出传承轨迹。本研究将以2009年各镇聚落密度空间分布对上述结论给予验证。2003年连州市进行行政区划调整，2009年调整后的连州市下辖乡镇合并为10个镇和2个民族乡，共12个乡镇（如图3-2）。

可见，行政区划调整后，连州地区的乡村聚落空间格局仍是聚落密度较大者集中于中西部与东北部，聚落密度较小者集中于北部少数民族聚居区与东部高山区，这与上述连州地区各时期乡村聚落密度空间格局所得结论是前后承接的，故连州地区乡村聚落历史时空格局及演变具备传承性特征。

图3-2 2009年行政区划调整后连州市乡村聚落的空间格局[①]

二、各时间段的乡村贫困空间

本章节根据所掌握资料，选取五个时间段，即唐宋时期、清同治时期、民国时期、1985年及2004年，尝试从分析不同时段（点）连州地区乡村经济开发及发展水平的角度，探究历史时期的乡村贫困空间格局。

1.唐宋时期——初步极不平衡发展

在前文中，笔者已对连州地区整个经济发展脉络进行了梳理，即"开发于两汉，兴盛于唐宋，繁荣于抗战一时"。故唐宋时期的连州已经有了一定程度的发展，其不仅物产丰富，农业生产技术先进（始

---

① 依据2009年各乡镇乡村聚落密度差异而绘制。

乡村贫困的地方性特征及土地利用对乡村发展的影响
土地利用与空间规划丛书

创筒车），而且矿业开采和冶炼也已初具规模。有记载称唐末"连州工商达四五千人"，可见当时连州工商业已具有一定规模。另外，《广东通志》载唐宋时期的连州："至于道无乞丐之人，则他城之所不及。"同当时的阳山县相比，据韩愈的《送区册序》记载："阳山，天下之穷处也……县郭无居民，官无丞尉，夹江荒茅篁竹之间，小吏十余家，皆鸟言夷面。始至，言语不通，画地为字，然后可告以出租赋，奉期约。"可见，当时的连州，从其整体经济发展来讲，已是粤北较为发达的县邑之一。但是，唐宋时期的连州，相对于中原地区来说，却仍是一个荒蛮烟瘴和贬官流放之地。据《连州志》记载：唐代京官被贬谪任连州刺史、司马、参军、县尉、县令的署名者有17人，不载于史但被刘禹锡《连州刺史厅题名记》记有名字的则有57人之多。

故从整个连州地区来讲，当时连州的开发还只是初步的（仅限于县城），与中原尚存在较大差距。从连州地区内部来看，其发展很不平衡，在地广人稀的山区和少数民族地区，居民十分穷困和落后。从一些文人雅士对于少数民族地区的描绘来看，少数民族人多居住于溪洞里，且仍过着刀耕火种的农猎生活。唐宋之后，商品经济的发展，广东海上丝绸之路的开通使得连州经济不复唐宋时繁荣，直至清朝中期才得以恢复。

2.清代同治时期——三区经济发展格局的雏形

据同治《连州志》所载，清代同治时期，连州地区分为三属，南部为捕属（县城一带），东北为星子属，西北为朱岗司属，之下为坊堡。对于捕属、朱岗司属和星子属的记载较为详细，有其相对位置、所辖堡及每堡所辖村数的详细记录。本研究以"属"为研究尺度（"属"作为当时连州地区的第四级行政区划单位①，相当于今

---

① 清代省、府、县构成地方上的三级基本行政系统组织，清代同治时期连州等级为县，县下辖三"属"，故称"属"为第四级行政区划单位。

天的乡镇级别），以村数为基础，衡量各堡的规模大小（假定各村所辖人数相等），以人口分布状况来反映传统农耕时期各属经济发展水平的差异。本研究以清同治时期连州地区的手绘全图为基础，将各属各堡赋以所辖村数显示，形象直观地反映清同治时期连州地区的乡村发展状况（如图3-3）。

由图3-3可知，清代同治时期连州地区的人口主要分布在朱岗司属和星子属，分布虽较为分散但很均匀。捕属人口分布亦较多，但由于并未有内城人口记载，故在图中未能反映，只是内城东部的人口分布以流沙堡最为集中。综上而言，以捕属、朱岗司属和星子属为主要发展区的经济发展格局已初见雏形，而县城的东部、西部、南部和北部少数民族地区（在清代同治时期连州全图中未有包含），人口分布均不多，应是乡村经济欠发达的贫困地区。

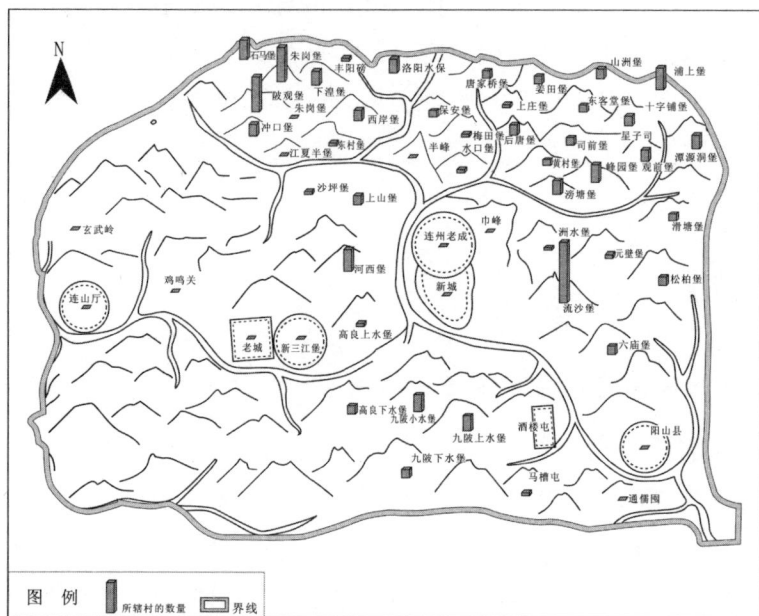

图3-3　清代同治时期各属所辖堡及村空间分布示意图[①]

① 资料来源于同治《连州志》卷三《坊都》，并在同治《连州志》连州手绘全图的基础上改绘。

3.民国时期——三区经济发展格局的形成

（1）民国时期的行政区划格局及人口分布

至1913年，连县将三属划为十区，捕属分作第一、四、五、六、七、八、九、十区，星子属为第二区，朱岗司属为第三区。1927年，连县将堡改为乡。1931年冬，连县将县城、内外厢划为联璧、兴贤、德政、升余四镇，1932年将河东区分为两区。以县城内外厢及半岭、北湖洞等处为第一区；星子为第二区；东陂为第三区；河以西各乡为第四区；流沙、龙坪、元璧、保安、龙泉、水口等乡为第五区。1940年，将德政、升余两镇合并为升德镇；将联璧、兴贤两镇合并为联兴镇；将原第一、四、五区合并为第一区；原第二、三区保留，连县总共分三区，即31乡和2镇。

民国《连县志》详细记载了1940年连县各乡镇的户数，只是并无各乡镇空间分布的记载，只知第一区为县城及其附近区域，第二区为星子及其附近区域，第三区为东陂及其附近区域。其户数统计的详细情况，如下表3-1所示：

表3-1　1940年连县各乡镇户数统计表

区别	乡镇名	户数	区别	乡镇名	户数
第一区	升德镇	1417	第二区	观星乡	1557
	联兴镇	1489		漭塘乡	969
	高良上乡	1540		田家乡	1134
	高良下乡	1230		东十乡	1535
	河西乡	2113		山河乡	1555
	上山乡	787		浦上乡	1779
	九陂上水	1260		潭源乡	710
	云涛乡	1653		塘庄乡	1166
	九陂小水	1131		三联乡	1224
	宾于乡	1544	第三区	东和南乡	1588
	水口乡	334		东和北乡	1858
	四和乡	1776		冲口乡	1466
	龙泉乡	1124		西岸乡	1533
	龙坪乡	1434		达新乡	1446
	元塘乡	883		夏湟乡	1032

区别	乡镇名	户数	区别	乡镇名	户数
第三区	朱合乡 石马乡 洛阳乡	1446 1173 867			

资料来源：1949年《连县志》卷三《人文志二》。

（户数）

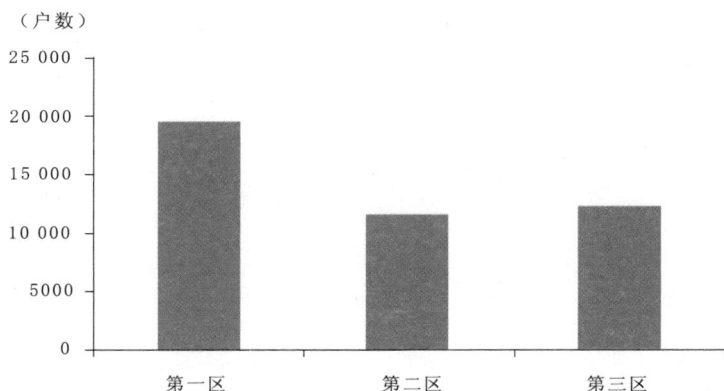

图3-4　1940年连县三区户数统计示意图

资料来源：1949年《连县志》卷三《人文志二》。

　　由上可知，第一区即连县县城及附近区域的人口最多，第三区即东陂及附近区域的人口次之，第二区即星子及附近区域的人口最少。

　　（2）抗日战争时期的墟市格局

　　抗日战争时期，由于广东省政府曾迁驻连州，致使连州地区人口陡增，一时出现百业兴旺的景象。墟市是乡民集中交易的场所，可以侧面反映其经济发展状况。民国时期，连县的墟市约有19处。

表3-2　连县墟市统计（以现今连州市范围为主）

墟市名称	墟址	设墟时代	墟期（农历）	距城里数	贸易情况
石峦墟	县城兴贤门	民国初年（1912）	三、八日		除县内各乡民众外，小江、临武商人亦有趁墟交易，以牛市为大宗
龙坪墟	龙坪		五、十日	二十公里	除附近各乡村外，阳山、本县附城等民众亦有趁墟交易，以猪苗为大宗
保安墟	保安村		四、九日	二十公里	除本乡人民趁墟外，并有东陂等地人士，以竹木为大宗
云涛墟	龙秋潭	民国四年（1915）	四、九日	二十公里	除附近村庄外，阳山同官等处人民亦往趁，每年除八九月之花生交易外，其余交易不大
石角墟	西牛角		二、七日	二十公里	除附近村人外，连山、连南人士亦往趁，以杉木为大宗
天光墟	城西鹅公潭		每日晨光	一公里	均是附城及河西一带小贩往趁，以蔬菜为主
龙泉墟	卿罡村	民国三十五年（1946）	二、七日	十五公里	均是附近乡村人民往趁，交易不大，无大宗货物
麻埠墟	麻步水		一、六日	二十九公里	太塘庄乡南有商店六七间，贸易以油类、花生、猪只为大宗，畅销于县城、清远、广州等处
荒塘坪墟	荒塘坪		一、六日	六十三公里	在山河乡之西有商店三四间，在连湘境湘人贩牛趁墟者甚众，故贸易以牛为大宗，米、豆、猪只数亦不少
星子墟（锦囊墟）	星子观前坪		二、七日	四十六公里	除星子各村人外，并有临武、宜章、保安等处人交易，以牛、米、油、盐、烟、皮为主
太和墟	浦上乡太和村		三、八日	六十四公里	故墟面积甚小，有商店二三间，茅厂六七间，以牛、猪、鸡、鸭、番薯丝为大宗

第三章
乡村贫困空间传承性

墟市名称	墟址	设墟时代	墟期（农历）	距城里数	贸易情况
东陂墟	东陂街口	民国二年（1913）	五、十日	三十三公里	除附近村人趁墟外，尚有各乡及湖南蓝山、临武、宜章、江华、永州等处人交易，以牛、猪、米、油、布、盐为大宗
西岸墟	西岸堡		一、六日	二十六公里	除本乡各村人趁外，并有县城、东陂、冲口等处人交易，以米、盐、酒、猪为大宗
冲口墟	冲口堡		四、九日	三十三公里	除本乡各村人趁墟外，其余各乡趁墟者颇少，面积很小，交易以谷米、盐为大宗
合并墟	朱岗村	民国二十年（1931）	二、七日	四十六公里	除本乡各村人趁墟外，并有东陂等七乡及湖南蓝山、大桥等处人交易，交易以牛、猪、米、盐为大宗
丰阳墟	丰阳堡	创自宋纪	一、六日	四十五公里	除本乡各村人趁墟外，并有东陂、朱岗等处人，湖南人亦不少，交易以米、布、盐、油、纸为大宗
夏湟墟	夏湟堡	民国五年（1916）	四、九日	四十五公里	除夏湟各村人趁墟外，其余各乡趁墟者寥寥无几。因与邻墟相近且面积狭小，交易以米、茶、盐、布为大宗
清水墟	石马堡	民国十七年（1928）	三、八日	五十三公里	除清水各村人趁墟外，并有江华、永州、冲口、西岸、东陂、朱岗、丰阳等处人交易，交易以玉竹、茶、苎麻、茶油为大宗
阳屋观墟	洛阳		四、九日	六十公里	除洛阳各村人趁墟外，并有星子东等处人交易，交易以竹、木、纸、茶油为大宗

资料来源：1949年《连县志》。

乡村贫困的地方性特征及土地利用对乡村发展的影响
土地利用与空间规划丛书

图3-5　历史时期连州地区墟市分布示意图[①]

　　这19处墟市，其中以石峦墟（连州镇）、星子墟（星子镇）和东陂墟（东陂镇）最为兴旺。据统计，这19处墟市位于第一区的有7个，第二区的有4个，第三区的有8个（如图3-6）。虽说各墟市规模大小、繁盛程度不一，无法进行经济发展水平的对比，但最起码可以反映出墟市经济发展水平比周边地区高。墟市大多沿主要交通干道分布（交通主干道见图3-7），且在县城及周边、西北部和东北部地区较集中。

_____

　　① 根据《广东省志　地名志》和《清远市地名志》中对于地名及变化的描述及现状地名的所在区位绘制。

第三章
乡村贫困空间传承性

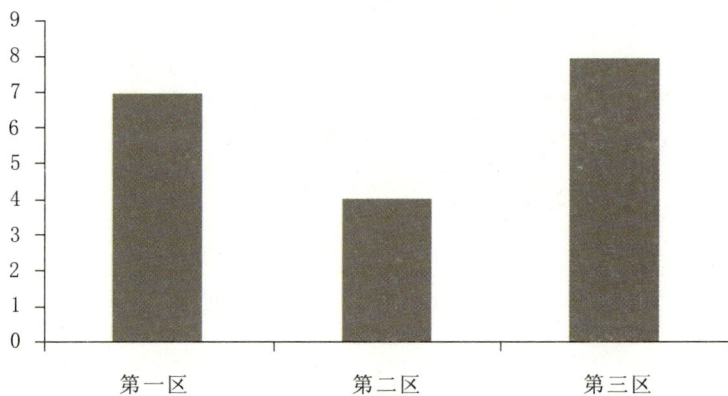

图3-6　历史时期连州地区三区墟市统计示意图

资料来源：1949年《连县志》。

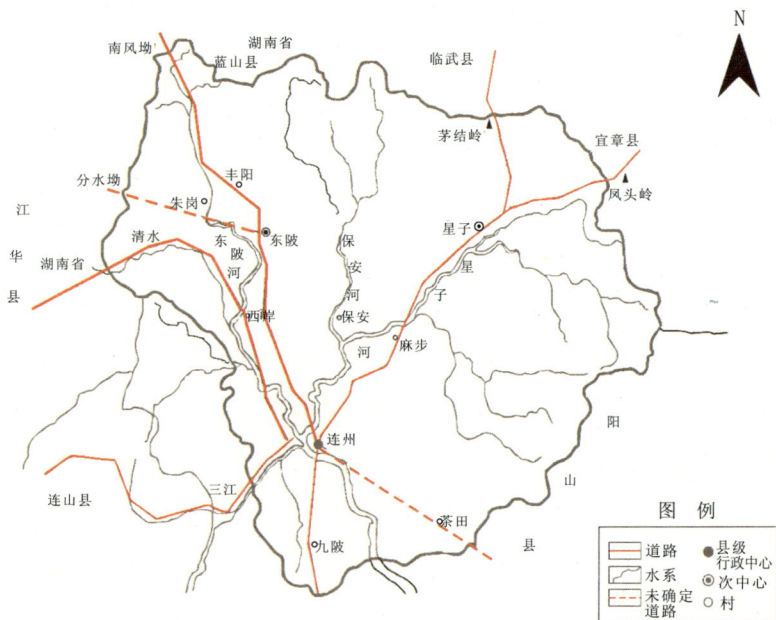

图3-7　历史时期连州地区水陆交通示意图[①]

---

① 此图根据谭伟伦等的总结改绘，其中虚线部分是1949年《连县志》所记载的两条道路，但具体走向不得而知。

乡村贫困的地方性特征及土地利用对乡村发展的影响

土地利用与空间规划丛书

（3）民国时期的乡村农业生产

①土地。土地为农业生产要素之一，据1939年地政测量登记，全县耕地面积为全县面积的13%。在耕地中，旱地、山坡地等占耕地总数的23%，而水田仅占76%。故水田面积只占全县面积的1/10。1949年《连县志》将三区的土地面积、耕地面积等详细记载如下表：

表3-3 1939年连县各区面积统计表

区别	全面积	耕地面积	水田面积	旱地面积	山坡地	其他
第一区	1 230 200 000	215 066 373	151 648 579	34 905 746	19 086 966	9 425 082
第二区	961 054 999	127 570 425	92 275 232	26 555 846	6 681 972	2 057 375
第三区	1 363 800 000	139 126 791	125 537 184	5 745 538	6 064 602	1 779 467

资料来源：1949年《连县志》，并无单位记载。

②农产品产量。农产品产量是传统农业时期衡量区域经济发展水平的重要指标，1949年《连县志》将1940年三区的各类农产品产量详细记载如下表：

表3-4 1940年连县各类农产品产量统计表

区别	稻	豆类	油菜	大小麦	花生	番薯	棉花	玉蜀黍	荞麦	蔬菜
第一区	398 232	1222	4214	1625	19 405	73 546	4	2381	39	60 922
第二区	290 737	912	31	1007	9656	97 721	809	521	11	42 219
第三区	358 112	410	3496	552	4571	32 935	10	286	10	52 433
合计	1 047 081	2544	7741	3184	33 632	204 202	823	3188	60	155 574

资料来源：1949年《连县志》。

（4）民国时期的乡村商业发展

连县虽然偏于一隅，但交通方便，下达英德、清远，民船往来不绝；上通湘南，商旅络绎于途，故其一般商业尚可称发达。现将民国时期连县县城、星子埠、东陂埠各商业行业发展情况统计如下：

①县城。县城为全县中心地点，商业自然比较畅旺，其具体情况如表3-5所示。其中故衣业是指一些商人从广州等地运回旧衣裤回连县贩卖，当时贫苦人家往往利其价廉，而选购洗晒后穿用，该行业也一时大有利可图。由此可见，连县的贫困人口确实具有一定规模。

表3-5 民国时期连县附城各商业行业发展情况

行业	时间	商户（户）	资本额（万）
粮食贸易	民国三十三年（1944）	109	842.7
	民国三十五年（1946）	65	618
百货行业	民国三十三年（1944）	92	329
布匹行业	民国三十三年（1944）	21	102
盐业	民国三十年（1941）	71	12.6
油业	民国三十二年（1943）	24	186.5
杂货行业	民国三十三年（1944）	59	104.4
	民国三十五年（1946）	57	482
	民国三十八年（1949）	42	380
洋服和故衣业	民国三十三年（1944）	20	131
烟丝和卷烟业	民国三十三年（1944）	22	89.5
饮食业	民国三十一年（1942）	15	16.7
中药业	民国三十三年（1944）	13	37.5
西药业	民国三十三年（1944）	9	16

资料来源：1949年《连县志》。

②星子埠。星子上通湘南临武、宜章各县，下达连阳。清光绪年间，商业颇盛，有当铺2间，盐铺20余间，苏杭绸缎布匹铺三四间，什货铺数十间。每达墟期，四方归市者络绎不绝，拥挤异常。秋季各乡花生、棉花成熟运至星市发卖，数量在五六百石以上。米及猪牛三

项为数亦多。自粤汉铁路通车后,楚人多往坪石贩货,星市商场顿趋冷淡。广府人之在星子经商者,大率停业回乡,现在新街虽尚有盐铺10余间,然营业大不如前,销售于湘南各县之货,向以食盐为大宗,故盐业尚可维持。其余则杂货及布铺并立,大都资本薄弱,营业不振,且一店兼营数业,货品甚为混杂。至于花生仁、烟业、茶油,虽为出口大宗,然亦无行可言。其具体情况如表3-6所示。

表3-6 民国时期连县星子埠各行业发展情况

行业	盐铺	洋杂店	杂货、长水铺	山货店	饮食业	医药业	米面粉业	布匹故衣百货业	纺织业	打银铺
商户（户）	8	7	35	3	6	11	7	11	4	5

行业	打铁铺	漂染业	钟表业	旅业（大间）	当铺	摊馆（大间）	榨油业	鞋帽店	木材（木炭）店	牛肉铺
商户（户）	4	2	2	2	4	2	4	1	2	2

资料来源:1949年《连县志》。

③东陂埠。东陂上通湘南永、道诸县,下达县城,商旅云集,商业颇为繁盛。清同光年间,专业引盐者有24号之多,其余各行商业亦颇发达。自粤汉铁路通车后,商旅日少,商业遂一落千丈。现查业盐者仅有6间,苏杭业7间,油类业10余间,杂货业20余间,粮食业10余间。至中西药业、织染皮料业等亦有之,大都资本薄弱,小规模经营。唯每趋冬季,制腊鸭腊肠者甚多,均输出县城及清远、广州等处,颇为著名。

表3-7 民国时期连县东陂埠各行业发展情况

街道名	头铺街	接龙街	水拱街	坳折街	北胜街	新街	大田街	中街
商户数	5	7	10	2	3	3	7	14
街道名	老街	水桥街	南隅街	司前街	新兴街	南安街	重庆街	总计
商户数	22	13	7	19	5	2	4	123

资料来源:1949年《连县志》。

（5）民国时期的乡村经济发展格局

根据民国时期数据的收集和整理，笔者以民国时期的连县三区为研究尺度，选取五项指标探讨民国时期乡村经济发展水平。之所以选择"区"为研究尺度，是基于以下两点的考虑：首先，"区"为清代"属"级的延续与发展；其次，"属"和"区"级均为现代乡镇级别的前身，故选取"区"为研究尺度，以保持五个时间段研究尺度的一致。选取的五项指标分别为人口密度（即人口户数与总面积的比例）、墟市密度（即墟市数与总面积的比例）、户均耕地（即耕地面积与人口户数的比例）、户均稻谷产量（即稻谷产量与人口户数的比例）、商铺密度（即商户数与总面积的比例），指标体系的具体情况如下表3-8所示：

表3-8 民国时期连县各墟镇经济发展水平的指标体系

	人口密度	墟市密度	户均耕地	户均稻谷产量	商铺密度
第一区	0.001 602 585	5.690 13E-07	10 908.768 6	20.199 442 05	5.031 7E-05
第二区	0.001 210 024	4.162 09E-07	10 970.025 37	25.001 031 9	1.269 44E-05
第三区	0.000 909 884	5.750 15E-06	11 211.76 493	28.859 053 91	9.018 92E-06
平均水平	0.001 230 726	5.344 5E-07	11 010.984 14	23.931 638 97	2.430 34E-05

资料来源：1949年《连县志》，均未有单位记载。

将各区五项指标分别与平均水平相比较，高于平均水平的为优指标，低于平均水平的为劣指标，可得出乡村经济发展最好的为第一区和第三区，其中第一区的商业发展较好，而第三区的农业发展最好，经济发展较差的区域为第二区。

因未能确定民国时期三区行政边界，故无法将民国时期乡村经济发展格局以空间形式表现，现以一简图表示三区经济发展的相互关系：县城及周边的经济最为发达，是该区域经济发展的中心；东陂埠及附近与星子埠及附近的经济发展次之，是该区域经济发展的两个次中心；县城经东陂至湖南蓝山、经星子至湖南宜章的道路是该区域经济发展的轴线，道路沿线地区的经济发展较之周边地区好。至此，已形成了以连州镇为核心、以东陂埠和星子埠为次中心、以主干道为发展轴线的乡村经济发展格局（如图3-8）。但是，各区内部经济发展很不平衡，经济发展较好的地区主要集中在发展中心、次中心辐射区及交通沿线（例如墟市均分布在交通沿线附近），远离发展中心及交通未辐射到的区域，其经济发展水平相对较低，是该时期的乡村贫困区。特别是第三区的北部，在民国时期已有少数瑶族人居住，约1500人，均居住在北部山区、丘陵，经济发展水平极为低下，是该时期的重点贫困区。

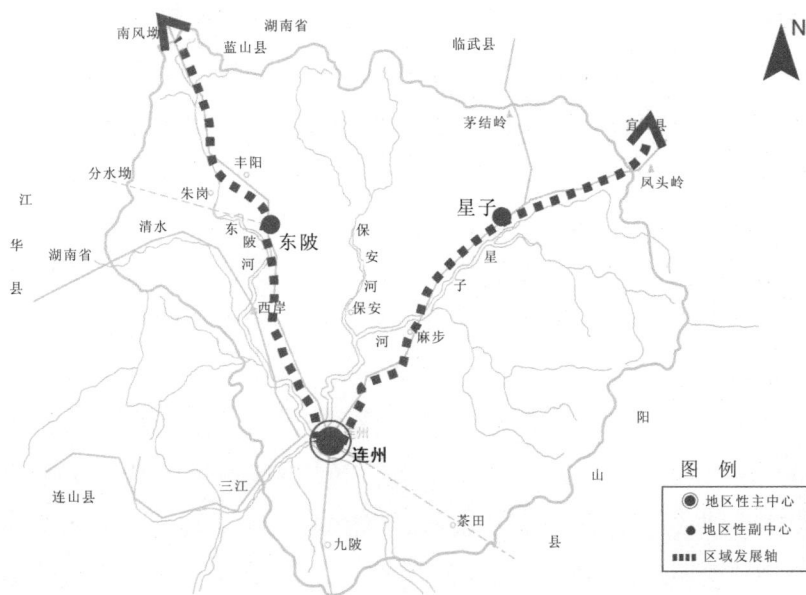

图3-8　民国时期连州地区三区经济发展关系示意图[①]

4.1985年连县乡村经济发展格局

（1）1985年连县经济发展情况

1985年连县共设有20个公社（镇）。自新中国成立以来，连县工

---

① 笔者依据三区发展规模及关系自绘。

商业均有发展，连州镇发展更快，已由原来的消费城镇变成生产城镇。按经济类型划分，以巾峰山为画线起点，全县分山上、山下两大部分。山上包括潭岭、山塘、清江、大路边、星子、麻步、龙坪、朝天、西江、高山等10个公社；山下包括龙潭、九陂、附城、连州、保安、瑶安、东陂、丰阳、清水、西岸等10个公社。山上为主、杂粮及经济作物区；山下为粮产、林产区。

（2）研究方法

此部分以公社为研究尺度，采用量图分析法，对1985年连县乡村经济发展格局进行分析和研究。"公社"行政区划级别同样等同于当今的"乡镇"级别，故依旧保持了研究尺度的一致性。之所以选用量图分析法，是基于以下两点的考虑：首先，1971年德国曾采用量图分析法划分贫困区（陈扬乐，2003）；其次，乡镇级别的统计数据类型较少，选用量图分析法更为适合。

量图分析法，首先需要选取基本上能反映区域经济发展水平的各项指标，然后计算出各指标的平均值与均方差，依据各指标的平均值与均方差确定各指标中等组的上、下限范围，按此范围可将每个指标分成优、中、劣三等。最后，根据各个公社各指标所得优、中、劣个数，将其划分为三种类型：先进、中等和落后。假设各公社得优指标数为Y，得中指标数为Z，得劣指标数为L，则三种类型的表达方式如下：

①先进类型：$Y_i \geq Z_i + L_i$（i为各公社），具体是指该类型公社所得优指标的个数大于或者等于其所得中指标的个数与劣指标个数的加和。

②中等类型：$Y_i + Z_i \geq L_i$（i为各公社），是指该类型公社所得优指标数与中指标数的加和大于或者等于其所得劣指标数。

③落后类型：$L_i \geq Y_i + Z_i$（i为各公社），是指该类型公社所得优指标与中指标的加和小于或者等于其所得劣指标数。

对于指标选取可行性及对各公社经济发展水平类型划分可靠性的判断，通常选用判断系数，即

$$K = \left(1 - \frac{\text{异常值个数}}{\text{样本总个数}}\right) \times 100\% = \left(1 - \frac{S + T + |s_i - t_i|}{\text{样本总个数}}\right) \times 100\% \qquad (3.1)$$

式中，$K < 85\%$时，说明评价的可靠性差，应增加或删减某些指标；$K > 85\%$时，说明评价是可靠的，可以根据所选指标对各公社的经济发展水平进行评价。其中，S为先进类型公社所得劣指标数的加和；T为落后类型公社所得优指标数的加和；S_i为中等类型第i公社所得劣指标数；t_i为中等类型第i公社所得优指标数，其中i为中等类型的各公社。[①]

（3）指标选取

根据1985年《连县志》所记载的各公社经济发展情况，也根据数据的代表性，选取人口密度、人均耕地、人均农业产值三项指标。《连县志》中并无直接农业产值的记载，此处是根据各公社粮食总产量，按照当时全国粮食单价13.8元/担换算而成的经济指标。因连州镇工商业比农业发达，且连州镇为连县经济发展核心地区，故此处不包括连州镇在内。具体如表3-9所示：

表3-9　1985年连县各公社经济发展水平指标

指标	人口密度（人/平方公里）	人均耕地（亩/人）	人均农业产值（元）
附城公社	310.46	0.88	115.34
龙潭公社	92.20	1.20	61.44
九陂公社	187.50	1.05	0.00
瑶安公社	40.33	0.60	90.76
西岸公社	273.50	1.14	169.54
清水公社	108.84	1.34	119.43
丰阳公社	89.95	1.04	161.16
东陂公社	301.37	0.76	126.29
保安公社	207.96	0.90	138.00
潭岭公社	12.83	0.64	51.63
清江公社	107.09	0.86	74.91

---

① 量图分析法及判断系数K均转引自陈扬乐. 湖南县域经济发展水平的空间差异与扶贫开发. 经济地理, 2003, 23（2）：183-186.

指标	人口密度（人/平方公里）	人均耕地（亩/人）	人均农业产值（元）
山塘公社	182.23	0.76	0.00
大路边公社	202.17	0.96	119.23
星子公社	212.65	1.09	122.23
麻步公社	139.21	1.11	113.09
龙坪公社	115.21	1.16	92.97
朝天公社	46.66	1.40	135.32
西江公社	77.34	1.16	117.14
高山公社	58.32	1.88	71.37

资料来源：1985年《连县志》。（亩，即市亩，1市亩等于666.67平方米，后同）

（4）分析与结论

根据量图分析法，对各指标进行计算（表3-10、表3-11）。

其中，$K=（1-0/57）×100\%=100\%＞85\%$，即指标选取可行且其评价结果可靠。

表3-10　1985年连县各公社经济发展水平的指标体系及其相关参数

	人口密度（人/平方公里）	人均耕地（亩/人）	人均农业产值（元）
全县镇域平均	155.17	0.88	98.15
均方差	86.76	0.29	45.48
中间组下限	133.48	0.81	86.78
中间组上限	176.86	0.95	109.52

表3-11　1985年连县各公社经济发展水平空间差异

经济发展水平类型	经济发展水平分组	包括的乡或镇	得优指标数	得优和中指标数	得劣指标数
先进类型	最先进组	西岸、大路边、星子	3		
	先进组	附城、九陂、清水、丰阳、东陂、保安、麻步、朝天、西江	2		
中等类型		山塘、龙坪		2	
落后类型	落后组	龙潭、高山			2
	最落后组	瑶安、清江、潭岭			3

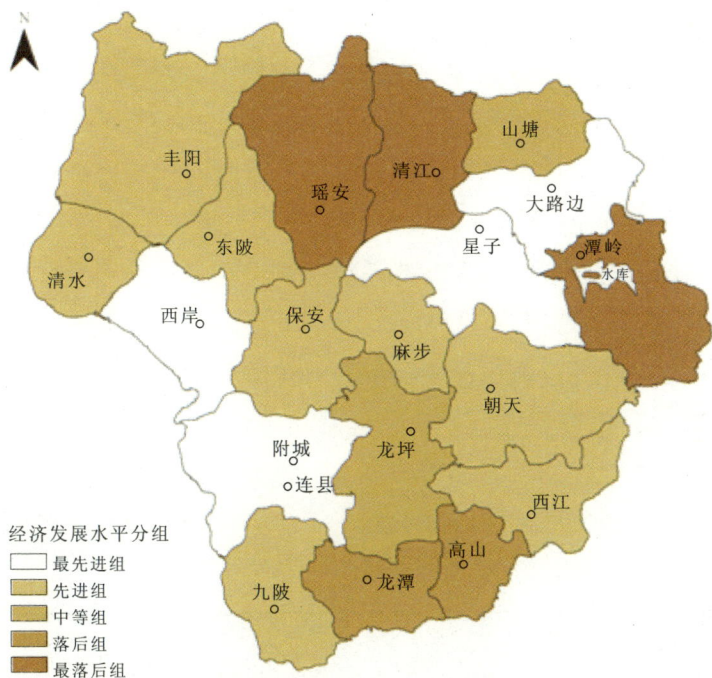

图3-9　1985年连县镇域经济发展水平的空间差异①

经济发展水平分组
□ 最先进组
先进组
中等组
落后组
最落后组

　　根据表3-11绘制图3-9，由图可知，1985年连县乡村经济的发展依旧延续了之前的发展模式，形成了以连州镇为发展核心，以星子镇和东陂镇为左右发展极，以沟通南北的主要道路为发展轴线的空间格局。而距离发展中心较远且主要干道未辐射到的区域仍是经济发展最落后、人民最贫困的地区，主要分布在县域北部的少数民族聚居区和东部高山区。但是，由于此时期三水瑶族乡并未从丰阳公社划出，故其未成为这一时期发展最落后的贫困区。

5. 2004年连州市乡村经济发展格局

　　1994年连县撤县设市（县级市），连州同时也摘掉了贫困县的帽

----

① 依据表3-11绘制。

子。2003年连州市进行行政区划改革，将20个乡镇合并为12个，分别为连州镇、东陂镇、星子镇、九陂镇、龙坪镇、西岸镇、西江镇、丰阳镇、大路边镇、保安镇、三水乡和瑶安乡。2004年是连州市行政区划调整后的第一年，故选取2004年作为一个时间点来分析连州市乡村经济发展的空间差异情况，以乡镇为研究尺度，并仍采用量图分析法，以与前面时间段的研究保持一致。

（1）指标选取

根据2005年《连州市社会经济统计年鉴》所记载的连州各乡镇经济发展情况，也根据数据的代表性和可获取性，选取人均农业总产值、人均工业总产值、人均农村经济总收入、人均农业收入、农民人均年纯收入五项指标。具体如下表：

表3-12　连州市各乡镇经济发展水平的指标体系

指标	人均农业总产值（元）	人均工业总产值（元）	人均农村经济总收入（元）	人均农业收入（元）	农民人均年纯收入（元）
全市平均	3192.61	4373.51	6261.09	2289.6	3488.2
大路边	2737.91	549.84	3953.57	1848.87	3197.7
星子镇	4135.31	13 058.39	5293.59	2605.98	3524.1
龙坪镇	2386.61	2253.14	5701.44	2678.02	3386
西江镇	2459.74	1967.32	5195.97	2103.75	3193.2
九陂镇	5079.56	1993.6	5904.82	2050.67	3528.3
连州镇	3206.83	8989.45	10 350	2017.13	3795
东陂镇	2461.93	805.41	5427.68	2152.41	3525.9
西岸镇	2869.46	1121.89	5749.07	2324.57	3467
保安镇	2787.35	1227.87	8078.71	2746.75	3800
瑶安乡	1872.66	5680.79	3665.72	668.93	2867
丰阳镇	3127.86	1209.73	5558.05	3150.49	3367.9
三水乡	2351.02	5151.71	3300.52	851.18	3146.3

资料来源：2005年《连州市社会经济统计年鉴》。

乡村贫困的地方性特征及土地利用对乡村发展的影响
土地利用与空间规划丛书

（2）分析与结论

根据量图分析法，对各指标进行计算（表3-13、表3-14）。

其中，K=（1-6/60）×100%=90%＞85%，说明指标的选取是可行的，评价的结果是可靠的。

表3-13　2004年连州市各乡镇经济发展水平的指标体系及其相关参数

	人均农业总产值（元）	人均工业总产值（元）	人均农村经济总收入（元）	人均农业收入（元）	农民人均年纯收入（元）
全县镇域平均	3192.61	4373.51	6261.09	2289.6	3488.2
均方差	838.17	3728.78	1843.47	697.91	258.46
中间组下限	2983.06	3441.32	5800.23	2115.12	3423.59
中间组上限	3402.15	5305.7	6721.96	2464.08	3552.81

资料来源：2005年《连州市社会经济统计年鉴》。

表3-14　2004年连州市各乡镇经济发展水平的空间差异

经济发展水平类型	经济发展水平分组	包括的乡或镇	得优指标数	得优和中指标数	得劣指标数
先进类型	最先进组	连州镇、星子镇	3	1	1
	先进组	保安镇	3		2
中等类型		九陂镇	1	2	2
落后类型	落后组	东陂镇、西岸镇、丰阳镇	0—1	1—2	3—4
	最落后组	瑶安乡、三水乡、西江镇、龙坪镇、大路边镇	0—1	0—1	4—5

资料来源：2005年《连州市社会经济统计年鉴》。

根据表3-14绘制图3-10，由图3-10可知，2004年连州市乡村经济发展水平在部分延续之前所形成空间格局的基础上，已发生些许变化。连州镇依然是全市经济发展的核心，星子镇的发展极地位依然保留，同时，连州镇向周边的保安镇和九陂镇的辐射带动能力依然较强，而且北部地区依然是乡村经济发展最为落后的地区。但是，不同的是，从民国时期已形成的东陂发展极在这一时期的发展却有些落后，而且原为南北主要交通要道的重要节点乡镇，如大路边镇、东陂镇、丰阳镇等也渐渐丧失了重要地位，乡村经济发展较为落后。这与此时的乡村经济发展背景已发生重大变化密切相关。在传统农业为主要经济驱动力的年代，农业生产条件较好（地势平坦、水源充足）、交通便利是乡村经济发展水平的重要保证；但是进入现代化时代，特别是随着城市化水平的不断递进，第二、第三产业的发展日渐重要，传统农业生产虽仍为根本，但在第二、第三产业发展的面前已黯然失色，核心区的发展如日中天，其对周边地区的经济带动能力亦有所增强。故这一时期，乡村经济发展格局由核心区及其周边向外递减，只是核心区向东和东南扩散的速度远远小于向北和向南，这是由于连州镇东部和东南部地势相对较高的缘故。

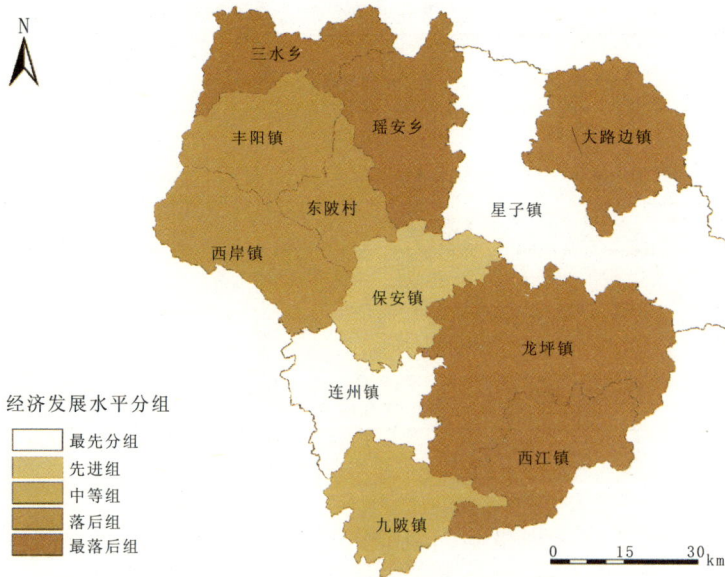

图3-10　2004年连州市镇域经济发展水平的空间差异[①]

———————————

① 依据表3-14绘制。

乡村贫困的地方性特征及土地利用对乡村发展的影响
土地利用与空间规划丛书

然而，此时期三水瑶族乡已从丰阳镇析出，重新回归到发展落后的贫困区行列。此时，原市域北部的清江地区及东部的潭岭地区，由于并入星子镇，其经济发展水平脱离了落后地位。但是，此时市域东北部、东南部"山上片"的大路边镇、龙坪镇和西江镇，成为乡村经济发展的落后区。

由上可知，历史的传承和积淀在这一时期依然有所体现，连州镇、星子镇作为从民国时期就已形成的三大发展极之二，至今仍然保持着勃勃生机；北部少数民族聚居区及东部"山上片"高山区，仍延续为乡村贫困集中区。

6.乡村经济发展格局演化及特征

唐宋、清代同治及民国时期三个时段的研究，均为历史时期连州地区乡村经济发展格局的研究，如将三者进行对比分析，可有如下发现：

首先，连州镇（或者称为县城及其周边）始终为乡村经济发展的核心区域。而且，从清代同治时期就初现雏形，至民国时期即已形成的三大发展极（一为核心区连州镇，二为东陂镇，三为星子镇）及其周边地区，始终为各时期乡村经济发展水平较高的区域。

其次，在1950年粤汉铁路通车之前，连州地区一直以贸易中转站和沟通南北的重要交通节点为其经济发展的主要驱动力，故交通道路对那一时期的乡村经济发展来说至关重要，这从人口分布和墟市布局中可以看出，故交通主干道为其乡村经济发展的重要轴线，沿线地区始终为各时期乡村经济发展水平较高的区域。

综合以上两个方面，从"乡村经济发展水平高"的反方向思考，距离三大发展极较远且未有主要交通干线分布的北部及东部，再加上这两个地区自身某些地方性背景的限制，一度成为连州地区经济发展能力相对较为薄弱的区域，是乡村贫困的主要集中地，故历史时期连州地区的乡村贫困具备空间传承性特征。

而延续至2004年，研究区乡村贫困空间依旧具备传承性特征。这种空间传承轨迹，是贫困文化代际传承的空间表现。无论其乡村经济发展背景及乡村经济发展重心发生何种变化，乡村贫困空间始终集中分布于市域北部的少数民族聚居区及东部高山区。这说明，地方历史因素会导致贫困的累积和加强（成升魁 等，1996），缺乏历史时期乡村经济发展的沉淀与积累，对于当今乡村贫困空间格局的形成影响深远。这亦说明，地理区位与地形条件、历史沉淀与积累、民族构成及差异，是研究区乡村贫困具备空间传承性的重要影响因素。然而，三水乡、北部清江地区与东部潭岭地区的变化表明，行政区划的调整引起了乡村经济发展水平的变化，由此可知，行政力量的介入，是改变乡村贫困空间传承轨迹的重要手段。

三、乡村贫困空间传承性

综合以上分析，笔者提出，连州地区乡村贫困存在空间传承性特征，即连州地区乡村贫困集中区并未发生显著变化，主要分布在连州地区的北部少数民族聚居区与东部高山区。这一特征主要依据以下两点分析而得出：

首先，连州地区乡村聚落密度的空间格局具有传承性特征。连州地区各时期均以连州镇为乡村聚落增长的核心，且乡村聚落密度最大的乡镇均位于市域的中西部和东北部地区；而连州地区北部和东部为各时期乡村聚落密度相对较小的区域，那里人口较少，农耕条件相对较差，是发展相对落后的乡村贫困地区。笔者通过对乡村聚落密度空间分布差异现状的分析，验证了乡村聚落密度的空间格局具备传承性特征。

其次，在对五个时间段乡村经济发展格局的研究中，笔者发现，连州镇始终为其经济发展的核心地区。清代同治时期，县城西北、东北部区域已有较大发展，人口分布较为均匀。至民国时期，县城西北、东北部区域已经形成了两大发展极——东陂埠和星子埠，而沟通南北的主要交通干道为其乡村经济的发展轴线。这三大发展极及其周边区域以及主要交通干道沿线，成为这三个时间段乡村经济发展水平较高的区域；而距离三大发展极较远且未有主要交通干线分布的北部及东部区域，是其乡村贫困的主要集中地。而发展至2004年，虽然行政区划的变更改变了部分地区乡村经济发展水平，但从整体上来看，乡村贫困空间仍旧集中分布于市域北部的少数民族聚居区及东部高山区。这一结论与乡村聚落密度的空间格局差异异曲同工，证实了连州地区的乡村贫困确实具备空间传承性特征。但是，行政力量的介入，是改变乡村贫困空间传承轨迹的重要手段。

综上，本研究认为，连州地区的北部及东部区域为主要乡村贫困区，这与其自身地方性背景有所关联。连州地区的北部主要为瑶族聚居地，这一瑶族为过山瑶，传统农耕时代长期过着刀耕火种、吃完一山过一山的生活，经济发展较之连州其他地区缓慢，瑶胞的生活亦十分贫苦。连州地区的东部地区，地势相对较高且森林密布，未开辟主要交通干道，这在传统农耕时代，开发难度相对较大，故其经济发展亦较缓慢。

四、小结

本章节主要研究了两个问题，分别是：连州地区乡村聚落格局演化及特征；唐宋时期至2004年共五个时间段的乡村经济发展格局。

在采用地名志及其相关史料的基础上，从时间和空间两个角度，解读了连州地区乡村聚落格局演化及特征。研究结果表明，连州地区早在西汉元鼎六年（前111年）即已设立，后随南北交通线和区域开发进程演变和发展。在时间段上可划分为六个阶段，其中明清时期是其聚落快速增长的时期。在空间分布上，连州镇是连州市乡村聚落增长的核心，且连州地区各时期乡村聚落密度最大的乡镇均位于市域的中西部和东北部地区；而连州地区北部及东部为各时期乡村聚落密度相对较小的区域，是发展相对落后的乡村贫困地区。连州地区乡村聚落空间格局演化具备传承性特征。

根据所掌握资料，选取五个时间段，即唐宋时期、清代同治时期、民国时期、1985年及2004年，分析各时段（点）的乡村经济发展格局。研究发现，乡村贫困空间始终集中分布于市域北部的少数民族聚居区及东部高山区，这与其自身地方背景密切相关。这一结论与乡村聚落密度的空间格局差异相符，同样证明了连州地区的乡村贫困具备空间传承性特征。但是，1985年之后的行政区划调整，引起了乡村经济发展格局的变化，这说明行政力量的介入是改变乡村贫困空间传承轨迹的重要手段。

笔者在对两部分重要内容进行研究和分析的基础上，提出乡村贫困具备空间传承性特征，这一特征正是研究区乡村贫困地方特征的重要体现之一。同时，这一特征亦说明，乡村经济的历史沉淀和积累，对于乡村贫困区的形成和变化，有着十分重要的影响。这一研究结果，也较好地阐述了历史因素在乡村贫困空间格局形成中的作用。

乡村贫困的地方性特征及土地利用对乡村发展的影响
土地利用与空间规划丛书

第四章 乡村贫困空间隐藏性与空间集聚性

乡村贫困时空格局的演化，体现出乡村贫困空间同乡村贫困文化一样，具备传承性特征。换言之，乡村贫困的时空格局演化，对当今乡村贫困空间的形成具有重要作用。在经济快速发展与乡村转型发展的影响下，传承至今的乡村贫困空间亦显现出其他地方特征，其中最为显著的是乡村贫困空间的隐藏性与集聚性。这也体现了由乡村贫困历史空间格局向当今空间格局研究的时间递进趋势。

一、乡村贫困空间隐藏性

通过研究综述的分析，笔者深知乡村贫困与地方背景之间的复杂联系研究，是发达国家乡村贫困研究的重要内容。而发达国家在研究乡村贫困与地方背景之间的复杂联系时，Patrick（2004）指出乡村贫困最显著的特点是其具备隐藏性特征，他从两个方面进行解释：一是乡村贫困具备空间上的隐藏性，乡村贫困广泛分布在乡村地域，它不像城市"贫民窟"一样集中分布在特定地理区域，在空间分布上不易识别；二是乡村贫困也倾向于"文化上的隐藏性"，他们认为"自给自足的""快乐的""生态的"和"无忧无虑的"等乡村"田园式"生活方式的印象和构建，将乡村贫困等乡村问题隐藏化。乡村贫困的隐藏性特点在逆城市化的背景下更为明显。Paul在威尔特郡乡村贫困地理的研究中，指出大量中产阶级的介入，抬高了其所在乡村区域的平均收入和消费水平，而生活在贫困线下的乡村人口的真实情况却被隐藏，所以Paul选取了基于低收入的国家福利数据对威尔特郡的乡村贫困空间进行分析。这种现象也引起了笔者的思考：基于平均经济统计数据所划定的贫困地区，是贫困人口分布最为密集的区域，还是平均经济统计数据在一定程度上将贫困人口隐藏？这一研究将为该地区未来扶贫开发工作提供有益借鉴。

1.研究数据与方法

基于上述分析，本研究采用两组数据分析乡村贫困空间，一是采用平均经济统计数据，运用量图分析法，探讨镇域经济发展水平的空间差异，进而划分出贫困区。统计数据主要来自2010年《连州市社会经济统计年鉴》。二是采用贫困人口数据，即人均年纯收入低于2500元的人口数据。采用贫困发生率（即贫困人口占总人口的比率，贫困发生率是代表贫困广度的重要指标），探讨贫困发生率的空间差异。此数据由连州市农业局扶贫开发办公室提供，发展至2009年，研究区农业局扶贫开发办公室已将人均年纯收入低于2500元的农村人口作为扶贫开发的重点对象，并建立档案。这一贫困人口数据有着重要优势，它不仅包含有那些无工作能力、理应获得国家福利救济的人，还

乡村贫困的地方性特征及土地利用对乡村发展的影响
土地利用与空间规划丛书

包含有由于某些重大事件（例如疾病、灾荒等）所导致的年纯人均收入暂低于2500元的人口。

在采用两种数据分析乡村贫困空间分布的基础上，将两者进行比较，继而对比分析依据第一组数据划分出的贫困区是否与贫困发生率高的区域相匹配，以此证实研究区乡村贫困是否具备空间隐藏性特征。

2.2009年镇域经济发展水平的空间差异

（1）指标选取

此部分选用量图分析法，探讨2009年镇域经济发展水平的空间差异，且仍以乡镇为研究尺度，主要是基于与前述研究保持一致性的考虑。反映镇域经济发展水平的指标很多，根据数据的代表性和可获得性等，选取6项主要指标：人均农业总产值、人均工业总产值、人均固定资产投资总额、农民人均年纯收入、人均财政收入和劳动力非农化率，上述指标均来自2010年《连州市社会经济统计年鉴》（如表4-1）。

（2）镇域经济发展水平的空间差异

首先，判断指标选取的可行性和对各乡镇经济发展水平类型划分的可靠性，在判断系数K值的计算中，$S=2$，$T=4$，中等类型共4个乡镇，其各自$|S_i-T_i|$相加之后为3，故$K=1-\dfrac{(2+4+3)}{72}\times100\%=87.5\%$，说明指标的选取是可行的，故其评价结果是可靠的。

然后对各指标的均方差以及中间组上、下限进行计算，结果如表4-2所示：

表4-1　连州市镇域经济发展水平的指标体系

指标	人均农业总产值（元）	人均工业总产值（元）	人均固定资产投资总额（元）	农民人均年纯收入（元）	劳动力非农化率(%)	人均财政收入（元）
全市平均	5478.48	22 014.3	9544.34	5212	13.23	91.95
大路边	4479.8	5056.47	6022.3	4816	5.15	92.01
星子镇	5975.63	24 472.7	4217.6	5212	9.62	79.82
龙坪镇	6773.59	8940.89	8486.59	5132	10.64	107.98
西江镇	6403.77	20 475.79	27 606.45	4864	14.55	311.53
九陂镇	7939.19	4118.34	3961.06	5226	10.74	41.60
连州镇	4771.68	92 604.47	31 009.89	5674	29.72	120.28
东陂镇	5221.86	4504.82	2059.81	5329	8.65	35.03
西岸镇	5877.66	4666.29	2974.24	5218	23.17	93.32
保安镇	4343.7	3795.62	4448.9	5488	7.16	39.33
瑶安乡	3855.79	10 888.41	10 614.59	4400	2.58	117.00
丰阳镇	4916.99	4388.02	1799.48	5086	5.39	50.85
三水乡	5461.62	15 860.51	6118.92	4811	12.14	248.39

资料来源：2010年《连州市社会经济统计年鉴》。

表4-2　连州市镇域经济发展水平的指标体系及其相关参数

	人均农业总产值（元）	人均工业总产值（元）	人均固定资产投资总额（元）	农民人均年纯收入（元）	劳动力非农化率(%)	人均财政自有收入（元）
全县镇域平均	5478.48	22 014.3	9544.34	5212	13.23	91.95
均方差	1110.1	23 868.25	9380.06	327.32	7.45	81.76
中间组下限	5200.95	16 047.24	7199.32	5130.17	11.37	71.51
中间组上限	5756	27 981.37	11 889.35	5293.83	15.09	112.39

资料来源：2010年《连州市社会经济统计年鉴》。

乡村贫困的地方性特征及土地利用对乡村发展的影响

土地利用与空间规划丛书

在此基础上对各乡镇所得优、中、劣指标进行统计,结果如表4-3所示。最后,根据各乡镇所得优、中、劣各指标,对其经济发展水平予以分组,结果如表4-4所示。

表4-3　连州市各乡镇得优、中、劣指标数

乡镇	优指标个数	中指标个数	劣指标个数
大路边	0	1	5
星子镇	1	3	2
龙坪镇	1	3	2
西江镇	3	2	1
九陂镇	1	1	4
连州镇	5	0	1
东陂镇	1	1	4
西岸镇	2	2	2
保安镇	1	0	5
瑶安乡	1	1	4
丰阳镇	0	0	6
三水乡	1	3	2

资料来源:2010年《连州市社会经济统计年鉴》。

表4-4　连州市镇域经济发展水平的空间差异

经济发展水平类型	经济发展水平分组	包括的乡或镇	得优指标数	得优和中指标数	得劣指标数
先进类型	最先进组	连州镇	5	5	1
	先进组	西江镇	3	5	1
中等类型	较先进组	西岸镇	2	4	2
	较落后组	星子镇、龙坪镇、三水乡	1	4	2
落后类型	落后组	东陂镇、瑶安乡、九陂镇、保安镇	1	1—2	4—5
	最落后组	大路边镇、丰阳镇	0	0—1	5—6

资料来源:2010年《连州市社会经济统计年鉴》。

根据表4-4列出的各乡镇经济发展水平类型，绘制图4-1。由此可知，连州镇是全市经济发展最先进的乡镇，这与其为全市政治、经济、文化中心不无关系。连州镇东、西两侧乡镇的经济发展水平次之，南、北两侧乡镇的经济发展水平低于其东、西两侧。属于落后型的六个乡镇，即东陂镇、瑶安乡、九陂镇、保安镇、大路边镇和丰阳镇，除九陂镇外，其余均集中分布在连州市西北部。

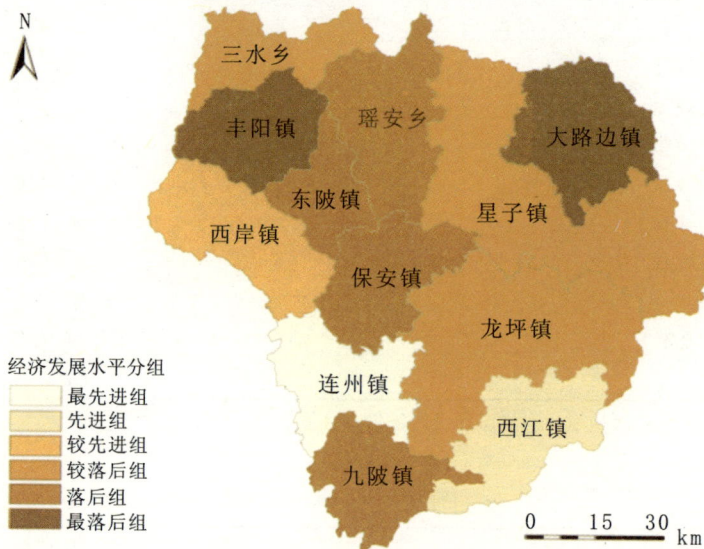

图4-1 连州市镇域经济发展水平的空间差异[①]

3.2009年镇域乡村贫困发生率的空间差异

（1）指标选取

此部分选用2009年各乡镇贫困人口数据，即以人均年纯收入低于2500元的人口数据为基础，采用贫困发生率（即贫困人口占总人口的比重，贫困发生率是代表贫困广度的重要指标），探讨连州市乡村贫困人口分布的空间差异。

———————————

① 依据表4-4绘制。

乡村贫困的地方性特征及土地利用对乡村发展的影响
土地利用与空间规划丛书

（2）乡村贫困发生率的空间差异

根据各镇贫困发生率与全市平均水平之间的差距，将其划分为五类：量化数值在8以下的为低贫困发生率区，8～10为次低贫困发生率区，10～12为中贫困发生率区，以上三类的贫困发生率均小于全市平均值；15～17为次高贫困发生率区；17～20为高贫困发生率区（如表4-5）。从图4-2可见，连州市乡村贫困空间出现两个明显的集群（cluster），一个是高贫困发生率集群，一个是低贫困发生率集群。高贫困发生率集群分布在连州市的北部（大路边镇、星子镇、瑶安乡和三水乡），这里海拔相对较高且包含两个少数民族乡；低贫困发生率集群分布在当地人所谓的"山下片"（东陂镇、保安镇、连州镇、九陂镇），这里海拔相对较低且交通便利。高于连州市平均乡村贫困发生率的乡镇主要有五个，即大路边镇、星子镇、西江镇、瑶安乡和三水乡。

表4-5　2009年基于贫困人口的乡村贫困发生率

各乡镇	贫困人口（人）	总人口（人）	贫困发生率（%）
连州市	52 708	433 480	12.16
大路边	10 869	55 786	19.48
星子镇	11 830	62 877	18.81
龙坪镇	4300	36 474	11.79
西江镇	2717	17 802	15.26
九陂镇	2333	30 454	7.66
连州镇	5019	65 522	7.66
东陂镇	2333	31 100	7.50
西岸镇	4630	48 994	9.45
保安镇	2904	38 115	7.62
瑶安乡	2088	11 650	17.92
丰阳镇	3022	30 720	9.84
三水乡	663	3986	16.63

资料来源：连州市农业局扶贫办提供数据。

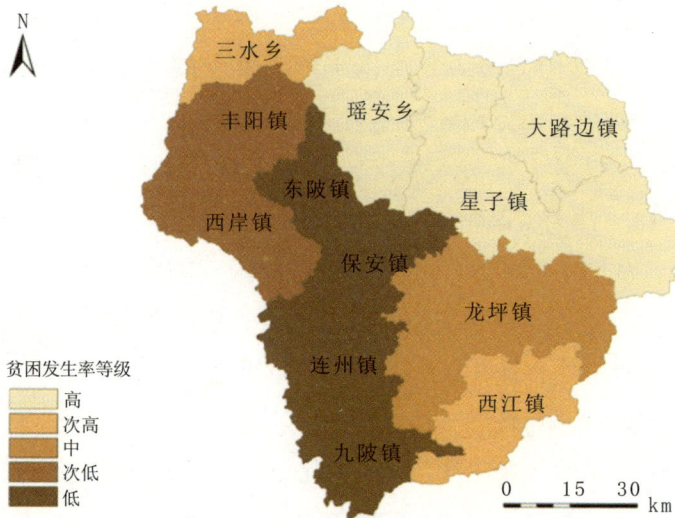

图4-2　连州市各乡镇贫困发生率的空间差异①

4.乡村贫困的空间隐藏性及原因

（1）贫困空间隐藏性

将以上两组分析结果进行对比，可以发现，第一组数据中的经济发展水平落后区为东陂镇、瑶安乡、九陂镇、保安镇、大路边镇和丰阳镇；第二组数据中的贫困发生率高的区域为大路边镇、星子镇、西江镇、瑶安乡和三水乡。将以上两组数据所表现的乡村贫困空间差异进行对比，可以发现，高贫困发生率的星子镇、西江镇和三水乡，并不在经济发展水平落后区之列，特别是西江镇，其贫困发生率高于平均水平3.1个百分点，但其经济发展水平却属于先进之列。换言之，基于平均统计数据的经济发展水平空间差异并未真实地反映贫困人口分布的空间差异，经济发展水平较好的区域，其贫困人口并非就少。这也证实了在所选研究区，基于平均统计数据的经济发展水平空间差异在一定程度上将贫困人口隐藏。

―――――――――

① 依据表4-5绘制。

乡村贫困的地方性特征及土地利用对乡村发展的影响
土地利用与空间规划丛书

（2）原因分析

乡村贫困空间隐藏性的存在，与研究区地方性发展背景密切相关：

第一，是与该研究区农民的工资性收入较高而导致的农民人均收入水平偏高相关。通过实地调查和访谈发现，外出务工收入是连州市农民的主要收入来源之一。这些打工人员多数去广州、佛山等珠江三角洲地区从事以体力劳动为主的行业。而且通过访谈了解到，乡村贫困户自行脱贫的最主要原因，即是家中小孩长大成人后可外出务工。大批外出务工人员，使得研究区的工资性收入较高，继而抬高了研究区的人均收入水平，故使得基于平均统计数据的经济发展水平空间差异在一定程度上将贫困人口隐藏。

第二，是与各镇的经济发展状况密切相关。对于西江镇来说，丰富的硅灰石矿及其加工企业为全镇经济发展注入动力，使其经济发展水平处于先进之列。但是通过调研发现，这些矿产加工企业主多为广东其他县市或者湖南人，本地人多数在其中扮演着"打工者"的角色，故从个人角度来说，个人家庭从全镇经济发展中获益并不多。对于星子镇来说，其面积最大且自古以来便为连州地区经济发展核心之一（历史时期南北交通通道的重要节点之一），故其经济累积较好。但星子镇属于"山上片"（连州市根据地势相对高低状况分为"山上片"和"山下片"，"山上片"是指海拔高度相对较高的区域，主要分布在连州市域的东部），除镇腹地及周边的地势较为平坦之外，其北部、东部（潭岭水库）行政村的地形起伏度（村最高海拔值与最低海拔值的差额）均在900米以上，经济发展水平不高。这就意味着星子镇内部不同区域的个人收入差距较大，贫困人口亦不在少数。对于三水乡来说，丰富的水资源及较高的地势差，促进了本地水电站的发展，也使得全乡经济发展水平处于中等类型。但其为汉族与少数民族（瑶族）聚居地，民族构成不同导致瑶胞与汉民在社会文化、风俗习惯、经济行为等方面存在较大差异，瑶胞的经济发展水平普遍偏低，其贫困人口也较多。

第三，是受中国传统家庭观念的影响，不管是外出务工农民还是留守在家的农民，其赚钱的第一目的就是置屋，他们用家庭几年的积蓄在本村或其他地方置办房产，对于外出务工农民来说，这种"外生内用"（外地挣钱、本地使用，且多为消费所用）型的经济行为，同样使其背负沉重负担。除此之外，外出务工人员进入城市，从事工作等级低、居住条件差、收入水平低、社会福利差等一系列问题又导致了外出务工人员成为城市贫困的主体。所以说，这仅仅是发生了贫困的转嫁，而非真正意义上的脱贫。

综上所述，通过平均统计数据及贫困人口数据的对比研究，证实了研究区乡村贫困确实存在一定程度的隐藏性特征，而乡村贫困空间隐藏性的存在，与研究区地方性发展背景密切相关，这一特征亦是研究区乡村贫困地方性特征的重要体现。同时，乡村贫困隐藏性的相关研究及结论，为现阶段的扶贫开发工作提供了有益借鉴。这意味着乡村扶贫开发工作既不能单纯考虑乡村经济发展水平的差异，也不能单纯考虑乡村贫困人口的规模，应通过综合考虑这两个方面，来了解其乡村贫困的真实状况，以确定真正贫困的地区和致贫的真正原因，提高扶贫开发工作的针对性和有效性。

二、乡村贫困空间集聚性

乡村贫困空间的历史演化已经证实了乡村贫困空间具有集聚性，且这种集聚性在时空演变过程中体现出传承轨迹，但是这种集聚性的程度和趋势如何，却无从得知。鉴于这种考虑，此部分专门针对乡村贫困的空间集聚性进行分析。

因2009年研究区仅下辖12个乡镇，如以乡镇为研究尺度的话，样本量偏小，且其他发展中国家的学者多数认为较大尺度的研究单元并不能很好地反映出乡村贫困的空间特征，因此，不少学者在研究乡村贫困空间特征时，将其研究尺度尽可能地缩小。故此部分选取行政村为研究尺度，2009年研究区共下辖164个行政村（除去城区）。其他发展中国家在研究乡村贫困空间特征时，常采用小面积估算法将研究尺度尽可能缩小，这种方法的主旨是通过家庭调查数据，利用回归分析，估算家庭收入与家庭特征之间的关系，进而将所得出的回归系数结合相同家庭特征的人口普查数据以预测普查数据中每户家庭贫困的概率。

1.研究数据与方法

本研究亦尝试将乡村贫困空间的研究尺度缩小至行政村，但是本研究中所掌握资料并不能满足上述方法的使用条件。鉴于采用人均GDP单一指标也可衡量区域经济差异并有较多应用（吕韬 等，2010），且根据前文对于乡村贫困空间隐藏性特征的分析，笔者得知平均经济统计数据和贫困人口比例两项指标对乡村贫困均有十分重要的影响，也依据目前所掌握的行政村数据，最终选取行政村人均收入和村低保人口比例两项指标作为以行政村为研究尺度反映乡村贫困空间的指标。这两项数据均由各行政村村委会提供，可信度较高。其中，乡村低保人口数据，指的是人均年纯收入低于1500元且接受国家福利救济的人口数据。纳入最低生活保障体系的人口，多数为无劳动能力的老年人、孤儿、残疾人等通过自身努力脱贫可能性较小的弱势群体，是真正贫困的人群。

本研究选取2009年行政村人均收入和村低保人口比例两项指标作为行政村乡村贫困率的基本指标，并将两者集成。在乡村贫困率指标集成时，采用极差法对指标进行归一化处理①，然后根据专家意见，

---

① 在采用极差归一法时，对于正向指标行政村人均收入，其归一化公式为：$\frac{值-最小值}{最大值-最小值}$，此时原有的最大值的归一化值为1，原有的最小值的归一化值为0；对于逆向指标低保人口比例，其归一化公式为：$\frac{最大值-值}{最大值-最小值}$，此时原有的最大值的归一化值为0，原有的最小值的归一化值为1。

对归一化的两项指标进行权重加和，两项指标的权重赋值均为0.5。设区域 i 的乡村贫困率为 P_i，人均收入为 I_i，低保人口数为 D_i，总人口为 P_i，则计算公式为：

$$P_i = I_i' \times \partial_1 + \left(D_i \div p_i\right)' \times \partial_2 \qquad (4.1)$$

式中，I_i 和 $(D_i \div p_i)'$ 分别为村人均收入和村低保人口比例的标准化值，∂_1，∂_2 为两种指标的权重阈值。

2.村域乡村贫困率的空间差异

将连州市各行政村的乡村贫困率与连州市空间数据进行匹配，生成贫困率空间，利用ArcGIS中标准分类方案进行贫困率的层级划分。从图4-3中可看出各行政村贫困率在空间上的分布特征：

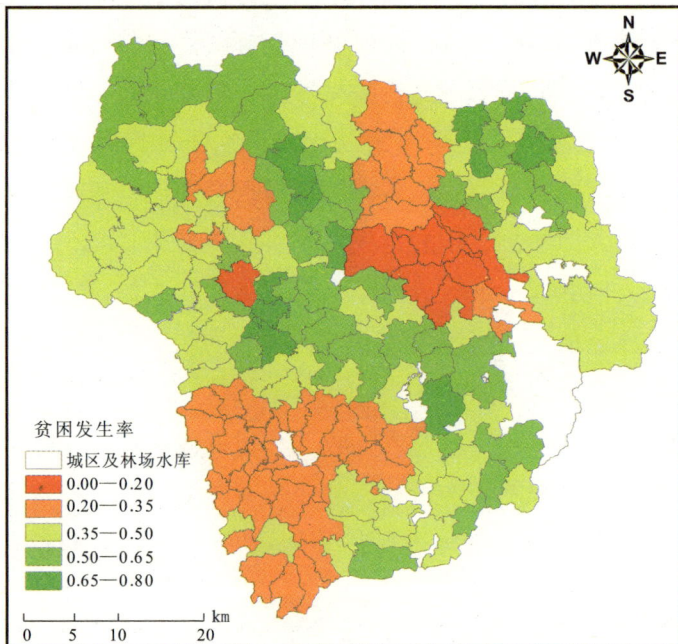

图4-3　以行政村为研究尺度的乡村贫困率的空间差异[①]

---

① 将乡村贫困率与连州市空间数据进行匹配，生成贫困率空间。

乡村贫困的地方性特征及土地利用对乡村发展的影响
土地利用与空间规划丛书

除去城区、林场和水库之外，星子镇的中部地区、东陂的南部地区是贫困率最低的区域；连州镇（除去城区）、九陂镇大部分地区、星子镇北部地区、丰阳镇和东陂镇的北部交界处是面积较大的连片较低贫困率的区域。连州市北部地区的三水乡、瑶安乡、大路边镇以及连州市中部地区的保安镇、龙坪镇为面积较大的连片较高贫困发生率地区，其中，瑶安乡中部、大路边镇北部、保安镇西部，另外还有龙坪镇龙坪林场附近是贫困发生率最高的区域。除此之外，东陂镇和龙坪镇是贫困发生率最为复杂的区域，其中，东陂镇包含从0.00至0.65四个级别的贫困发生率区域，龙坪镇包含从0.20至0.80四个级别的贫困发生率区域。其次，星子镇、瑶安乡、丰阳镇、保安镇和大路边镇的贫困发生率亦较为复杂，这说明这些乡镇内部的贫富差距较大。

　　这一结论与前文中关于乡村贫困隐藏性的分析不无关系。在乡村贫困隐藏性特征分析中，我们指出高贫困发生率的星子镇、西江镇和三水乡，并不在经济发展水平落后区之列，较高水平的平均统计数据将部分贫困人口的真实情况隐藏。而在此部分中，我们证实了在星子镇内部，确实存在着一定程度的贫富差距，这种贫富差距不仅在一定程度上抬高了该镇平均收入和消费的水平，而且也在一定程度上使得贫困人口被忽视。而对于西江镇、三水乡来说，虽然从整体经济发展水平来看，两者均不属于落后之列，但是其下辖行政村的乡村贫困率却处于中至偏高水平，这就像之前所分析的一样，虽然矿产及加工经济以及水电站等的建设和运营为本镇（乡）整体经济发展有所贡献，但是其乡村住户家庭从全镇（乡）整体经济发展中的获益并不多（据调查而知，水电站的设立仅为乡村住户提供较为便宜的电力供应，并无其他促进该地区农民个人收入的作用）。除此之外，西江镇境内多有林场分布，这对当地经济会产生一定程度的消极影响。所以说，就算其整体经济呈现较好或中等水平，其下辖乡村住户的贫困率仍然处于中等至较高水平，这也进一步证实了乡村贫困隐藏性的存在。

3.乡村贫困的空间集聚性

为了进一步分析乡村贫困率的空间特征，本研究采取以下两种方法：空间自相关与空间插值方法。

（1）村域乡村贫困率的空间自相关

空间研究是地理学和区域科学研究的核心（吕韬 等，2010）。空间自相关分析是空间研究的重要手段之一，是考虑点的位置及其属性的变化，是按照空间赋值状况量测各个变量之间的相关关系。如果相似的值在空间上互相靠近，则被描述为极相关；如果从数值安排未能得出模式，则为独立或随机的（张康聪，2009）。为此，空间自相关也被称为空间联系或者空间依赖关系。

①全局空间自相关。全局自相关是反映全部研究对象间的相关性，Moran指数是用来度量空间自相关的全局指标（张连均 等，2010），故本研究选取Moran指数方法，进行乡村贫困率的全局空间自相关分析。

全局莫兰指数（Moran's I）是一种通用的空间自相关测量方法，反映的是某一研究区内某种地理现象或属性值的空间分布特征，判断其空间上是否有集聚特性的存在（贺振，2010），可以通过下式计算：

$$I = \frac{\sum_{i=1}^{n}\sum_{j=1}^{m}W_{ij}\left(X_i - \overline{X}\right)\left(X_j - \overline{X}\right)}{S^2\sum_{i=1}^{n}\sum_{j=1}^{m}W_{ij}} \quad （4.2）$$

式中，X_i为点 i 处的值，X_j为点 i 的邻近点 j 的值，W_{ij}为系数，n是点的数目，S^2是X值与其均值$\overline{X}$的方差。系数W_{ij}是用于量测空间自相关的权重，一般而言，被定义为点 i 与点 j 之间距离（a）的倒数（即等于 $\frac{1}{d_{ij}}$）。其他权重诸如距离平方的倒数（反距离权重）也被使用。

Moran's I值取决于随机模式下的期望值 $E(I)$：$E(I) = \frac{-1}{n-1}$，当点的数量很大时，$E(I)$ 则接近于0。在随机模式下，Moran's I接近于 $E(I)$。若相邻的点趋于具有相近的值（如空间相关），则Moran's I大于 $E(I)$；若相邻的点趋于不等的值（即空间不相关），Moran's I则小于 $E(I)$。与最邻近分析相类似，也可以结合Moran's I指数来计算Z得分，Z得分表示点模式为随机分布结果的可能性，Z的计算公式为：

$$Z = \frac{1 - E(I)}{\sqrt{VAR(I)}} \qquad (4.3)$$

当Z>0时，表明存在正的空间自相关，空间集聚现象明显；
当Z<0时，表明存在负的空间自相关，空间分散分布；
当Z=0时，表明空间呈现独立的随机分布。

通过运用全局Moran's I对连州市乡村贫困空间进行分析（如图4-4）：连州市乡村贫困空间的莫兰指数为0.554 397，Z得分为15.702 344，其显著性P<0.001，表明连州市乡村贫困存在明显的正向空间自相关，也就是说，连州市乡村贫困率的空间集聚现象明显。从其乡村经济发展角度来看，其乡村经济发展格局的地域分异整体上十分明显，经济发展为增长极模式。

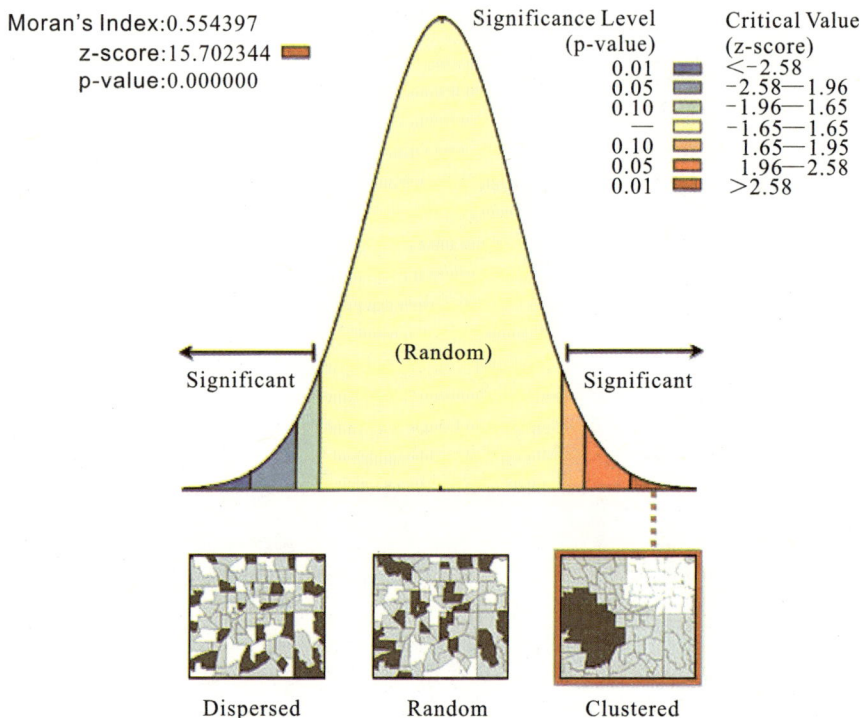

图4-4 乡村贫困率空间的全局莫兰指数[1]

②局部空间自相关。全局空间自相关为区域总体的空间关联度和空间差异度的测算，如果度量每个区域与周边地区之间的空间关联程度，就需借助局部空间自相关分析，常用的分析方法包括两种：Moran散点图和局部空间关联LISA（Local Indicators of Spatial Association）。Moran散点图以散点图的形式，定性区分每个地区与其周边地区乡村贫困率的相互关系。LISA除具备Moran散点图的功能之外，还可以定量得知关联的具体程度，并且通过GIS的空间展示功能，显示它们在研究区域内的具体地理分布（葛莹 等，2005）。

_____

① 运用全局Moran's I对连州市乡村贫困率空间进行分析。

乡村贫困的地方性特征及土地利用对乡村发展的影响
土地利用与空间规划丛书

Moran散点图由四个象限组成。落入右上象限（HH）或左下象限（LL）的观察值分别表示某地与其周边地区的乡村贫困率皆有较高（低）程度的集聚现象，因而周边地区乡村贫困水平大致相当。位于右下象限（HL）和左上象限（LH）的观察值分别表明乡村贫困率较高（低）的地区，其周边地区的乡村贫困率却较低（高），因而周边地区的乡村贫困水平存在不同程度的差异。

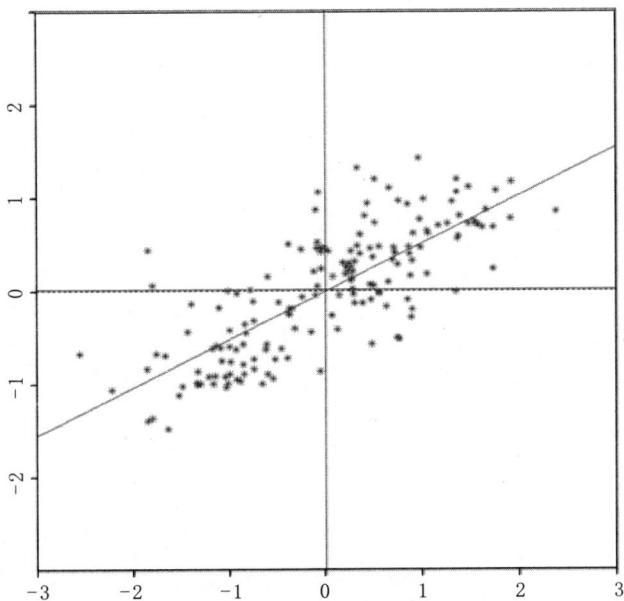

图4-5　2009年连州市各行政村乡村贫困率分布的Moran散点图①

　　图4-5展示了2009年连州市下辖164个行政村乡村贫困率的地理格局。由图可见，绝大多数的行政村位于第一、三象限内，这说明连州市乡村贫困率分布存在明显的空间集聚，乡村贫困率高的行政村趋向于乡村贫困率高的行政村，而乡村贫困率低的行政村趋向于乡村贫困率低的行政村，这也说明连州市乡村贫困率空间分布的不

① 运用Moran散点图对连州市乡村贫困率空间进行分析。

第四章
乡村贫困空间隐藏性与空间集聚性

均衡性。

局部空间关联，是衡量局部地区之间是否存在相似或相异的属性值聚集在一起的指标，即测度地区 i 与 j 之间属性值的异质性（徐敏　等，2010）。对于本研究来讲，即可以得到每个行政村与周边地区乡村贫困率集聚程度的估计值。它弥补了Moran散点图定性描述的缺陷，计算公式如下：

$$I_i = Z_i \sum W_{ij} Z_j \frac{\left(X_i - \overline{X} \right)}{\sum \left(X_i - \overline{X} \right)^2} \times \sum W_{ij} \left(X_i - \overline{X} \right) \qquad （4.4）$$

式中，Z_i和Z_j是对地区 i 和 j 分别进行标准化后的值，分别表示地区 i 属性值和 j 地区属性值与整个区域均值的差值；其余符号与式（4.2）中的相同。

通过计算连州市乡村贫困率空间分布的LISA值，且绘制空间聚集图（图4-6）。由图可知，连州市乡村贫困率空间分布存在着明显的局部空间聚集现象。连州镇、星子镇中部地区的乡村贫困率空间差异较小，呈现"低—低"正关联集聚，即表明这些较低贫困率的行政村周边均为较低贫困率水平的行政村，是乡村贫困率低的"冷区"；三水乡、瑶安乡、大路边镇和保安镇部分地区与周边地区之间的乡村贫困率空间差异也比较小，呈现出"高—高"正关联集聚，即表明这些较高贫困率的行政村周边同样为具有较高贫困率的行政村，是乡村贫困率高的"热区"；东陂镇部分地区与周边各村之间的贫困率差异较大，表现出"低—高"负关联，也就是说具有较低贫困率的东陂镇部分地区，其周边为较高贫困率的其他行政村。故由上可以看出，连州市乡村贫困率在空间上呈正相关的行政村数占绝大多数，其表现出明显的空间聚集特征。除了上述区域外，其他地区与相邻区域的空间关联性并不显著。

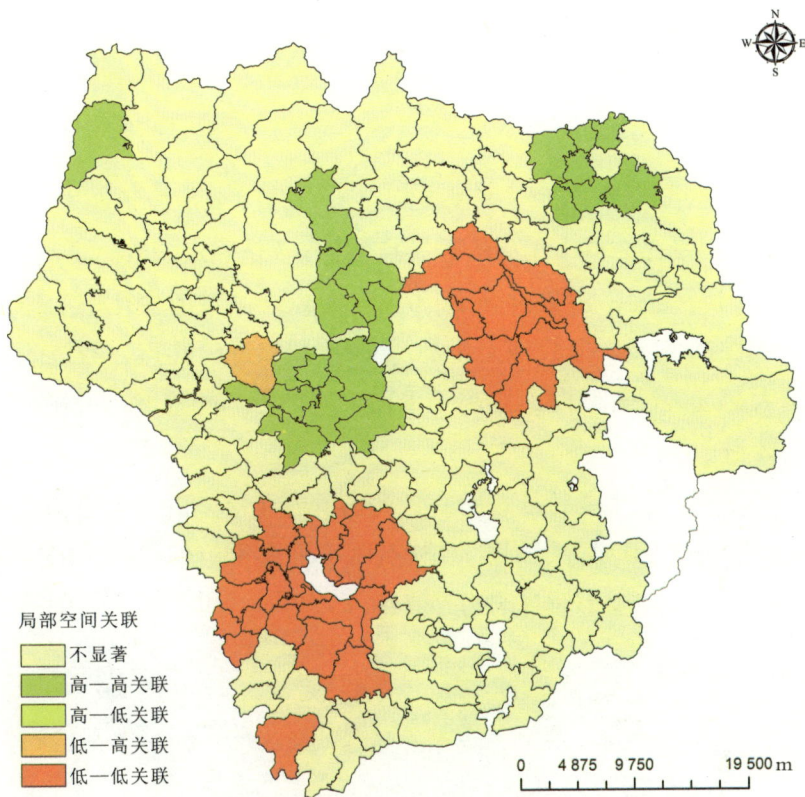

图例

局部空间关联

- 不显著
- 高—高关联
- 高—低关联
- 低—高关联
- 低—低关联

0   4 875   9 750   19 500 m

图4-6 2009年连州市各行政村乡村贫困率空间关联分布①

（2）空间插值方法

以上几种方法均是运用点数据来探讨乡村贫困的空间特征，而如何运用不同的已知点数据来反映其所在面的特征，这就需要空间插值的方法。空间插值，即是用已知点的数值来估算其他点的数值的过程。在GIS应用中，空间插值是将点数据转换成面数据的一种方法。它可以呈现出村域乡村贫困率的扩散趋势。

反距离权重插值法（IDW）是一种精确插值方法，它假设未知值的点受近距离控制点的影响比远距离控制点的影响更大。反距离权重

---

① 运用LISA对乡村贫困率空间进行分析。

法的通用方程式为：

$$Z_o = \frac{\sum\limits_{i=1}^{s} Z_i \dfrac{1}{d_i^k}}{\sum\limits_{i}^{s} \dfrac{1}{d_i^k}}$$

（4.5）

式中，Z_0 是点 o 的估计值，Z_i 是控制点 i 的 Z 值，d_i 是控制点 i 与点 0 间的距离，s 是在估算中用到的控制点数目，k 是确定的幂。幂 k 控制了局部影响的程度，指数幂等于1.0意味着点之间数值变化率为恒定不变（线性插值），指数幂大于2.0意味着越靠近已知点，数值的变化率越大，远离已知点时，则趋于平稳。局部影响的程度也依赖于已知点的数目。

IDW的一个重要特征是所有预测值都介于已知的最大值和最小值之间。图4-7为IDW法生成的乡村贫困率曲面和等值线图，IDW插值的显著特点是产生小而封闭的等值线。

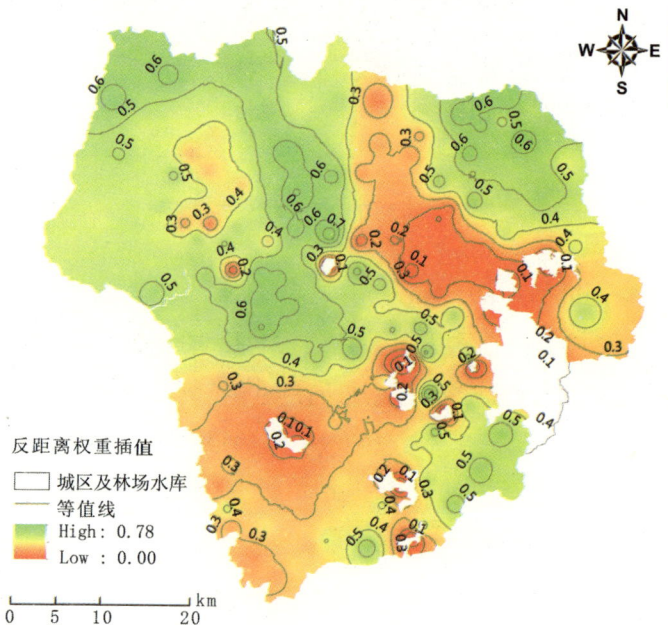

图4-7 乡村贫困发生率曲面和等值线图①

---

① 运用IDW反距离权重插值法对乡村贫困率空间进行分析。

由图4-7可以看出乡村贫困率变化的大致趋势，即连州镇和星子镇的中部地区是贫困率较低且集中的区域，由此向九陂镇、西江镇西部和龙坪镇、星子镇北部等地区扩散，其乡村贫困率仍保持中低水平，形成东北—西南走向的低贫困率区域。这一区域再向东北、西北、东南方向递增。从这一大致趋势中，亦发现连州市也存在乡村贫困率的局部差异。我们将空间插值所呈现的趋势与贫困率空间相结合进行分析，发现贫困率较低且呈现集中态势的乡镇有连州镇和星子镇，而且两者处于向东、东南方向扩散式的发展模式，能有效带动东、东南地区的经济发展，降低贫困率，其向北部的扩散能力较弱；但在连州市西北部，在贫困率较高的集中区域中，仅有东陂镇呈现出相对较低的贫困率，这表明东陂镇为增长极发展模式，其自身经济发展水平较高、贫困率较低，但是其对周边地区的带动作用却不明显，这为乡村贫困空间传承性特征提供了辅证。另外，西江镇的贫困率扩散趋势最为复杂，其北部、西部贫困率相对较低，但其东部贫困率相对较高，这种趋势反映出西江镇内部的贫富差距较大，亦为乡村贫困空间隐藏性特征提供了有力支撑。

三、小结

随着研究区乡村扶贫工作的不断深入和完善，对于乡村贫困人口的界定越来越明确。但通过对2009年研究区乡村贫困空间的分析，发现基于平均统计数据的经济发展水平空间差异并未真实地反映贫困人口分布的空间差异，其在一定程度上将贫困人口隐藏。这证明了研究区在城市化背景下，其乡村贫困具备空间隐藏性。乡村贫困空间隐藏性的存在，与研究区地方性发展背景密切相关：首先，城市化背景下，研究区众多劳动力外出务工，其较高的工资性收入将整个地区的农民人均收入水平拉高，继而导致了收入在人均水平之下的贫困人口被隐藏；其次，这批农民工外出的目的，多是为了缓解乡村家庭的贫困状况，但他们很有可能成为城市贫困的主体人群，所以说，这仅仅是发生了贫困的转移而并非真正意义上的脱贫，但是由乡村贫困转移为城市贫困的过程，却将乡村贫困更深地隐藏；再者，行政调控下乡镇经济整体发展速度加快，但其整体发展的结果，并非全为普众受益，有些甚至发生了效益外泄，抑或是增大其内部贫富差距的分化，故在关注乡镇整体经济发展水平提高的同时，却忽略和隐藏了未受益贫困群体的真实状况。

鉴于采用人均GDP单一指标也可衡量区域经济差异并有较多应用，且根据乡村贫困空间隐藏性特征的分析，本研究选用农民人均收入数据和乡村贫困人口比例两项指标，按一定权重集成为行政村乡村贫困表征指标——乡村贫困率，并将其与连州市空间数据进行匹配，生成乡村贫困率空间。研究发现，连州镇、星子镇和东陂镇部分地区的贫困率较低，而北部的少数民族聚居乡以及东部的大路边镇和龙坪镇部分地区的贫困率较高。这一乡村贫困率空间分布亦证实了2009年的连州市乡村贫困空间依旧延续了传承轨迹。在此基础上，本研究采用空间自相关及空间插值方法对乡村贫困率空间分布特征进行分析。研究发现，连州市乡村贫困率的局部空间集聚现象明显，出现贫困率"低—低"和"高—高"正关联区域以及"低—高"负关联区域，其中，"高—高"贫困率"热区"的部分地区亦与乡村贫困空间传承性下的乡村贫困区相吻合。另外，从乡村贫困率变化的大致趋势依旧可以看出三个发展极的存在、北部地区的高贫困率集中以及东南部地区的高低贫困率错综分布的现象，为乡村贫困空间传承性、空间隐藏性特征提供了有力支撑。

第五章　乡村贫困群体差异性

随着经济的发展及乡村社会的转型，乡村贫困的性质已发生显著变化，乡村贫困由区域整体性贫困转变为个体性贫困，其人口构成也主要为边缘化群体（都阳　等，2005），故单纯探讨乡村贫困空间分布及特征已不能够满足当今乡村贫困研究的需要，还应更进一步了解乡村贫困空间下的贫困群体特征。这样才能够对研究区域的乡村贫困问题形成一个较为完整的认识，以期更为准确地把握乡村反贫困工作的区域和个体的双重重点。此部分研究主要基于对连州市乡村贫困调查问卷数据的分析。

一、乡村住户群体类型划分

特殊人群的社会经济及空间特征研究，特别是对于城市贫困人群的研究，是城市地理学研究的重要内容。笔者在考虑研究区乡村发展状况的基础上，借鉴城市地理学对于城市贫困人群社会经济及空间特征的研究方法，尝试对研究区乡村住户群体进行类型划分。

1.研究数据与方法

本研究主要利用调查问卷数据，在主成分分析和聚类分析的基础上，将乡村住户划分为低潜力优现状住户、低潜力中现状住户、无潜力差现状住户、中潜力差现状住户。在调查问卷所获得的乡村住户相关资料中，选取家庭人口、家庭主要劳动力年龄和学历、家庭人均年纯收入及家庭人均年消费基本指标，在考虑不同镇域范围内乡村住户的非农就业机遇及自身可移动性差异的基础上，增选家庭最高职业阶层（代表家庭产业配置）和出行交通工具指标，并将其量化处理（见表5-1）。

2.乡村住户群体类型划分

在对原始变量量化处理后，用巴特利特球形检验法和KMO检验所选数据是否适合做因子分析。分析结果显示，KMO检验值为0.778，巴特利特球形检验的显著度小于0.01，表明该数据符合因子分析的要求，适合做因子分析。采用方差极大法来简化因子负载，获得表5-2所示的因子萃取结果，可以看到，这里有两种主成分。其旋转前，第一主成分解释了七个乡村住户属性变量信息的44.75%，第二主成分解释了15.90%，两个主成分共解释了全部变量信息的60.66%，表明分析结果是可接受的（见表5-3方差解释表）。

乡村贫困的地方性特征及土地利用对乡村发展的影响
土地利用与空间规划丛书

表5-1 乡村住户属性数据量化标准表[1]

各项属性数据	具体量化标准
家庭人口数	1=单身；2=两口人；3=三口人；4=四口人；5=五口人及以上
家庭主要劳动力年龄	1=20～30岁；2=30～40岁；3=40～50岁；4=50～60岁；5=60岁及以上
家庭主要劳动力学历	1=文盲；2=小学；3=初中；4=高中；5=大学及以上
家庭占有耕地量	1=1亩及以下；2=2亩及以下；3=3亩及以下；4=4亩及以下；5=5亩及以下；6=5亩以上
家庭最高职业阶层[2]	10=乡村干部；9=经理人员；8=私营企业主；7=专业技术人员；6=办事人员；5=个体户；4=商业服务业员工；3=产业工人；2=农业劳动者；1=无业人员
出行工具	1=步行；2=自行车；3=摩托车；4=农用车；5=小汽车；6=公交车
家庭人均年纯收入	1=1500元以下（含）；2=1500元～2300元（含）；3=2300元～3000元（含）；4=3000元～5000元（含）；5=5000元～1万元（含）；6=1万元～1.5万元；7=1.5万元（含）～2万元（含）；8=2万元以上

表5-2 旋转后的因子载荷矩阵

	Component	
	1	2
家庭人均消费	0.892	0.022
人均年纯收入	0.856	0.145
家庭最高社会阶层	0.669	0.230
家庭主要劳动力学历	0.621	0.508
家庭人口数	0.209	0.784
家庭主要劳动力年龄	−0.234	−0.734
出行工具	0.007	0.548

---

[1] 数据来源于调查问卷。

[2] 对于乡村住户家庭最高职业阶层的划分，是参照陈光金（2008）所借鉴的中国社会科学院社会学所"当代中国社会结构变迁研究"中对于家庭主要成员职业阶层的划分标准，将乡村住户主要成员的职业阶层划分为乡村干部、经理人员、私营企业主、专业技术人员、办事人员、个体户、商服员工（商业服务业员工）、产业工人、农业劳动者以及无业人员十个阶层。

表5-3　方差解释表

主成分	初始特征值		
	总计	方差贡献率（%）	累计贡献率（%）
1	3.133	44.754	44.754
2	1.113	15.903	60.656
3	0.902	12.884	73.541
4	0.658	9.395	82.936
5	0.534	7.627	90.563
6	0.392	5.604	96.167
7	0.268	3.833	100.000

这里，采用回归法估计因子得分系数，因子得分是因子分析的最终体现，并输出因子得分矩阵，具体如表5-4所示：

表5-4　主成分得分系数矩阵

	Component	
	1	2
家庭人口数	−0.107	0.496
家庭主要劳动力年龄	0.080	−0.454
家庭主要劳动力学历	0.179	0.189
家庭最高社会阶层	0.280	−0.020
出行工具	−0.146	0.385
人均年纯收入	0.399	−0.131
家庭人均消费	0.451	−0.228

从主成分得分分析，第一主成分与家庭人均消费、家庭人均年纯收入、家庭最高职业阶层、家庭主要劳动力学历呈强烈正相关，说明第一主成分更多地代表了乡村住户的家庭收入和消费状况、家庭从事职业的阶层地位及家庭主要劳动力的受教育水平，综合来讲可以看作乡村住户现有生活水平的反映；第二主成分与家庭主要劳动力学历、家庭人口数、家庭出行工具呈强烈正相关，与家庭主要劳动力年龄呈强烈负相关。总的来看，第二主成分更多地代表了乡村住户家庭结

乡村贫困的地方性特征及土地利用对乡村发展的影响
土地利用与空间规划丛书

构，包括其家庭成员规模、家庭主要劳动力受教育水平及年轻程度，以及家庭较强的可移动性，可以看作乡村住户未来发展能力的表征。基于上述分析，可以归结出能够代表乡村住户综合属性的两因子：现有生活水平和未来发展能力。

以主成分得分为影响权重，将标准化后的乡村住户属性数据量化为代表乡村住户现状生活与未来发展能力的数值。运用SPSS 16.0软件对这一量化数值做快速聚类分析，根据聚类相对划分，量化数值在2.1及以下为差水平，2.1~4.1（含）之间的为中水平，4.1以上为优水平。按此标准分析乡村住户现状生活与未来发展能力的差异，并结合样本实际状况，最终可将连州市乡村住户细分为四类。

表5-5 乡村住户类型划分

乡村住户分类	现有生活水平	未来发展能力	样本个数
中潜力差现状住户	1.618	2.484	372
低潜力中现状住户	4.086	1.789	295
无潜力差现状住户	2.023	-0.548	157
低潜力优现状住户	6.587	1.159	154
合计	—	—	978

由上表可以看出，连州市乡村住户的潜力普遍较差，均处于中、低水平，甚至有部分无潜力住户，这是因为调查对象中涉及部分低保人口，这部分人口多为老弱病残，他们有些人虽仍然从事些简单的农业生产劳动，但多数仅依靠国家和政府的救济生活，故并无发展潜力可言。

3.乡村住户群体类型空间分布

对各乡镇乡村住户群体划分的四种类型分别进行统计，并以乡镇为研究尺度（因调查问卷未能覆盖每个行政村，故以乡镇为研究尺度），以某一类型乡村住户数占该类型乡村住户总量的比例作为表征，探讨四种类型乡村住户的空间分布。

由图5-1可见，现状较好的住户主要分布在连州镇及其毗邻的保安镇和九陂镇以及东北部的大路边镇，但是其发展潜力均较差；现状较差的住户主要分布在连州镇及东北部的瑶安乡、星子镇和大路边镇，其东北部的发展潜力大于连州镇。由此可知，连州镇和大路边镇的调查住户，其现有生活水平的差距较大，即贫富差距较大；瑶安乡、星子镇和大路边镇的调查住户，其发展潜力相对较好，连州镇、龙坪镇和西江镇的发展潜力次之；西北部的少数民族地区，无论是现状生活水平，还是未来发展潜力，均处于全市较差水平。

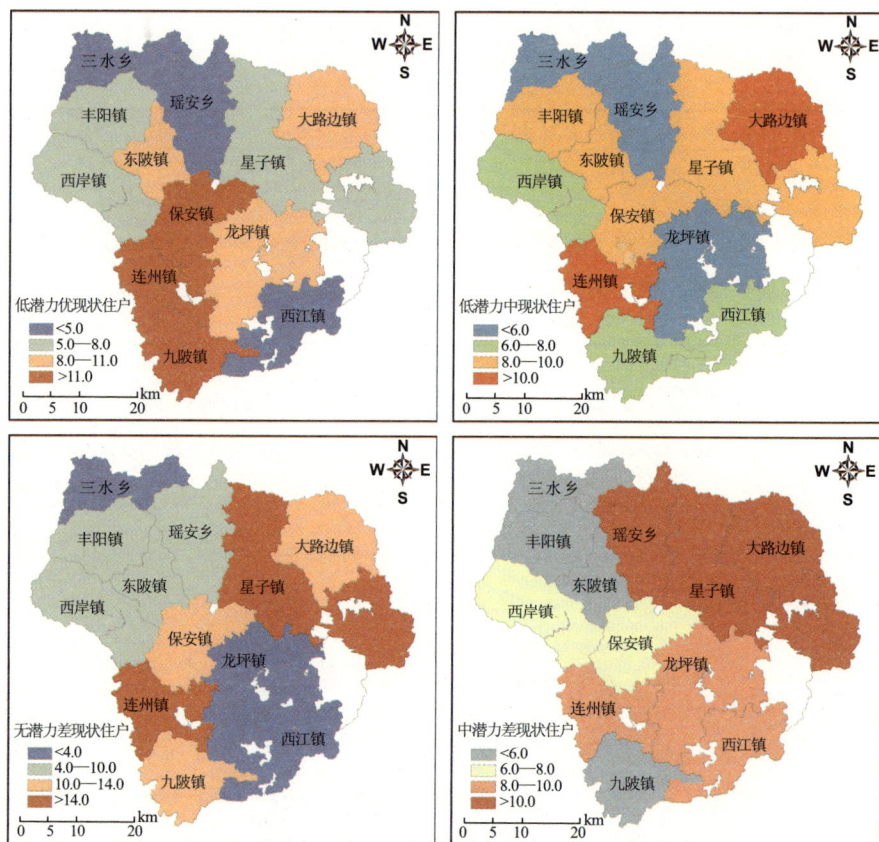

图5-1 乡村住户群体类型空间分布图

乡村贫困的地方性特征及土地利用对乡村发展的影响
土地利用与空间规划丛书

二、乡村贫困程度

乡村贫困的度量指标主要有三类：一是基础度量指标，主要包括贫困发生率与贫困距；二是Sen指数与FGT贫困指数；三是洛伦兹曲线与基尼系数。这些指标主要是从经济角度对乡村贫困进行度量。本研究首先基于研究区978份乡村住户的调查样本，采用上述乡村贫困度量指标，对连州市调查样本中所反映的乡村住户的贫困程度与特征进行分析。

1.乡村贫困广度

（1）指标概念及公式

乡村贫困发生率，是指生活水平低于国家扶贫标准线的乡村户籍人口占乡村户籍总人口的比例。该指标反映乡村贫困现象的社会存在面即贫困广度，是一个静态时点指标，会随着时间变化而变化（袁媛，2006）。设H_i表示区域i的乡村贫困发生率，N_i表示区域i的乡村户籍人口总量，P_i表示区域i的乡村贫困人口数量，那么乡村贫困发生率的计算公式为：

$$H_i = \frac{P_i}{N_i} \tag{5.1}$$

（2）乡村住户贫困发生率

在2008年以前，我国对于乡村贫困设立了两种扶贫标准，即国家统计局基于生存需要而制定的绝对贫困标准和低收入标准，并且根据物价水平逐年提高。2008年，国家将此两种扶贫标准合二为一，将贫困线标准定为人均年纯收入1067元人民币。2011年11月29日，国家再次提高贫困线标准，从2010年的年收入1274

元提高到2300元，增幅达到92%。另外，2008年世界银行以日收入1.25美元作为国际贫困线标准，按照美元和人民币的汇率1:6（2011年11月29日当日汇率）计算，相当于人民币2738元（取整数）。还有学者考虑以农村居民人均收入值（6112.37元）的一半和人均消费值（4773.8元）的一半作为参考贫困程度的标准[①]。除此之外，连州市规定，人均年纯收入1500元的人有资格接受国家低保补助（以下称之为国定低保线标准）。因此，至少可根据3种标准来识别被调查者的贫困程度，即国定贫困线标准（2300元[②]）、人均日收入1.25美元（2738元）以及人均收入（3056元）/消费值（2387元）的一半。基于收入与消费基本均衡的假定，它们也是划分消费贫困的标准（陈光金，2008）。按照这些标准计算的乡村贫困发生率，如表5-6所示：

表5-6　据调查问卷数据所计算的乡村住户收入和消费贫困发生率（%）

		国定低保线	国定低收入线	1.25美元线	人均收入均值一半	人均消费均值一半	N[③]
划分标准（元）		1500	2300	2738	3056	2387	—
收入	人头比例	27.27	41.98	47.34	51.51	—	3997
	户头比例	15.03	27.30	39.37	32.11	—	978
消费	人头比例	42.58	58.24	64.67	—	59.24	3997
	户头比例	12.57	23.01	27.61	—	23.52	978

从收入来看，按照国定低收入线标准，调查样本中贫困发生率

① 连州市农村居民人均收入与人均消费数据来自连州市广播电视台网站。
② 之所以选用2300元，而没有选用广东省2009年实行的2500元标准，是为了与全国统一，便于今后研究的比较。
③ N为家庭样本中的人口数量。

乡村贫困的地方性特征及土地利用对乡村发展的影响
土地利用与空间规划丛书

为41.98%，低于按人均日收入1.25美元这一国际贫困线标准计算的贫困发生率（47.34%）。贫困发生率如此之高，一定程度上反映出大幅度提升低收入线标准对于地方贫困人口及贫困发生率的巨大影响，也说明了调查样本中人均年纯收入在1274元至2300元之间的人口占调查样本总数的14.71%。以人均收入均值的一半（3056元）为标准，连州市乡村贫困发生率为51.51%。以人头比例为基础，基于相同贫困标准下的消费贫困发生率要高于收入贫困发生率。其实，我们在把贫困线与收入相联系时，潜藏了一个隐含的假设，即收入高于或等于贫困线的个人支出将不低于贫困线。但是实际上，经常看到的现象是有些人的收入高于贫困线，而其消费则低于贫困线（Deaton，1997）。这也正好解释了调查样本中所反映出的连州市人口消费贫困高于收入贫困的现象。但是从户头比例来看，按相同贫困标准计算的收入贫困发生率高于消费贫困发生率，按照一些学者的看法，"截面调查数据所显示的收入贫困高于消费贫困的现象表明：一部分住户的收入贫困可能是暂时性的，亦即从当期收入来看他们是贫困的，但从过去若干年的收入流或者未来收入预期来看他们不是贫困的"（陈光金，2008）。由于按人头比例计算时包含老人与小孩在内，一定程度上影响了计算的结果，故认为按户头计算的数据更能反映现实情况。

基于上述现象，结合一些学者的观点，建议综合考虑收入贫困和消费贫困两种测量方式。基于这两种测量方式，乡村住户贫困可以归类为三种类型：一为持久性贫困，即收入和消费均低于贫困线标准；二为暂时性贫困，即收入低于贫困线而消费高于贫困线的状况；三为选择性贫困，即收入高于贫困线但消费低于贫困线的状况。图5-2展示了三种贫困类型的区别：

第五章
乡村贫困群体差异性

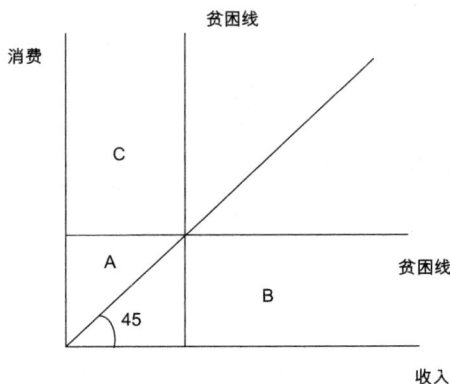

A=持久性贫困　B=选择性贫困　C=暂时性贫困
图5-2　三种贫困类型的界定①

　　根据这一分析，分别以国定低收入线和国际贫困线标准对调查农户的三种贫困类型发生率进行估计，在此以每一样本户的人均收入和人均消费作为该样本户的指标与贫困线标准进行比较。具体情况如下表5－7所示：

表5-7　乡村三种贫困类型人口发生率（户头比例）（单位：%）

	持久性贫困	选择性贫困	暂时性贫困
国定低收入线	41.71	19.63	4.40
国际贫困线	48.26	20.04	4.50

　　由此可以看到，在被调查的农村住户中，持久性贫困的发生率偏高，选择性贫困的发生率居中，而暂时性贫困的发生率较低。并且，国际贫困标准下三种类型的贫困发生率均高于国定贫困标准下此三种类型的贫困发生率。这说明连州市扶贫减贫的任务依然十分艰巨，持久性乡村贫困人口是真正的贫困人口，应当成为连州市未来扶贫行动的真正对象。

---

① 引自李实，John Knight. 中国城市中的三种贫困类型. 经济研究，2002（10）：47-58.

2.乡村贫困深度与强度

（1）指标概念及公式

①贫困人口收入基尼系数

基尼系数，是判断收入分配公平程度的指标。它是一个比例数值，在0和1之间，国际上通常把0.4作为收入分配差距的警戒线，根据黄金分割律，其准确值应为0.382。区域基尼系数超过0.382，意味着区域内部收入差距悬殊，财富分配非常不均。将基尼系数的概念及公式，应用于贫困人口收入分析中，其计算公式为：

$$G = \sum_{i=1}^{n} W_i Y_i + 2\sum_{i=1}^{n-1} W_i \left(1 - V_i\right) - 1 \qquad （5.2）$$

式中，W_i为每户人口占总人口的比例，Y_i为本户人均收入占人均收入之和的比例，V_i是Y_i从i=1到i的累计数。

②贫困距及贫困差率

贫困距，是指贫困人口收入缺口的综合，即贫困人口收入与贫困线之间的差距。其计算公式为：

$$g_i = Z_i - y_i \qquad （5.3）$$

式中，Z_i为贫困线，y_i为第i户的人均收入。

贫困差率，是指贫困人口收入与贫困标准线的差额与贫困标准之比，即贫困距相当于贫困标准的百分比。

③Sen指数

Sen指数，是把贫困发生率与贫困缺口指数综合的测量法，使贫困人口的分布和收入分配得到很好体现（冯星光　等，2006）。其计算公式为：

$$P = H \times \left[I + \left(1 - I\right) \times G\right] \qquad （5.4）$$

式中，Sen指数P为贫困度量，H为贫困人口比率，I为贫困差率，G为贫困人口收入基尼系数。

④FGT指数

FGT指数，是反映贫困规模和程度的又一综合指标，FGT指数计算公式为：

$$P_\partial = \frac{1}{N} \sum_{i=1}^{q} \left(\frac{z - y_i}{z} \right)^\partial \qquad （5.5）$$

式中，N为样本人口数，q为贫困人口数，z为贫困标准线，y_i为贫困人口的实际收入，∂为权重系数。当∂=1时，FGT_1是贫困差距比例指标，是测量总人口贫困深度的一个指标；当∂=2时，FGT_2是贫困严重程度指标，是贫困强度指数（陈光金，2008）。

（2）乡村贫困深度与强度。

陆康强（2007）指出，贫困程度的三维（即贫困的典型特征是其三维性，即广度、深度和强度）表现并非总是一致的，也可能发生背离。因此，在研究乡村贫困问题时，单纯考虑乡村贫困发生率是不够全面的，应从乡村贫困的广度、深度和强度三个方面进行综合分析。表5-8是不同贫困标准下的各种乡村贫困程度指数，其样本总量为978户，涉及乡村人口3997人，由此可以清晰地反映出调查样本中贫困人口的综合情况。

由表5-8可以看出：

第一，调查样本所反映出的乡村贫困人口的贫困程度偏高，国定低收入线（2300元）贫困标准上的贫困差率达到48.17%。

第二，调查样本中乡村贫困的深度和强度都有随贫困标准的提升而提高的趋势。但是，调查样本中所反映出的贫困人口内部的收入分配状况均较为平衡，贫困人口收入基尼系数均在0.1以下，而且随着贫困标准的提升，仅有少许波动。

第三，调查样本中反映，由于国定低收入线标准（即人均年纯收入2300元）与国定低保线标准（即人均年纯收入1500元）之间的差距大于1.25美元标准和国定低收入线标准之间的差距，也大于人均收入均值与1.25美元标准之间的差距，故乡村收入贫困程度对国定低收入线标准的变化敏感性较强。贫困距、贫困差率对国定低收入线贫困标准比较敏感，表明贫困标准提高之后，较多的新增贫困人口集中在1500～2300元之间。Sen指数、贫困深度指数、贫困强度指数对国定低收入线贫困标准比较敏感，表明收入处于国定低收入线贫困标准与国定低保线贫困标准之间的贫困人口比处于日均1.25美元标准到国定低收入线贫困标准之间的贫困人口，以及收入均值的一半（3056元）到1.25美元（2738元）贫困标准之间的贫困人口脱贫更难一些。当然，国定低保线贫困标准（1500元）以下的贫困人口的贫困深度和强度都是最大的，其脱贫难度亦最大。因此，地方扶贫工作应首先关注这一部分贫困人口，但同时，也要充分注意介于国定低保线贫困标准与国定低收入线贫困标准之间的贫困人口。

表5-8 调查样本中的乡村住户人口贫困程度分析[①]

指标	国定低保线	国定低收入线	1.25美元线	人均收入均值一半
贫困标准（元）	1500	2300	2738	3056
贫困户头发生率（%）	15.03	27.3	32.11	39.37
贫困人口发生率（%）	27.27	41.98	47.34	51.51
贫困人口收入基尼系数	0.0577	0.0397	0.0449	0.0411
贫困距（元）	593	1108	1390	1592
贫困差率（%）	39.53	48.17	50.77	52.09
Sen指数（P）	0.0647	0.1371	0.1701	0.2128
贫困深度指数（FGT_1）	0.1205	0.2237	0.2679	0.2957
贫困强度指数（FGT_2）	0.0616	0.1289	0.1635	0.1870

三、乡村贫困综合评价

上述乡村贫困程度的分析主要是从经济角度对乡村贫困进行的

---

① 本表计算各贫困指数时采用的均为贫困户头发生率。

度量，随着乡村贫困定义的多元化发展，其相应的乡村贫困度量方法亦趋向综合化。联合国国际农业发展基金会（IFAD）发明和使用了一种新的多维度贫困评估工具（Multidimensional Poverty Assessment Tool，简称MPAT），用以度量区域层面的乡村贫困状况（Saisana et al.，2010）。MPAT是一种基于调查数据的指标体系，提供了与乡村贫困和人类生活相关的10个基本维度指标的总体情况，其基本维度指标的具体涵盖内容如表5-9所示：

表5-9　MPAT指标的分类[①]

基本需求			乡村资产、抗风险能力、平等		
序号	分类	亚类别	序号	分类	亚类别
1	食品和营养安全	消费能力 稳定性 营养品质	7	农业资产	土地占有量 土地质量 农业生产投入 家畜/水产投入
2	家庭供水	水质 利用率 便捷性	8	非农资产	职业和技能 金融服务 固定资产/汇款
3	体质及医疗	健康状态 医疗服务便捷性及负担能力 医疗服务质量	9	抗风险能力	脆弱性 应对能力 恢复能力
4	环境和卫生	卫生间设施 垃圾处理 个人卫生习惯	10	性别和社会平等	教育机会 医疗机会 社会平等
5	住房、服装和家庭使用能源	住房结构质量 穿戴 能源来源			
6	教育	质量 普及率 便捷性			

---

① 转引自IFAD "Introducing the Multidimensional Poverty Assessment Tool（MPAT）: a new framework for measuring rural poverty"，2010。

乡村贫困的地方性特征及土地利用对乡村发展的影响
土地利用与空间规划丛书

1.研究数据与方法

本研究基于调查问卷数据，参照MPAT10个基本维度指标情况，选取其中6个基本维度指标，对研究区各乡镇乡村人口贫困给予综合评价，其指标具体情况，如表5-10所示。

表5-10　乡村贫困综合评价指标分类

序号	分类	亚类别
1	食品和营养安全	人均年消费
2	体质及医疗	人均医疗支出
		医疗服务便捷性
3	教育	人均教育支出
		教育设施便捷性
4	农业资产	土地占有量
5	非农资产	非农收入为主要收入来源
6	性别和社会平等	社会阶层

2.乡村贫困综合评价

依据调查问卷数据，将表5-10中所涉及的评价指标标准化处理，并将其汇总至乡镇层面。其中，非农生产指标中，越靠近1，代表着其家庭收入来源越依赖于非农生产；社会阶层指标中，越靠近1，代表着其家庭主要劳动力的社会阶层越高。由图5-3可见，全市12个乡镇人均消费水平均较低，以保安镇、龙坪镇、丰阳镇和九陂镇相对较高；在农业资产指标中，以西江镇最高，其次为星子镇和连州镇；社会阶层指标较为接近，集中为中下阶层，包括农业劳动者、产业工人和商业服务业员工，以连州镇和保安镇的社会阶层为最高；非农生产的差异性较大，保安镇、西岸镇、连州镇、九陂镇和东陂镇以非农生产为其家庭主要收入来源，而其余7个乡镇均以农业收入为家庭主要收入来源；教育、体质及医疗两个指标差别不大，西北部的瑶安乡、三水乡及东北部的大路边镇、星子镇较低。综合来看，据调查问卷数据反映，连州镇各项指标均较高，仍显示出其发展核心的地位；三水乡和瑶安乡，各项指标均较低，仍为乡村贫困集中区。

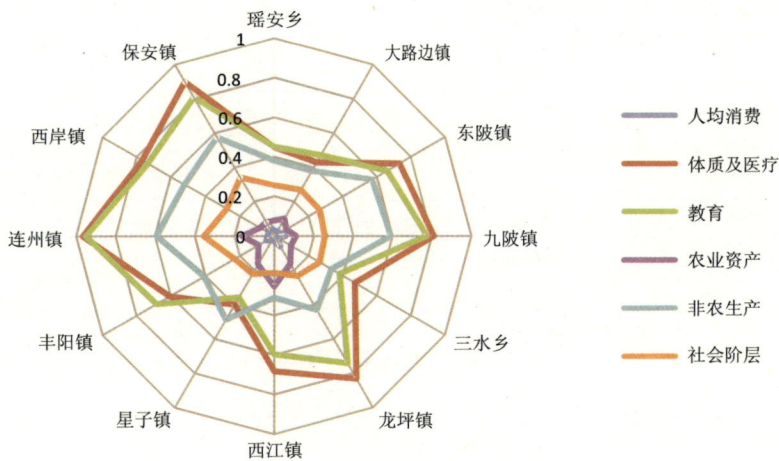

图5-3　各乡镇乡村贫困综合指标差异状况①

四、乡村贫困群体主要社会经济特征

1.主要社会经济指标

对乡村住户社会经济特征的调查，主要从五个方面展开：

第一，乡村住户人力资本指标。此次调查中所选取乡村住户人力资本指标主要包括家庭人口数、家庭劳动力比例、家庭劳动力最高教育年限、家庭主要劳动力的年龄、家庭主要劳动力的性别、家

---

① 依据调查问卷数据，将表5-10中所涉及的评价指标标准化处理，并将其汇总至乡镇层面。

庭人口中是否有上学成员、家庭人口中是否有60岁以上的老年人等七个方面。

第二，乡村住户家庭经济资源指标。由于此部分调查内容较多涉及个人隐私，此次调查未能完整收集被调查住户生产性资产、金融资产等信息。农户土地占有量、农户种植作物及农户务农收入可以间接反映农业生产及经营方式，故此次调查选取了农户土地占有量、农户种植作物（粮食作物/经济作物）、家庭人年均务农收入三个指标。除此之外，选取两个分类指标：一是非农从业收入是否是家庭收入的主要来源，用以测量被调查住户的产业配置；二是鉴于养殖业在乡村经济发展中有重要作用，选取另一个分类指标，即把被调查住户分为有养殖户与无养殖户。同时，选取户年均教育支出和户年均医疗支出，以此来反映乡村住户的消费水平。综上，此部分共包含农户土地占有量、农户种植作物（粮食作物/经济作物）、家庭人年均务农收入、非农从业收入是否是家庭收入的主要来源、是否养殖、家庭人年均教育支出和家庭人年均医疗支出七个具体指标。

第三，乡村住户居住与出行生活特征指标。此次调查中所选取的能够反映乡村贫困住户居住与出行生活特征的指标主要包括房屋宅基地面积、房屋建造年代、交通工具、获取信息的主要方式等四个方面。

第四，乡村住户政治和社会地位指标。这里把家庭主要成员中是否有中国共产党党员、家庭主要成员的最高职业阶层地位视为能够反映乡村住户政治和社会地位的指标。只要家庭主要成员中有一人为中国共产党党员，则该家庭视为有党员家庭，反之亦然。参照陈光金（2008）所借鉴的中国社会科学院社会学所"当代中国社会结构变迁研究"中对于家庭主要成员职业阶层的划分标准，将乡村住户主要成员的职业阶层划分为乡村干部、经理人员、私营企业主、专业技术人员、办事人员、个体户、商业服务业员工、产业工人、农业劳动者以及无业人员十个阶层，并选取家庭成员的最高职业阶层作为该家庭职业阶层的表征。

第五，乡村住户社会支持与社会公平指标。参照陈光金（2008）对中国农村贫困特征的分析中所采用的方法，以被调查者在相关调查项目上的主观评价作为替代指标。在本次调查中，针对社会支持指标，设计三类社会支持系统：诉求型组织（包括信访部门、新闻媒体、司法执法、慈善机构、行业专业协会、宗教组织）、党政及工作单位（包括党组织、村委会、工会妇联、地方政府、工作单位）、家庭及私人（包括家族宗族、家庭自我、私人关系网），并要求被调查者依据遇到困难时的主要求助对象对其进行打分，满分为100分。针对社会公平指标，同样设计三类社会公平问题：权利与制度安排（包括义务教育、实际享有政治权利、高考制度、司法执法、干部提拔、公共医疗、养老等社会保障待遇）、机会和财富分配（工作与就业机会、财富及收入分配、财政和税收政策）、城乡和行业差距（城乡之间待遇、不同地区行业之间待遇），并要求被调查者根据自己所认为的最不公平领域对其进行打分，满分同样为100分。

2.乡村贫困户与非贫困户之差异

在对乡村住户主要社会经济指标进行详细说明之后，对乡村贫困户的特征进行深入分析。这里以2011年国家贫困线即人均年纯收入2300元作为贫困标准，并且将乡村非贫困户作为参照物进行对比分析，以便可以更好地反映贫困户的社会经济特征。因为不同指标所出现的样本缺失值不同，故各项指标的样本户数可能会有所不同（如表5-11）。

表5-11　乡村非贫困住户与贫困住户的主要社会经济特征比较①

主要社会经济特征	非贫困户		贫困户		差异显著性检验
	统计值	样本户数	统计值	样本户数	
家庭平均人口数（人）	3.66	522	4.47	456	7.77**
家庭平均劳动力数（人）	2.78	522	2.22	456	6.73**
主要劳动力平均受教育年限（年）	9.61	522	6.42	456	15.57**
主要劳动力为女性的家庭比重（%）	2.87	522	5.04	456	−1.72
含上学成员的家庭比重（%）	59.58	522	39.91	456	6.25**
含老年人的家庭比重（%）	48.28	522	57.02	456	−2.74
家庭平均耕地占有量（亩）	4.67	512	2.69	448	7.09**
种植经济作物家庭比重（%）	36.00	500	17.31	438	6.65**
家庭人均务农收入均值（元）	2309.33	500	1021.14	438	7.76**
非农收入为主的家庭所占比重（%）	67.12	520	23.33	450	15.26**
养殖户所占比重（%）	65.00	520	52.55	451	3.95**
家庭人均教育支出均值（元）	590.65	522	315.33	456	4.64**
家庭人均医疗支出均值（元）	361.47	522	498.96	456	−4.74
户均宅基地面积（平方米）	85.84	520	68.62	453	12.57**
有中共党员的比重（%）	31.92	520	14.35	446	6.67**

（1）人力资本差异

在人力资本指标中，家庭平均人口数、家庭平均劳动力数、家庭主要劳动力平均受教育年限和含上学成员的家庭比重这四个指标上，贫困户与非贫困户均有显著不同。与非贫困户相比较，贫困户家庭人口规模多0.81人，但家庭平均劳动力数少0.56人。从这组对比数据可知，乡村住户人口从事的仍多为劳动密集型的粗放式生产活动。另外，与非贫困户相比较，贫困户家庭主要劳动力平均受教育年限少3.19年，含上学成员的家庭比重少19.67%，这至少可以说

---

① **表示p<0.01。对于均值指标，使用t检验——双样本异方差假设，检验统计量为t值。由于数据呈现方式的差异，此表中未涉及的指标将在描述与分析部分中详细阐述。

明一个问题，即上学对于贫困户来讲，并不意味着是一种出路，而是一种压力。

在家庭主要劳动力性别和含老年人的家庭比重两项指标上，非贫困户与贫困户之间的差异并不显著。从总体上来看，劳动力主要为男性，在978户被访者中，劳动力为女性的户数只有38户，其中劳动力为女性的贫困户为23户，非贫困户为15户。在家庭是否有老年人方面两者差异并不大，这说明，贫困户并不比非贫困户更多地面临养老的压力。

从家庭主要劳动力的年龄结构上来看，如下图5-4所示，贫困户家庭主要劳动力的年龄集中在40～50岁，这一年龄阶段的劳动力不仅存在体力有所下降的实际情况，而且还要面临养老和孩子读高中、大学或者成家的压力。贫困户家庭主要劳动力的年龄在60岁以上也有分布，这是因为被访者中有一部分是老年人低保户，他们虽从事一些简单的农业劳动，但主要还是依靠政府救济生活。在非贫困户中，其主要劳动力的年龄集中在30～40岁，20～30岁阶段也占相当比例。但从40岁以下的劳动力所占比例中可以看出（贫困户中占45.39%，而在非贫困户中的比重为73.37%）贫困户与非贫困户仍存在明显差异。

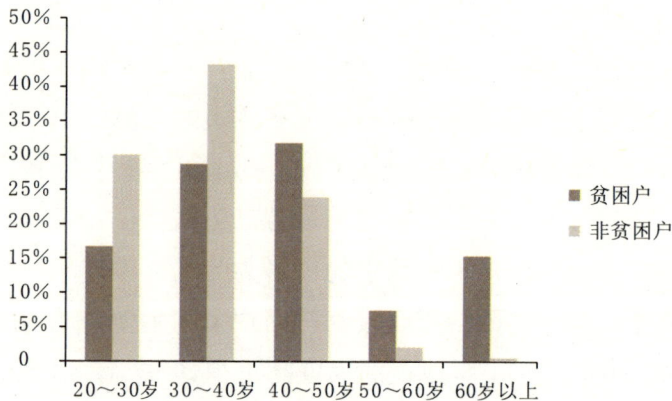

图5-4　家庭主要劳动力年龄分布①

① 数据来源于调查问卷。

（2）经济资源差异

从家庭经济资源状况来看，在农户土地占有量、农户种植作物（粮食作物/经济作物）、家庭人年均务农收入、非农从业收入是否是家庭收入的主要来源、是否养殖、家庭人年均教育支出和家庭人年均医疗支出等七个方面上，非贫困户与贫困户均存在显著差异。与非贫困户相比，贫困户耕地占有量少1.98亩，人均务农收入均值少1288.19元；另外，贫困户种植经济作物的家庭比重比非贫困户少18.69%，其养殖户比重则比非贫困户少12.45%，从这组数据可以看出，农业的规模化和多样化经营，对乡村家庭经济发展有着较大的贡献。除此之外，非农收入也对乡村家庭经济有较大的贡献，在以非农收入为主的家庭比重方面，贫困户要比非贫困户少43.79%，据此，足可见非农收入对于家庭经济的重要影响。在家庭人年均教育支出方面，贫困户比非贫困户少275.32元，这与贫困户在乡村住户人力资本状况中"含上学成员的家庭比重"较少的状况是相呼应的。在家庭人年均医疗支出方面，贫困户比非贫困户多137.49元，这存在两种可能性：一是非贫困户家庭成员的体质状况普遍好于贫困户家庭成员；二是贫困户陷入贫困的重要原因之一是家庭病员较多。

（3）居住与出行、获取信息方面的差异

在乡村住户的居住特征方面，与非贫困户相比，贫困户的户均宅基地面积要少17.22平方米。从建造时间（如图5-5所示）来看，随时代发展，建造房屋数量呈逐渐增长的趋势，但贫困户房屋建造主要集中在20世纪70年代至21世纪，20世纪70年代之前所建造的房屋仍占有10.86%的比重；非贫困户房屋建造主要集中在20世纪90年代至21世纪。可见，乡村贫困户的居住生活条件要比非贫困户差些。

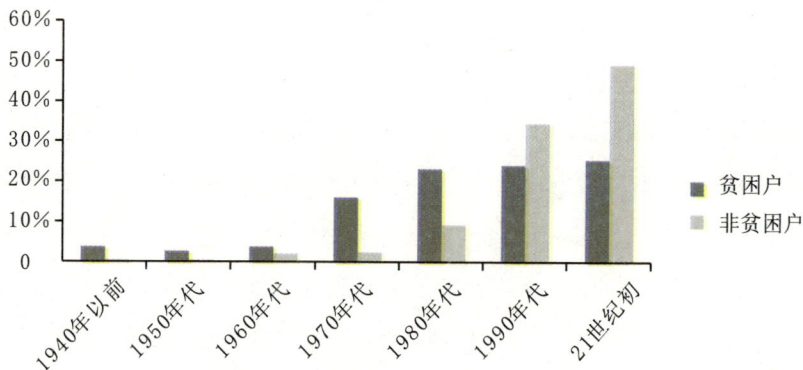

图5-5 乡村住户房屋建造时间统计①

在乡村住户出行特征方面，通过对其最常用交通工具的统计，笔者发现在贫困户中，最常用的交通工具是自行车，其次是公共汽车，面包车、小汽车的拥有量为空缺。在非贫困户中，最常用的交通工具是摩托车，其次是自行车，面包车、小汽车也占有一定比重。由于自行车的出行距离有限，而公共交通由于其时间、频次和站点的限制（主要交通干道两侧的村和镇委驻地设有站点），故贫困户的出行移动性比非贫困户要差（如图5-6）。

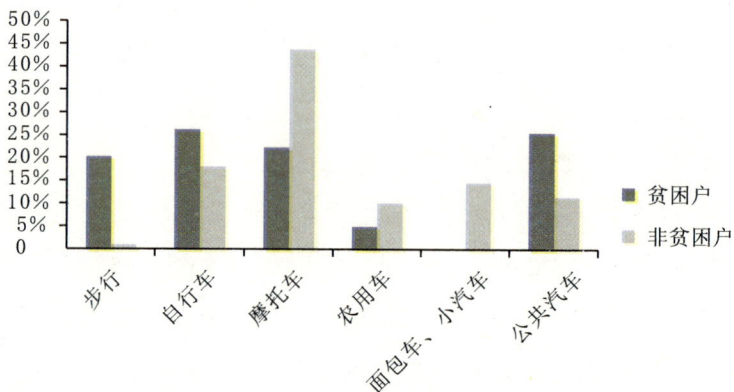

图5-6 乡村住户常用交通工具统计②

———————————

① 数据来源于调查问卷。
② 数据来源于调查问卷。

乡村贫困的地方性特征及土地利用对乡村发展的影响
土地利用与空间规划丛书

在乡村住户获取信息方式特征方面，通过对其获取信息方式的统计，笔者发现不管是贫困户还是非贫困户，其获取信息的主要方式均为电视，合计比例高达80%，这说明在研究区内，电视的普及率很高。但是，在贫困户中，仍有22.02%的家庭获取信息的方式是靠他人通知；在非贫困户中，网络的使用率也仅仅在10.96%，这说明互联网的使用在该区内并未普及（如图5-7）。

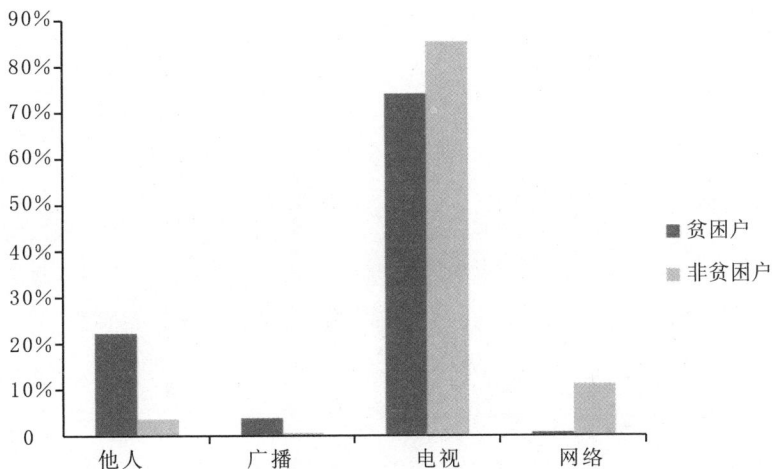

图5-7　乡村住户获取信息方式统计[①]

（4）政治与社会地位差异

表5-11中列出了有中共党员的住户比重，可以看到，贫困党员户的比重要比非贫困党员户低17.57%。

从职业阶层分布看，如图5-8显示，贫困乡村住户家庭主要成员的最高职业阶层为农业劳动者阶层的比例最高，达到75.73%，其次为产业工人，比例为17.30%，乡村干部、个体户和专业技术人员阶层的乡村贫困住户也占较小的比例，同时也有1.80%的无业人员（多为老年低保户）。乡村干部至办事人员的五个阶层中，贫困户所占比例仅为1.57%，特别是经理人员、私营企业主和办事人员阶层，在

---

① 数据来源于调查问卷。

贫困户调查中并未涉及。与此相对照，在非贫困户中，最高职业阶层为农业劳动者的乡村住户的比重仍是最高，为29.62%，这是因为不少非贫困户从事经济作物的规模化经营或是从事规模化养殖。最高职业阶层为产业工人、个体户、私营企业主和专业技术人员的乡村住户比重也相当可观。从这一方面可以看出，乡村贫困住户的职业阶层地位明显低于非贫困住户，另一方面，也说明非农收入对乡村家庭具有十分重要的意义。

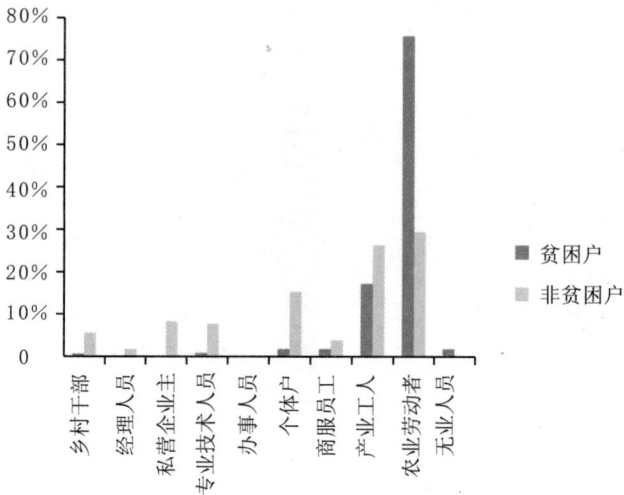

图5-8　乡村住户家庭成员的最高职业阶层[①]

（5）社会支持与社会公平差异

在社会支持系统的选择中，贫困户和非贫困户之间的差异并不大（如图5-9）。其中，党政及工作单位的选择率为最高，可见，党政部门和工作单位在乡村住户有所求助时，能够切实有效地提供帮助、解决困难。同时，家庭及私人支持的选择率也很高，这说明乡村住户依靠自身及亲朋好友的帮助而解决困难的能力较强，但在贫困户中，其帮助主要来源于家族和家庭本身，从其私人朋友处得到的支持和帮助还是要少一些。

① 数据来源于调查问卷。

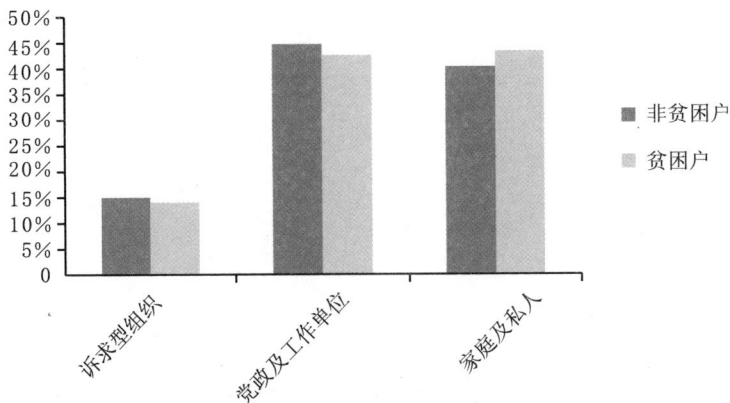

图5-9 乡村住户遇困难时的社会支持系统选择①

在对于社会公平问题的评判方面（如图5-10），可以看到，贫困户与非贫困户的差异亦不大，可见社会最不公平的问题集中在权利与制度安排方面，其中，贫困户在医疗、养老方面的集中度要大于非贫困户，这与之前所统计的贫困户的家庭人均医疗支出均值要比非贫困户多137.49元、含老年人家庭比重比非贫困户多8.74%相呼应。而且在权利与制度安排的判别上，贫困户高于非贫困户，这意味着贫困户可能在此方面遭遇到一定程度的社会排斥。贫困户与非贫困户对城乡和行业待遇公平性的评价总体上非常接近，这说明城乡和行业待遇的差异对乡村住户的生产生活已产生了重要影响。在机会和财富分配公平性的判别上，贫困户低于非贫困户的评价，这里存在两种可能性：一种是较为乐观的观点，即认为贫困者在这些方面并未受到社会排斥；另一种是较为悲观的观点，即认为贫困者并未包含在机会和财富分配的覆盖范围之内，例如个人发展机会，贫困者从未得到过任何发展机会，因此其对机会分配的公平性无任何主观态度，这与之前所探讨的乡村贫困户发展潜力差的情况相吻合，故本研究倾向于第二种解释。

① 数据来源于调查问卷。

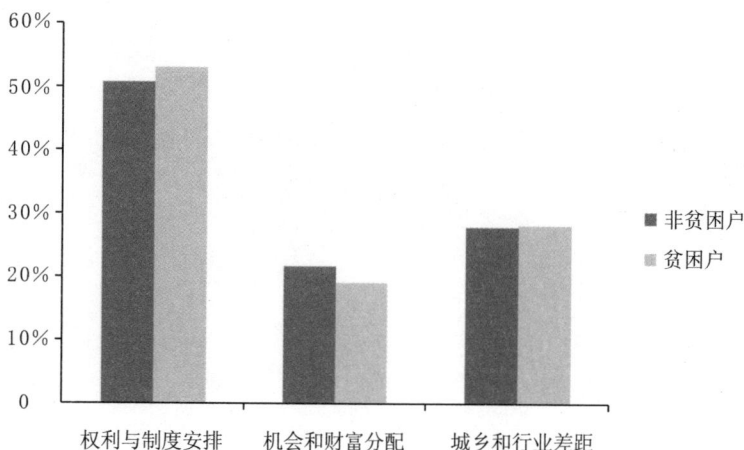

图5-10 乡村住户社会公平问题的评价①

以上即是乡村贫困住户与非贫困住户在主要社会经济特征方面的差异，研究发现，乡村贫困户在众多社会经济特征方面均明显差于非贫困户，而这些社会经济特征很可能成为影响乡村住户陷入贫困的重要因素（将在第六章中详细阐述）。但是在研究区乡村人群中，还存在着一类特殊群体——瑶族群体，他们居住于市域的最西北端，那里是乡村贫困空间传承性与集聚性表现最为突出的区域，他们与汉族居民在主要社会经济特征方面又会存在何种差异？

3.瑶族乡村住户的贫困

第三章中笔者提及，在民国时期已有少数瑶族人居住于北部山区、丘陵，其经济发展水平极为低下，是民国时期的重点贫困区。发展至今日，连州市已下辖两个少数民族乡（三水瑶族乡和瑶安瑶族乡），瑶族总人口5000余人。其中，三水乡瑶族人口约1459人，占三水乡总人口的38.7%；瑶安乡约3340人，占瑶安乡总人口的27.83%。

另外，通过实地调研，笔者发现，目前三水乡和瑶安乡的瑶族同胞

① 数据来源于调查问卷。

乡村贫困的地方性特征及土地利用对乡村发展的影响
土地利用与空间规划丛书

在其穿衣打扮、居住饮食和风俗习惯等方面已与汉族居民无太大差异，换言之，三水乡和瑶安乡的瑶胞已被汉化。但是，目前本区的经济发展水平依然相对落后。而瑶族乡村住户是否同汉族乡村住户在主要社会经济特征上存在较大差异，继而影响了整体经济发展的水平？在此次调研中，有40份瑶族村民的调查问卷，从中可窥见瑶族乡村住户同汉族乡村住户在主要社会经济特征上存在较大差异，可以说，瑶族群体是研究区乡村贫困群体中的特殊一类。依旧追寻上述五个方面，笔者分别探讨瑶族乡村住户同汉族乡村住户在主要经济社会特征上的异同。

（1）瑶族同汉族的差异

①瑶族乡村住户人力资本

表5-12反映出瑶族乡村住户与汉族乡村住户在人力资本状况方面的差异。在家庭平均人口数方面，瑶族乡村住户的家庭平均人口数要高于汉族乡村住户，其非贫困户的家庭平均人口亦多于汉族非贫困户，只是其贫困户的家庭平均人口数要低于汉族贫困户。在家庭平均劳动力数方面，瑶族家庭平均劳动力数要大于汉族家庭，其非贫困户的平均劳动力数多于汉族非贫困户，其贫困户的平均劳动力数要低于汉族贫困户。这说明，瑶族乡村住户更多地从事一些劳动密集型的经济活动，因此其家庭规模，特别是劳动力规模的大小对其家庭经济发展至关重要。

表5-12　瑶族、汉族乡村住户人力资本状况[①]

主要社会经济特征	汉族			瑶族		
	非贫困户	贫困户	合计	非贫困户	贫困户	合计
家庭平均人口数（人）	4.45	3.66	4.08	5	3.58	4.33
家庭平均劳动力数（人）	2.76	2.24	2.51	3.38	1.89	2.68
劳动力平均受教育年限（年）	9.66	6.41	8.15	8.43	6.63	7.58

---

① 数据来源于调查问卷。

②瑶族乡村住户经济资源

表5-13反映出瑶族乡村住户与汉族乡村住户在家庭经济资源方面的差异。在家庭平均耕地占有量方面，瑶族家庭平均耕地占有量比汉族家庭平均占有量少1.35亩，其中，瑶族非贫困户比汉族非贫困户少2.14亩，瑶族贫困户比汉族贫困户少0.45亩。在家庭人均务农收入均值方面，瑶族总体比汉族总体少853.16元，汉族家庭人均务农收入均值约为瑶族家庭的两倍，其中，瑶族非贫困户比汉族非贫困户少1387.85元，贫困户则少237.72元。在家庭人均教育支出均值方面，瑶族总体比汉族总体多186.89元，其中，非贫困户多339.4元，贫困户多23.37元。在家庭人均医疗支出均值方面，瑶族总体比汉族总体多152.65元，其中，非贫困户要比汉族非贫困户少106.01元，但贫困户却比汉族贫困户要多436.33元。这至少可以说明一个问题，即瑶族贫困户务农收入较低，但却面临着较高的教育和医疗支出压力，故其陷入贫困的可能性比汉族家庭要高。

表5-13　瑶族、汉族乡村住户家庭经济资源状况[①]

主要社会经济特征	汉族			瑶族		
	非贫困户	贫困户	合计	非贫困户	贫困户	合计
家庭平均耕地占有量（亩）	4.76	2.71	3.8	2.62	2.26	2.45
家庭人均务农收入均值（元）	2267.83	992.98	1673.9	879.98	755.26	820.74
家庭人均教育支出均值（元）	577	314.35	454.63	916.4	337.72	641.52
家庭人均医疗支出均值（元）	365.74	480.78	419.33	259.73	917.11	571.98

③瑶族乡村住户居住与出行

在瑶族乡村住户的居住特征方面，与汉族乡村住户相比，瑶族乡村住户的户均宅基地面积要多12.83平方米，其非贫困户和贫困户的户均宅基地面积也比相应的汉族农户要多，前者多16.25平方米，

———————————

① 数据来源于调查问卷。

后者多9.4平方米，这与瑶族地区地广人稀不无关系。从建造时间来看，瑶族贫困户房屋建造主要集中在20世纪70年代，20世纪70年代所建造的房屋占有30%的比重；非贫困户房屋建造主要集中在21世纪，21世纪所建造的房屋占有57.5%的比重。

在瑶族乡村住户出行特征方面，与汉族乡村住户相比，其使用的交通工具的整体水平要低。通过对其最常用交通工具的统计，发现瑶族非贫困户最常用的交通工具是摩托车，而贫困户最常用的交通工具为公交车、自行车，还有部分贫困户的出行仅靠步行，这是瑶族地区交通不便现实的真实反映。通过调查发现，瑶族地区偏隅于连州市西北角地势较高的山区，其乡村住户多居住于深山且相对分布较为分散（有些自然村仅有两三户人家），交通十分不便，有些自然村道路尚未硬底化，特别是有些自然村至今仍未通路（仅可以步行，摩托车都不可以通行，例如瑶安乡的老虎冲自然村）。另外，瑶安乡和三水乡的公共交通并不方便，仅在乡政府驻地有站点，特别是三水乡，其每天从市区前往三水的公交车只有两班，如错过这两班公交车，只能搭乘连州至湖南（湖南至连州）的过路车，其时间和班次均不固定。故瑶族乡村住户的出行移动性水平较低。

在乡村住户获取信息方式特征方面，通过对其获取信息方式的统计发现，不管是贫困户还是非贫困户，其获取信息的主要方式均为电视，合计比例高达87.5%，这与汉族乡村住户的情况一致。这说明在瑶族地区，电视的普及率也很高。但是，在贫困户中，仍有26.32%的家庭获取信息的方式是靠他人通知，此比例比汉族贫困户的比例稍高；而且瑶族住户中未有使用网络的家庭，与汉族住户的差距较大。另外，瑶族地区的通讯信号十分差，曾有瑶胞介绍说："要想打电话，得翻到山顶才有信号。"足见其信息较为闭塞。

④瑶族乡村住户政治、社会地位

在对40户瑶族乡村住户的调查中发现，有共产党员的住户比重为35%，高于汉族乡村党员家庭比重。其中，瑶族非贫困户党员家庭比重高于汉族非贫困户党员家庭比重，但瑶族贫困户党员家庭比重小于汉族贫困户党员家庭比重；而且从瑶族群体内部来看，贫困户中党员户的比重要明显低于非贫困户中的这一比重，约低46.62个百分点。由此可以看出党员这一政治身份，对瑶族乡村住户具有重要意义，也意味着在党的领导下，瑶族乡村群体的生活才会越来越好。

从其家庭最高职业阶层分布来看，瑶族乡村住户与汉族乡村住户一样，最高职业阶层集中于农业劳动者阶层；但在乡村干部、经理人员、私营企业主、专业技术人员和办事人员这五个经济社会地位较高的职业阶层上面，瑶族乡村住户所占比例远低于汉族住户。在瑶族群体内部，瑶族乡村非贫困户与贫困户差别较大，非贫困户中最高职业阶层多为一些非农职业阶层，其中最多的为个体户，其次是商业服务业员工和产业工人；而贫困户中最高职业阶层多为农业劳动者。由上可知，瑶族乡村住户的社会地位普遍较低，而且也从侧面说明非农收入对于提高瑶族乡村住户收入来说十分重要。

⑤瑶族乡村住户社会支持、社会公平

瑶族乡村住户在遇到困难时所选择的社会支持系统，与汉族乡村住户类似，均为家庭和私人支持以及党政、工作单位，只是两者在选择顺序上有所差异。瑶族乡村住户中，家庭和私人支持的选择率较高，这说明瑶胞内部凝聚力较强，而且说明瑶族乡村住户依靠自身及亲朋好友的帮助而解决困难的能力也较强。其次，党政及工作单位的选择率较高，可见，党政部门及工作单位在乡村住户有所求助时，能够切实有效地提供帮助、解决困难。而且瑶族内部贫困户和非贫困户之间的差异并不大。

在社会公平问题的判别方面，可以看到，瑶族乡村住户与汉族乡村住户既存在相同之处，又存在差别。两者均认为社会最不公平的问

乡村贫困的地方性特征及土地利用对乡村发展的影响

土地利用与空间规划丛书

题集中于公共医疗和养老等方面，这与瑶族贫困户较高的家庭人均医疗支出均值相呼应。但是，瑶族乡村住户还对义务教育的评分较高，即认为义务教育亦存在不公平现象，这与当地的实际情况密切相关。三水乡和瑶安乡只在乡政府驻地设有小学（其下辖的各行政村均无设立），各行政村的孩子上小学需要到乡政府驻地的学校，由于孩子年龄较小且各行政村距离乡政府驻地远近不一，很多家长都在学校附近租住房屋陪读，这一方面导致学生上学的成本加大，另一方面也导致了部分劳动力的闲置（陪读家长），这与瑶族贫困户较高的家庭人均教育支出均值相呼应。在瑶族群体内部，瑶族贫困户与非贫困户的差异亦不大。

（2）瑶族贫困根源

以上即是对瑶族群体与汉族群体在主要社会经济特征上的差异解读，经对比发现，瑶族群体在耕地占有、人均务农收入等经济资源方面明显低于汉族群体，在出行、信息获取等方面亦明显低于汉族群体；但是，其在医疗、教育支出等方面却高于汉族群体，这意味着瑶族群体处于"收入低、出行难、医疗难、教育难、信息闭塞"的生活境况，瑶族群体成为乡村群体内的一类特殊贫困群体，其有着深刻的贫困根源。

首先，地形地貌根源。瑶族群体一直聚居在北部高寒山区，这里区位偏僻、地形复杂，是粤北石灰岩山地的主要分布地区之一，故其农业生产条件不足，经济发展十分落后。再加上自然灾害频繁发生，更是为其落后的经济发展雪上加霜。

其次，历史传承根源。从前述乡村贫困空间传承性特征分析中可知，历史时期以来，少数民族聚居区即为研究区乡村贫困的主要集中区，这虽说是乡村贫困的一种空间表现，但同时也是乡村贫困延续的重要根源。由于缺乏历史时期经济发展的沉淀与累积，使得这一地区相对于其他地区来说，经济发展的基底较薄弱。

再者，民族文化根源。虽说目前研究区瑶族群体已同汉族群体无较大差异，但是历史上所形成的民族文化，依然影响着当今地区的社会和经济发展。研究区瑶族群体属于过山瑶，历史上长期过着刀耕火种、吃完一山换一山的粗放式生活，这种稳定性差、依赖性强的生计方式，一方面造成了本区资源和环境的破坏，另一方面也造成了瑶族群体并无太多积累。而且这种"靠山吃山"的重农思想一直延续至今，成为本区经济发展的严重桎梏。

最后，公共服务及设施。与其说这是一种贫困根源，不如说这是本区贫困所导致的结果，并反过来加剧了本区的乡村贫困。由于本区区位及经济条件限制，交通、医疗、学校等公共服务及设施配套不足，不仅增加了本区村民的生活成本，而且对本区经济发展潜力同样造成严重影响。

以上仅从四个方面对瑶族群体贫困根源进行解析，瑶族村落的贫困状况到底如何，将在第七章案例分析中详细阐述。

五、小结

本章节主要利用调查问卷数据，通过主成分分析和聚类分析将乡村住户分为低潜力优现状住户、低潜力中现状住户、无潜力差现状住户、中潜力差现状住户，研究发现乡村住户在现状生活方面差异较大，但其发展潜力均较低。在此基础上，本章节从经济角度对乡村贫困程度进行度量，将乡村贫困群体划分为持久性贫困、选择性贫困和暂时性贫困，其中，持久性贫困的发生率偏高，暂时性贫困的发生率最低。另外，借鉴联合国MPAT多维度贫困评定方法对乡村贫困进行综合测度，发现市域北部的乡村贫困群体在各维度贫困指标评定中均得分较低，与其他乡镇贫困群体存在差距。除此之外，本研究还发现乡村贫困群体同非贫困群体存在众多社会经济特征方面的差异，瑶族群体是乡村群体中一类特殊的贫困群体。总之，不论是贫困群体同非贫困群体之间，还是不同空间下的贫困群体，抑或是同一空间下的贫困群体内部，均存在一定差异，乡村贫困群体为非均质的差异性群体。

第六章　乡村贫困的影响因素

通过深入分析乡村贫困的地方特征，可知其作为一种与经济发展相伴生的社会现象，受到众多自然、社会、经济等因素的影响，这些因素不仅影响着乡村贫困的空间格局及其演变，同样还影响着乡村贫困群体的具体生活。因此，本研究在探讨乡村贫困地方特征的基础上，以行政村及乡村住户两种研究尺度，分别探讨自然、社会、经济等因素对乡村贫困率和乡村家庭陷入贫困风险性的影响。

一、村域乡村贫困率影响因素

1.指标选取

国内外对于乡村贫困影响因素的分析，多是从空间和社会经济两个方面，其空间影响因素的选择集中于地形地貌（主要是坡度、海拔）、土地利用类型（主要是耕地、建设用地比例）、区位因素（主要是交通可达性、路网密度）、服务便捷度（主要是到达公共服务设施的最短距离或最短时间）等方面；社会经济变量的选取集中于区域经济发展水平、消费投入及人口统计变量等方面。

基于对指标选取的科学性和可获取性考虑，最终选取地形起伏度、农村农业生产用地比重、农村非农建设用地比重、道路面积比重、最短路网距离和到达主要公共服务设施（学校和医院）的最短路网距离等空间因素，以及家庭平均人口数、家庭劳动力占总人口比重、家庭劳动力平均受教育年限、家庭平均占有耕地数、家庭人均消费、家庭人均医疗支出和家庭人均教育支出等社会经济因素，共14个解释变量，综合探讨村域行政村贫困率的影响因素。

（1）地形起伏度

地形起伏度也称地表起伏度或地势起伏度，亦可称为相对地势或相对高度，是综合表征区域海拔高度和地表切割程度的指标。1948年，苏联科学院地理研究所提出的割切深度是对于地形起伏度的最早研究，后有大批学者对地形起伏度提出了多种定义与表达方式（封志明　等，2011）。地形起伏度是单位面积内最高点与最低点的高差，是反映宏观区域地表起伏特征、定量描述地貌形态及划分地貌类型的重要指标（杜鹏　等，2010）。地形起伏度常作为区域资源与环境评价（闫满存　等，2000；马晓微　等，2001）、城市土地分等定级评价（刘明皓，2002）、人口分布及经济发展等（封志明　等，2007；封志明　等，2011）的重要影响因素，其公式表示如下：

$$R = H_{\max} - H_{\min}\text{①} \qquad (6.1)$$

式中，R代表地形起伏度，$H_{\max}$代表单位面积内最大高程值，$H_{\min}$代表单位面积内最小高程值。作为地形起伏度经典算式，是其他计算公式衍生的基础（杜鹏　等，2010）。本研究采取此种方法计算连

---

① 此公式引用自杜鹏，王利. 基于GIS的营口市地形起伏度分析. 科技信息，2010(23)：564–565.

州市域内各行政村的地形起伏度，ArcGIS 9.2软件中，用行政区矢量数据切割等高线，使用analysis/overlay/identity工具，分别统计每个行政村等高线的最大值、最小值，利用公式得到地形起伏度，并利用极差法进行标准化处理，得到起伏度指标。

（2）农业生产用地比重

土地利用是指人类通过一定的活动，利用土地的属性来满足自身需要的过程，其体现了人类适应、利用和改造自然的"人—地"相互作用的进程。而对于农村土地来说，主要包括农村农业生产用地和农村非农建设用地。其中，农村农业生产用地指直接和间接用于农业生产的土地，包括耕地、园地、林地、牧草地、养捕水面、农田水利设施用地（如水库、排灌沟渠等），以及田间道路和其他一切农业生产性建筑物占用的土地等（徐胜，2008）。

农村农业生产用地是农民的"衣食之源，生存之本"，是农业生产和农村经济发展中不可或缺且无法替代的生产资料。连州市农民的生活主要依赖农村农业生产用地，因此，农村农业生产用地对研究区乡村经济的发展至关重要。以往研究中对于农业生产用地的评价，多数采取的是对农业生产用地利用效果的评价，评价指标多为价值量指标，例如，单位面积提供的农业总产值、单位面积上的农业净产值、单位面积上的农业纯收入等（安建华 等，1991），另外，还将土地利用率指标结合进来。由于研究区获取的数据不足以支撑对农业生产用地进行综合评价，故本研究仅能选取农村农业生产用地规模，即农村农业生产用地占总用地的比率，并利用极差法将其标准化处理，作为区域土地利用的表征之一。设区域i的农业生产用地比率为Ni，农业生产用地数量为Ai，土地面积为Mi，则计算方法为：

$$N_i = A_i \div M_i \quad i \in (1, 2, 3, \cdots, n) \tag{6.2}$$

（3）非农建设用地比重

上文已经提及，农村土地主要包括农村农业生产用地和农村非农

乡村贫困的地方性特征及土地利用对乡村发展的影响
土地利用与空间规划丛书

建设用地，其中，农村非农业建设用地指用于农业之外的一切工程建设以及其他建设设施所占用的土地，包括工矿企业用地、集镇和农村居民点用地、交通运输用地等。

农村非农建设用地与人口增长以及经济的快速发展密切相关。随着经济发展水平的不断提高及市场经济体制的确立，我国的工业化、城市化水平亦不断提高。在国家相关政策的影响下，乡镇企业异军突起，农村土地非农化建设规模扩大，这使得我国的建制镇用地、农村居民点用地等各种农村非农建设用地快速增加（赵涛　等，2004）。本研究选取农村非农建设用地规模，即农村非农建设用地占总用地的比率，并利用极差法将其标准化处理，作为区域土地利用的表征之二。设区域 i 的农村非农建设用地比率为 J_i，农村非农建设用地数量为 C_i，土地面积为 M_i，则计算方法为：

$$J_i = C_i \div M_i \quad i \in (1, 2, 3, \cdots, n) \tag{6.3}$$

（4）交通可达性

很多学者都认为交通可达性与众多社会−经济因素之间有着密切的关系，也有学者专门研究了交通可达性对于乡村贫困空间的重要影响作用（Ahlström et al., 2011）。对于交通可达性本身的研究，不少学者提出了较为综合的评价方法。本研究在参考交通可达性综合评价方法的基础上，选取道路面积比重和最短路网距离作为评价区域交通可达性的基本指标。

①道路面积比重

路网密度是评价区域交通基础设施及路网规模的重要指标，它是指道路长度与其所在区域土地面积的比值。但是，路网密度指标存在一个较大问题，即并未将道路等级纳入考虑范围之内。连州市属于山岭重丘区，通过实地踏勘所知的路况及道路等级，以及根据中华人民共和国公路设计标准可知，连州市共有国道、省道、县道、乡道和村道五级道路。不同道路等级对周边地区的影响也会有所不同，国道、省道通常承担着对外交通的主要职能，县道、乡道主要负责市内交通，而村道主要是本村及其与外村联系的通道，因此，考虑道路等级因素对于表征区域交通基础设施的保障水平至关重要。而在道路占地面积方面，因不同等级道路的宽度不同，故认为这能更为真实地反映区域交通情况，因此，选取道路面积比重取代路网密度。考虑到公路线路对研究区交通可达性的贡献最大，且研究区尚未通行轨道交通，因此，本研究主要选取公路道路面积占区域总面积的绝对比值作为评价该区域交通可达性的基本指标之一。一般来讲，公路占地面积随着经济发展水平的增高而增加，经济发展水平越好，则公路占地面积越大，区域交通条件越好。假设区域 i 的公路占地面积为 D_i，m 级道路长度为 L_{im}，m 级道路宽度为 K_{im}，土地面积为 A_i，则计算方法为：

$$D_i = \sum_{i=1, m=1}^{n,m} \left(L_{im} \times K_{im} \div A_i \right) \quad i \in (1, 2, 3, \cdots, n) \quad m \in (1, 2, 3, \cdots, m) \quad （6.4）$$

②最短路网距离

本研究基于ArcGIS 9.2软件，对研究区各村的最短路网距离指标进行计算。在建立研究区交通网络的基础上，运用Netcover命令建立网络计算的路径系统；定义始节点、末节点及阻力参数；最后，用Nodedistance命令来计算始末节点之间的距离。在此基础上，对每一节点到达研究区内所有其他节点的最短路网距离加和并求得平均值，得到各节点的最短路网距离指标，距离越短，则可达性越好；反之则越差。

最后，对各节点的最短路网距离数值采用极差法进行归一化处理，得到各节点的最短路网距离指标。

（5）到达主要公共服务设施的最短路网距离

公共服务设施一般是指城市中呈点状分布并服务于社会大众的教育、医疗、文体、商业等社会性基础设施，充分的公共服务设施可达性是保障居民生活质量的重要前提。然而，伴随着城乡建设的快速发展，很多地区公共服务设施的可达性并不能满足居民的日常需求。特别是在乡村地区，很多主要公共服务设施均建于经济相对较为发达的乡镇驻地，这对于较为偏远村庄的村民来说，使用主要公共服务设施的成本相对较高。因此，分析目前乡村地区主要公共服务设施可达性的现状，特别是综合了解各类型公共服务设施可达性的相对强弱和空间特征，对于保证未来公共服务设施规划的合理性及社会成员权利的公平性具有重要意义。本研究利用连州市市域范围内的教育、医疗两类公共服务设施的地理信息数据，对连州市主要公共服务设施可达性进行分析。

本研究中，表征教育、医疗这两类公共服务设施的研究数据主要来源于连州市国土局。在这两类公共服务设施中，又进一步对其等级进行了细分，主要将其划分为县市级和镇级两个级别，具体情况如表6-1所示：

表6-1　连州市公共服务设施分类表[①]

公共服务设施分类	细分类别					
	类别	数量（个）	名称	类别	数量（个）	名称
教育	县市级中学	5	连州中学、北山中学、连州二中、连州五中、连州四中	镇级中学	19	附城中学、九陂中学、西江中学、龙坪中学、朝天中学、新塘中学、西岸中学、保安中学、麻步中学、清水中学、西溪达飞纪念中学、瑶安民族中学、星江中学、星子第三中学、大路边中学、大路边第二中学、朱岗中学、丰阳中学、山塘中学

---

① 资料来源于连州市国土局。

第六章
乡村贫困的影响因素

公共服务设施分类	细分类别					
	类别	数量（个）	名称	类别	数量（个）	名称
医疗	县市级医院	5	连州市人民医院、连州市中医院、连州市红十字会医院、北湖医院、附城医院	镇级医院	20	三水医院、朱岗医院、丰阳医院、清江卫生院、山塘医院、大路边医院、清水医院、东陂医院、瑶安医院、星子医院、潭岭医院、西岸卫生院、保安卫生院、麻步医院、朝天医院、龙坪医院、西江医院、高山医院、龙潭医院、九陂医院

　　本研究采用最短路网距离指标刻画各行政村对主要公共服务设施的可达性。这里考虑到学校和医院服务设施均有就近选择的倾向，但两者又存在县市级和镇级水平的差异，故本研究将各行政村到达主要公共服务设施的最短路网距离指标定义为该村到达最近镇级公共服务设施的最短路网距离与该村到达县市级公共服务设施最短路网距离的加和。同上述交通可达性中最短路网距离的算法一致，利用ArcGIS 9.2软件，在计算出各节点到达最近镇级公共服务设施的最短路网距离和各节点到达所有县市级公共服务设施的最短路网距离的基础上，加和求得各节点到达主要公共服务设施的最短路网距离。设区域 i 的主要公共服务设施可达性函数为 $P(x_i)$，到达最近镇级公共服务设施的最短路网距离为 d_i，到达县市级公共服务设施的最短路网距离为 D_i，则计算公式为：

$$P(x_i) = \sum_{i=1}^{n} d_i + D_i \quad i \in (1, 2, 3, \cdots, n) \quad (6.5)$$

　　然后对到达主要公共服务设施的最短路网距离数值采用极差法进行归一化处理，得到各节点到达主要公共服务设施的最短路网距离指标。

（6）社会经济指标

由于行政村层面的社会经济数据相对较少且获取性较难，故本研究基于调查问卷数据，将可汇总或可取平均值以代表本行政村整体社会经济特征的变量进行处理，最终选取代表村家庭人力资本状况的家庭平均人口数、家庭平均劳动力比重（家庭劳动力占家庭人口的比重）、家庭劳动力平均受教育年限，以及代表村家庭农业生产状况的家庭平均占有耕地数、代表村家庭消费能力的家庭人均消费、家庭人均医疗支出和家庭人均教育支出等七个主要社会经济指标。

2.研究方法

研究采用多元线性回归分析模型，其公式如下：

$$y=\beta_0+\beta_1 x_1+\beta_2 x_2+\cdots+\beta_p x_p+\varepsilon \tag{6.6}$$

式中，y 为乡村贫困率，x_1，x_2，$\cdots$，x_p 为各解释变量。x_1 为家庭平均人口数，x_2 为家庭平均劳动力比重，依次，x_3 为家庭劳动力平均受教育年限，x_4 为家庭平均占有耕地数，x_5 为家庭人均消费，x_6 为家庭人均医疗支出，x_7 为家庭人均教育支出，x_8 为行政村地形起伏度，x_9 为行政村农业生产用地比例，x_{10} 为行政村非农建设用地比例，x_{11} 为行政村道路面积比例，x_{12} 为行政村最短路网距离，x_{13} 为行政村到达学校的最短路网距离，x_{14} 为行政村到达医院的最短路网距离。ε 代表残差。

3.影响因素

表6-2为乡村贫困率影响因素的多元线性回归分析结果。观察此表，可有如下发现：

表6-2　乡村贫困率影响因素的多元线性回归分析[1]

Linear regression					Number of obs=53	
					F(14,38)=6.45	
					Prob＞F=0.0000	
					R-squared=0.5684	
					Root MSE=0.11671	

乡村贫困率	Coef.	Std.Err.	t	P>|t|	[95% Conf. Interval]	
家庭平均人口规模	0.115	0.035	3.270	0.002***	0.044	0.186
家庭平均劳动力比重	0.345	0.172	2.000	0.052*	−0.003	0.694
家庭劳动力平均受教育年限	−0.003	0.016	−0.190	0.848	−0.036	0.029
家庭平均占有耕地数	−0.018	0.010	−1.890	0.067*	−0.038	0.001
家庭人均消费	−0.000	0.000	−1.060	0.295	−0.000	0.000
家庭人均医疗支出	0.000	0.000	1.570	0.124	−0.000	0.000
家庭人均教育支出	0.000	0.000	0.510	0.612	−0.000	0.000
地形起伏度	0.296	0.086	3.430	0.001***	0.121	0.470
农业生产用地比例	0.163	0.411	0.400	0.693	−0.669	0.995
农村非农建设用地比例	−0.592	0.144	−4.110	0.000***	−0.883	−0.300
道路面积比例	−0.142	0.465	−0.310	0.761	−1.084	0.799
最短路网距离	0.249	0.183	1.360	0.181	−0.121	0.619
到达学校的最短路网距离	−0.196	0.425	−0.460	0.647	−1.056	0.664
到达医院的最短路网距离	−0.044	0.388	−0.110	0.910	−0.830	0.741
_cons	−0.498	0.426	−1.170	0.249	−1.360	0.364

首先，从社会经济变量来看，乡村贫困率与家庭平均人口规模、家庭平均劳动力比重和家庭平均占有耕地数均产生统计上的显著影响。分开来看，乡村贫困率与村家庭平均人口规模产生统计上

---

① Coef.为相关系数，P>|z|代表的是显著性水平，其中***表示p小于0.01，**表示p小于0.05，*表示p小于0.1。

的显著影响，这说明对于行政村整体来说，人口规模越大，贫困率越高。正所谓人口越多越贫困（要想富，少生孩子多种树），这已经是大家所公认的事实。乡村贫困率与村家庭平均劳动力比重产生统计上的显著影响，这意味着家庭劳动力的增加，也会导致贫困率升高。这一结果与我们的常规思维有所偏离：通常情况下我们认为，家庭劳动力的增加可以改善其家庭经济水平。但是，我们却忽略了这一结果与上一结果的内生性关系，即家庭人口规模的增加包含劳动力增加的过程，且劳动力所从事行业同样与其对家庭经济收入的贡献密切相关。故笔者认为，研究区劳动力的增加仍未摆脱人口增加对经济发展的惯性制约效应，劳动力的整体素质仍未能达到促进家庭经济发展的水平。另外，乡村贫困率与村家庭平均占有耕地数产生统计上的显著影响，这表明村耕地数量越多，其贫困发生率越低，这意味着各行政村的经济发展仍以农业生产为主。乡村贫困率与家庭劳动力平均受教育年限并未产生统计上的显著影响，这与各行政村乡村家庭教育水平普遍不高、所从事职业多为农业等技术要求相对较低的行业等因素存在一定相关性。乡村贫困率与家庭人均消费、家庭人均医疗支出、家庭人均教育支出等方面均未产生统计上的显著影响，这意味着消费也不是影响行政村贫困与否的主要因素，通俗一点讲，也就是说贫困的"关键在于挣了多少，而不是花了多少"。

其次，从空间变量上来看，乡村贫困率与地形起伏度和农村非农建设用地比例均产生统计上的显著影响。其中，对于地形起伏度来讲，地形起伏度越大，乡村贫困率越高。这里蕴含有三个方面的主要原因：第一，行政村地形起伏度大，意味着村内地势较为复杂，农用地特别是耕地的规模和贫瘠程度较低，不利于行政村农业经济的发展；第二，行政村地形起伏度大，意味着离主要发展核心区（一般的发展核心区均位于地势较为平坦的区域）距离较远，其所受到的经济辐射和带动作用较小；第三，行政村地形起伏度大，意味着村内发展条件不均衡，极有可能导致村内贫富差距较大，从整体上影响整个行政村的发展水平。另外，乡村贫困率与非农建设用地比例亦产生统计上的显著影响。换言之，非农建设用地数量越多，意味着行政村非农经济发展越多，行政村乡村贫困率越低，这与上述所分析的"非农收入对于各个行政村之间来说，意义更为重大"刚好呼应。结合社会经济变量中对于农业生产的分析即可得知，大力发展农业和努力开拓非农产业应是行政村降低贫困率的主要途径。除此之外，乡村贫困率与道路面积比例、最短路网距离并未产生统计上的显著影响。本研究认为，其可能原因主要是以下三个方面：第一，从连州市路网结构来看，以乡道和村道为主，道路等级较低，乡道主要负责市内交通，而村道主要是本村及其与外村联系的通道，其对周边地区的经济带动和辐射能力十分有限；第二，连州市道路分布较为均衡，行政村道路通达率已达100%，2007年连州市公路密度已达到每百平方公里79.2公里；第三，研究区并非一封闭区域，且处于湘粤边界，在交通可达性的计算中并未考虑区外交通对本区交通的重要影响，会对结果造成一定影响。而且，乡村贫困率与到达学校的最短路网距离、到达医院的最短路网距离等指标亦未产生统计上的显著影响。本研究认为，这一方面同上述交通可达性的原因一样，未考虑交通可达性的限制因素，另一方面也未能考虑各医院、各学校的规模、服务及费用差异等问题。故而本研究认为，所选取的到达学校的最短路网距离、到达医院的最短路网距离指标更多地反映的是公共服务设施使用的公平性问题，此结果可以反映出，较为贫困的行政村并未在公共服务设施的使用公平性上遭到社会排斥。

二、乡村住户陷入贫困风险分析

第五章对于乡村住户主要社会经济特征的分析显示，大多数情况下，贫困户与非贫困户之间存在较为明显的差异。这些差异，很有可能成为乡村贫困户陷入贫困的重要影响因素。故本章节在第五章基础上，选取21项乡村贫困户主要社会经济特征指标作为自变量，分析使乡村住户家庭陷入贫困风险的影响因素。

1.指标选取及模型建立

研究采用逻辑回归分析模型，其公式如下：

$$Logistic(Y) = \partial + \beta_i X_h + \beta_j X_e + \beta_k X_s + \beta_l X_v + \varepsilon \qquad (6.7)$$

式中，Y是关于贫困的二分变量，贫困户=1，非贫困户=0。X_h代表的是家庭人力资本的相关指标，包括家庭人口数、家庭劳动力比重、家庭劳动力最高受教育年限、家庭人均医疗支出、家庭人均教育支出。X_e是一组与家庭经济相关的指标，包括住户占有耕地数、家庭非农从业收入是否为其主要收入来源、家庭人均消费。X_s是一组与家庭居住、政治和社会地位特征相关的指标，均为虚拟变量，包括：一是家庭居住地区虚拟变量，山上片为0，山下片为1。二是家庭是否为党员家庭，党员家庭为1，非党员家庭为0。三是家庭成员的最高职业阶层指标，将职业阶层中的乡村干部、经理人员、私营企业主、专业技术人员和办事人员划分为中高阶层，属于该阶层家庭为1，非该阶层家庭为0；将职业阶层中的个体户、商业服务业员工、产业工人划分为中下非农阶层，属于该阶层家庭为1，非该阶层家庭为0；农业劳动者和无业人员阶层作为对照组，均单独成为一个阶层指标。X_v是一组间接测量社会支持和社会公平的主观变量，由诉求型组织支持、党政及工作单位支持、家庭私人支持，以及权利与制度安排公平、机会和财富分配公平、城乡与行业差距公平组成。

2.风险性分析

在逻辑回归的过程中，中上职业阶层变量和无业人员变量由于存在共线性问题被排除，因此，最终纳入解释乡村住户贫困影响因素的主要社会经济特征指标有19个。以国定低收入线为标准，对乡村贫困影响因素进行逻辑回归分析，观察表6-3、表6-4，可有如下发现：

首先，家庭人力资源相关指标中，家庭人口数、家庭劳动力比重、家庭劳动力最高受教育年限和家庭人均医疗支出，均对乡村住户贫困风险产生显著影响，只有家庭人均教育支出未产生统计上的显著影响。其中，家庭成员每增加1人，乡村住户将增加3.5%贫困风险，"人口越多越贫困"已成为共识，此次调查问卷数据也反映出这一问题；而家庭劳动力每增加1人，乡村住户陷入贫困风险将增加6.7%，这一结果同行政村贫困率影响因素中劳动力比重的影响结果一致，均说明乡村住户劳动力素质普遍不高，此阶段内劳动力增加并不能降低家庭陷入贫困的风险性。而家庭劳动力最高受教育年限每增加1年，贫困发生风险将降低3%，可见，提高劳动力素质是乡村住户脱贫的重要途径。而家庭人均医疗支出每增加1元，贫困发生风险将增加0.01%，这说明乡村住户所面临的医疗压力较大。家庭人均教育支出未产生统计上的显著影响，说明教育支出并非乡村住户所面临的重要压力，这与乡村住户不重视教育、教育水平普遍偏低的状况密切相关。

其次，在与家庭经济相关的变量组中，具有统计显著性的影响因素是家庭非农商业收入是否为收入主要来源、家庭占有耕地数和家庭人均消费，它们的作用都是降低乡村住户陷入贫困的风险，其中，每增加1个以非农商业收入为主要收入来源的家庭，贫困发生风险将降低18.6%，足可见非农收入对乡村住户的重要影响；家庭占有耕地数每增加1亩，将降低1.5%的贫困发生风险，这意味着农业生产对于乡村住户仍然具有重要作用；而家庭人均消费每提升1元，贫困发生风险将降低0.02%。

再者，在与家庭居住、政治与社会地位相关的变量组中，家庭居住地区、家庭主要成员职业阶层地位（中下）、家庭主要成员职业阶层地位（农业劳动者）均产生统计显著性影响，只有家庭成员中是否有党员未产生统计显著性影响。其中，家庭居住地区的影响表现为，山上片住户每减少1户，即山下片住户每增加1户，贫困发生风险将降低7%，这也就意味着山上片的乡村住户比山下片的乡村住户更容易陷入贫困。从家庭主要成员最高职业阶层地位看，中下阶层和农业劳动者的增加，都将增加一定程度的贫困发生风险，而将两者相比较发现，相对于农业劳动者，中下阶层陷入贫困的风险要小。由此可见，乡村住户贫困不仅存在较为明显的区域贫困，同样存在较为明显的阶层贫困。

最后，在社会支持和社会公平评价指标中，只有机会和财富分配公平产生了统计显著性影响。对于机会和财富分配公平的评分每增加1分，可降低0.3%的贫困发生风险。这表明，贫困者认为他们获得的发展机会和财富相对更少一些。在诉求型组织支持、党政及工作单位支持、家庭私人支持方面，未产生统计上的显著性影响，这说明贫困户在生活中遇到困难时，从这三个方面得到的支持均不多；在权利与制度安排公平、城乡与行业差距公平评价方面，也未产生统计上的显著性影响，这应当说明在这些方面，贫困户所遭遇的社会排斥并不明显。

由上可知，目前研究区的乡村住户贫困不仅存在较为明显的区域贫困，同样存在较为明显的阶层贫困，也就是说，研究区乡村贫困同时具备区域整体性贫困与个体性贫困。故其反贫困策略制定，既要有区域针对性，又要兼顾阶层针对性。

表6-3　乡村住户贫困影响因素的Logistic分析（基于国定低收入线）[①]

Logistic regression					Number of obs=814	
					Wald chi2(19)=187.46	
					Prob > chi2=0.0000	
Log pseudolikelihood = −314.71618					Pseudo R2=0.4399	
是否为贫困户	Coef.	Std. Err.	z	P>|z|	[95% Conf. Interval]	
家庭人口数（人）	0.189	0.083	2.29	0.022**	0.027	0.351
家庭劳动力比重（%）	2.492	0.433	5.75	0.000***	1.643	3.342
家庭劳动力最高受教育年限（年）	−0.162	0.045	−3.57	0.000***	−0.251	−0.073
家庭人均医疗支出（元）	0.001	0.000	2.07	0.038**	0.000	0.001
家庭人均教育支出（元）	0.000	0.000	0.26	0.793	−0.000	0.000
家庭占有耕地数（亩）	−0.080	0.032	−2.53	0.011**	−0.141	−0.018
家庭非农商业收入是否为收入主要来源（dummy）	−1.012	0.369	−2.74	0.006***	−1.735	−0.289
家庭人均消费（元）	−0.001	0.000	−5.97	0.000***	−0.001	−0.001
家庭居住地区（dummy）	−0.364	0.198	−1.84	0.066*	−0.752	0.024
家庭成员中是否有党员（dummy）	−0.305	0.273	−1.12	0.263	−0.840	0.230
家庭主要成员职业阶层地位：中下（dummy）	1.990	0.741	2.69	0.007***	0.538	3.442
家庭主要成员职业阶层地位：农业劳动者（dummy）	1.880	0.752	2.50	0.012**	0.406	3.354
诉求型组织支持	0.003	0.012	0.29	0.768	−0.020	0.026
党政及工作单位支持	0.004	0.011	0.38	0.707	−0.018	0.027
家庭私人支持	0.014	0.011	1.27	0.203	−0.008	0.036
权利与制度安排公平	−0.006	0.005	−1.15	0.250	−0.015	0.004
机会和财富分配公平	−0.014	0.006	−2.42	0.016**	−0.025	−0.003
城乡与行业差距公平	−0.006	0.006	−1.14	0.255	−0.017	0.005
_cons	−0.624	1.235	−0.51	0.613	−3.044	1.795

　　[①] Coef.为相关系数，P>|z|代表的是显著性水平，其中***表示p小于0.01，**表示p小于0.05，*表示p小于0.1。

乡村贫困的地方性特征及土地利用对乡村发展的影响
土地利用与空间规划丛书

表6-4　乡村住户陷入贫困风险的边际效应[①]

Marginal effects after
　　logit

					y = Pr(a0) (predict, p) = 0.7832136		
Variables	dy/dx	Std. Err.	z	P>|z|	[95% Conf. Interval]		X
家庭人口数（人）	0.035	0.017	2.08	0.038**	0.002	0.069	4.13882
家庭劳动力比重（%）	0.067	0.089	5.25	0.000***	0.293	0.641	0.654646
家庭劳动力最高受教育年限（年）	−0.030	0.010	−2.99	0.006***	−0.050	−0.010	8.16953
家庭人均医疗支出（元）	0.0001	0.000	2.03	0.043**	−0.000	0.000	419.401
家庭人均教育支出（元）	0.0000	0.000	0.26	0.794	−0.000	0.000	434.704
家庭占有耕地数（亩）	−0.015	0.007	−2.25	0.024**	−0.028	0.002	3.906
家庭非农商业收入是否为收入主要来源（dummy）	−0.186	0.070	−2.65	0.008***	−0.324	−0.049	0.476658
家庭人均消费（元）	−0.0002	0.000	−10.80	0.000***	0.000	0.000	2790.95
家庭居住地区（dummy）	−0.070	0.039	−1.80	0.072*	−0.146	0.006	0.63145
家庭成员中是否有党员（dummy）	−0.055	0.048	−1.15	0.252	−0.149	0.039	0.259214
家庭主要成员职业阶层地位：中下（dummy）	0.338	0.142	2.89	0.004***	0.132	0.688	0.331695
家庭主要成员职业阶层地位：农业劳动者（dummy）	0.410	0.118	2.87	0.004***	0.107	0.569	0.52457
诉求型组织支持	0.0006	0.002	0.30	0.768	−0.004	0.005	14.2813
党政及工作单位支持	0.0008	0.002	0.38	0.707	−0.004	0.005	42.9361
家庭私人支持	0.003	0.002	1.26	0.209	0.002	0.007	41.1855
权利与制度安排公平	−0.001	0.001	−1.18	0.240	−0.003	0.000	45.3624
机会和财富分配公平	−0.003	0.001	−2.46	0.014**	−0.005	−0.001	18.2125
城乡与行业差距公平	−0.001	0.001	−1.15	0.249	−0.003	0.001	24.693

---

① dy/dx表示自变量每增加1个单位，因变量相应地变化情况。对于哑变量（dummy）来说，dy/dx表示自变量每从0增加到1个单位，因变量相应地变化情况。

三、小结

本章主要以行政村及乡村住户两种研究尺度，分别探讨各种自然、社会、经济因素对乡村贫困率和乡村住户陷入贫困可能性的影响，是对以往研究的丰富和补充。人文地理学对于乡村贫困影响因素的定量分析中，研究尺度通常较大（以县居多），且指标选取主要源于经济、资源、人口、社会四个基本维度，并未包含空间因素、乡村住户身份及社会排斥程度等方面的指标。故本研究首先将研究尺度缩小至行政村和乡村住户本身，并将地理学中常用的空间变量、社会学中常用的阶层身份及社会排斥指标纳入其中，丰富了乡村贫困影响因素研究的指标体系。而且其研究结论亦表明，除以往研究所关注的家庭人力资源、经济资源相关指标对乡村贫困产生显著影响外，某些空间变量、阶层身份及社会排斥指标同样会对乡村贫困产生显著影响。不仅如此，由于研究尺度的缩小，对于影响因素的结论分析较之以往研究更为具体，并可以与边际效应分析相结合，能够更为清晰具体地理解各因素对乡村贫困风险性的影响。

综上研究可知，家庭平均人口数、家庭平均劳动力比重、家庭平均占有耕地数、地形起伏度和非农建设用地比重五项指标，是乡村贫困率的重要影响因素。其中，家庭平均人口规模、家庭平均劳动力比重、地形起伏度指标与乡村贫困率呈显著正相关；其余两项指标与乡村贫困率均为显著负相关。

将研究尺度缩小至乡村住户本身可发现，家庭人口数、家庭劳动力比重、家庭劳动力最高受教育年限、家庭人均医疗支出、家庭占有耕地数、家庭非农商业收入是否为主要收入来源、家庭人均消费、家庭居住地区、中下非农职业阶层、农业劳动者阶层、机会及财富分配公平等指标，是乡村住户陷入或脱离贫困风险的重要影响因素。其中，家庭人口数、家庭劳动力比重、家庭人均医疗支出、中下非农职业阶层、农业劳动者阶层五项指标，与乡村住户贫困呈显著正相关，这意味着各指标值若相应地增加1个单位，乡村住户陷入贫困的风险便会相应地加大。而家庭劳动力最高受教育年限、家庭占有耕地数、家庭非农商业收入来源、家庭人均消费、家庭居住地区、机会和财富分配公平六项指标，与乡村住户贫困呈显著负相关，这意味着各指标值若相应地增加，乡村住户陷入贫困的风险便会相应地有所降低。同时，研究还发现，乡村住户贫困不仅存在较为明显的区域贫困，同样存在较为明显的阶层贫困。故其反贫困策略制定，既要有区域针对性，又要兼顾阶层针对性。

通过对行政村贫困率影响因素及乡村住户影响因素的综合分析，本研究发现家庭人力资本、家庭经济状况、某些空间因素及社会因素等均对行政村和乡村住户的贫困产生重要影响，如果将各影响因素与乡村贫困的关系更为直观地表达出来，可参考图6-1：

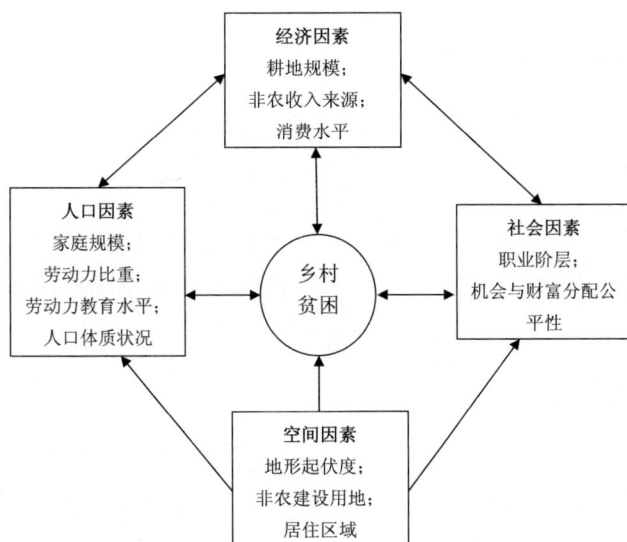

图6-1　乡村贫困影响因素

第七章　典型村的贫困写照

一、典型村的选择依据

本研究在对研究区乡村贫困地方特征及影响因素进行研究的基础上，依据第四章第二部分中关于村域乡村贫困率空间差异的分析，从高、中、低三种乡村贫困率等级中各选取一个村为典型村，深入分析其乡村贫困的真实写照。其中，高乡村贫困率等级中选取瑶安乡瑶安村为典型村；中贫困率等级中选取九陂镇龙潭村；低贫困率等级中选取星子镇周联村。

二、案例村的基本情况

1.瑶安乡瑶安村

瑶安乡瑶安村是粤北山区一个典型的少数民族村落，其瑶族人口占到村总人口的99%以上。瑶安村位于连州市瑶安瑶族自治乡的最东部，也是连州市域的最北端，与湖南省交界（如图7-1）。瑶安村距

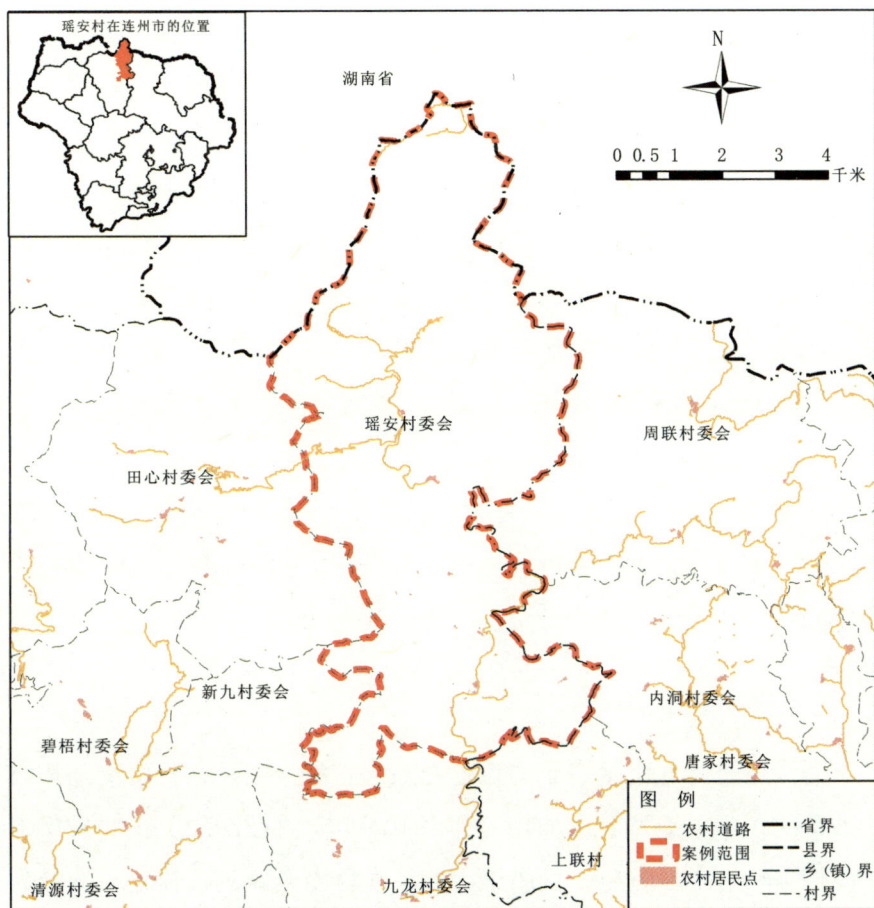

图7-1　瑶安乡瑶安村区位图

离乡政府所在地约15公里，地形起伏度有1380米（村域内最高程与最低程的差值），地理区位与地形条件均较差。2012年，瑶安村下辖6个自然村且分布十分分散，最远的为黄泥田自然村，距离瑶安村村委驻地约20公里。目前，部分村民小组仍无道路通行，瑶安村李主任介

第七章
典型村的贫困写照

绍说："老虎冲（村民有100多人）、龙崩冲（村民有80多人）只有崎岖的山路与外界联系，且只能步行，交通条件很差。打电话都没有信号，需要到山顶上打。"全村165户，共738人。全村人均耕地仅有半亩，且土层薄弱，生存条件比较恶劣。至2009年年底，家庭人均年纯收入在1500元以下的低保户有12户，共26人，多数贫困户均居住于土坯房、瓦房，生存条件很差。

这些居住于深山里的瑶族同胞虽然已经汉化（其在住宅样式、穿衣搭配、风俗习惯上均与汉民并无太大差异），但他们却并不愿意搬迁到地形和交通条件较好的地方，据当地瑶胞解释，他们之所以不想搬迁，是因为"祖祖辈辈都生活在这里""我们靠山吃山""搬到山下，那我们吃什么""虽然和汉族人交往没有什么困难，但是我们也有我们自己的语言和文化，他们（汉民）是听不懂的"，诸如此类。由此可以看出，历史传统及民族文化，仍对当地村民产生着十分重要的影响，乡村贫困的历史传承地方特征得到了很好的体现。

2.九陂镇龙潭村

龙潭村是粤北山区一个典型的石灰岩省级贫困村，其位于连州市九陂镇的东部，距离镇政府所在地约10公里（如图7-2）。2012年，龙潭村下辖11个自然村，且由于小北江在村中间流过，将该村一分为二，其中有10个自然村只能绕道西江镇才能到达县城，交通运输十分不便。目前，全村耕地面积有1872亩，其中，水田599亩，旱地337亩，其他山地936亩。但因处于石灰岩山区，土地资源匮乏且人畜饮水困难，故其经济发展十分缓慢。全村263户，共1254人，但劳动力素质普遍不高。

乡村贫困的地方性特征及土地利用对乡村发展的影响
土地利用与空间规划丛书

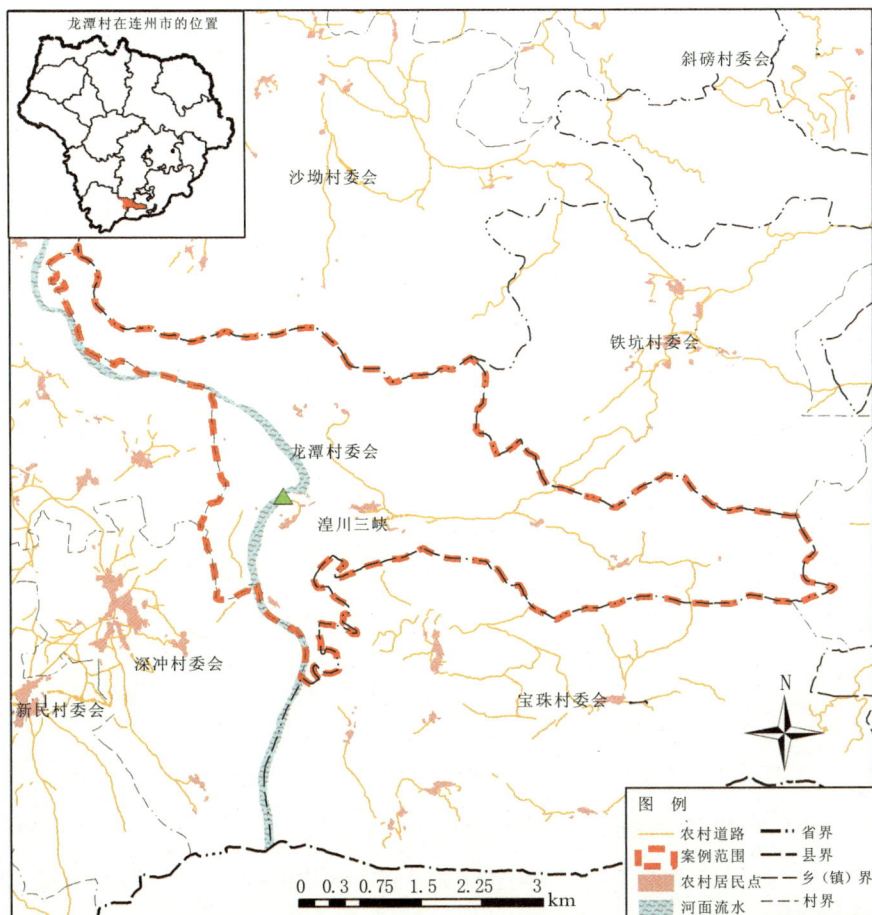

图7-2　九陂镇龙潭村区位图

　　除此之外，龙潭村是连州市为数不多的旅游景点之一湟川三峡的所在地，目前已建成了生态度假村，并加入了瑶族传统民俗元素且已对外开放。据龙潭村的吴主任介绍说："这一生态度假村是连州一日游线路的景点之一，但是多数旅游团到此只是观光和观看瑶族歌舞表演，吃饭和住宿要么回到市区要么去连南，所以在这里的消费并不多。这一生态度假村每年交给村委会的管理费只有5000元，而且这一

第七章
典型村的贫困写照

度假村提供给当地村民的就业机会很少，仅有5位本村村民在度假村内从事清洁工作，每月工资1000元左右。"由此可见，就目前来说，这一旅游度假村对当地经济发展及村民生活水平的提高并未带来较大改善。

2007年，全村共有贫困户116户，共557人，经过几年的帮扶，已有86户480人脱贫。截至2009年年底，家庭人均年纯收入在2500元以下的贫困户尚有57户140人，其中，新增贫困户27户63人，家庭人均年纯收入在1500元以下的低保人口尚有56人，而且部分贫困户至今仍居住于危房之中。

3.星子镇周联村

星子镇周联村位于星子镇的西北角，与瑶安乡瑶安村相邻，并与湖南省交界（如图7-3）。周联村距离星子镇政府驻地约40公里，其地形起伏度亦高达900米，被称为连州的"北极村"。与瑶安乡瑶安村一样，其地理区位和地形条件较差。2012年，周联村下辖7个自然村，其中除了周家岱自然村面积较大之外，其余6个自然村均比较小且分布较分散，最远的自然村距离村委会有8公里。目前，全村共有200多户村民，总人数有1300多人，村民多以种田、种树为主要经济来源。村委妇联主任周阿姨介绍说："我们村山多地多，所以外出打工的人并不多。"

至2009年年底，家庭人均年纯收入在1500元以下的低保人口有34人，虽然乡村贫困率较低，但较差的地理区位与地形条件仍使得本村经济发展十分落后。而且，由于山路崎岖，本村在2003年发生过一起非常严重的交通事故，据当地村民回忆说：那是在快过年的时候，当地38位村民一起乘坐本村一辆农用车去市区置办年货，但是在去的路上，由于农用车刹车失灵，连人带车全部撞向山崖，造成31人死亡7人受伤，直系亲属同时死亡的就超过六个家庭。这一悲剧留给生者

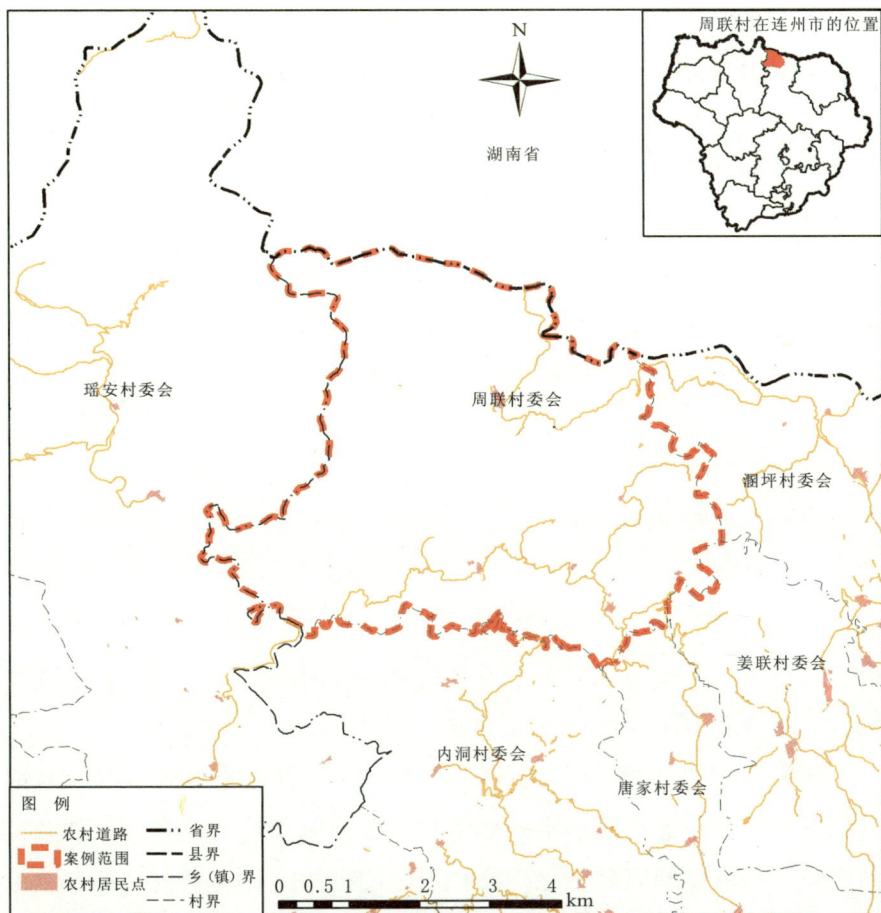

图7-3　星子镇周联村区位图

的，除了无尽的悲痛，还有生活的压力。由于在这次车祸中丧生的多数是中年人，于是，他们家中年迈的老人和幼小的孩童突然失去了家中的经济和精神支柱，陷入经济和精神贫困的双重困境。

　　以上即是对这三个典型案例村基本情况的介绍，它们均位于地理区位与地形条件较差的区域，而它们乡村贫困的具体情况又是如何？以下将从其乡村贫困的程度、贫困人群类型与主要致贫原因进行详细阐述。

三、贫困的程度、人群类型及主要致贫原因

通过实地调研与访谈，笔者发现，虽然这三个行政村的贫困率有高有低，但是其在乡村贫困的程度、人群类型及主要致贫原因方面存在较多共同点，这也反映了研究区整个乡村地区贫困的现状。当然，由于各村发展背景的差异，其乡村贫困也会表现出有别于他地的特殊地方特征。

1.乡村贫困程度

与国家典型贫困地区（例如西部贫困山区）的贫困情形不同，此地的乡村贫困人口早已摆脱了生存贫困的枷锁，更多地面临发展层面的贫困。"就医难、读书难、出行难、通信难"是对研究区贫困村的最真实写照。总的说来，主要是乡村经济发展潜力与人力资源发展潜力这两个方面的贫困：

第一，经济发展潜力的贫困。这里的贫困村民虽然不用为温饱问题发愁，但是他们所从事的多为农业或者职业阶层较低的劳动密集型产业，经济发展后劲不足。而且对于山上片的村落来说，其农业生产条件较差，且自然灾害对农业的影响较大（例如，2008年的冰雪灾害对瑶安村林业生产带来重大损失；2011年5月，由于暴雨而引发的泥石流灾害损坏了龙潭村多亩耕地；等等），导致其农业生计的稳定性和可靠性不强。另外，多数村庄均以农业生产为主，经济结构十分单一，这也导致村庄的市场发育程度极低，经济发展潜力较差。即使村庄内拥有较好的经济资源（例如龙潭湟川三峡生态度假村），但也因为区位交通等地理限制，以及开发模式、利益平衡等制度因素，并未起到引领村庄经济发展的重要作用。由于村庄本身经济发展环境恶

劣，导致多数村庄的适龄青年外出务工，造成了本村劳动力资源的无形流失，使得村庄经济发展陷入低潜力的恶性循环。在这一过程中，乡村贫困无形转化为城市贫困，加之村庄发展并不能让村民普遍受益，故农村人口低潜力的发展贫困更被深深隐藏，乡村贫困隐藏性地方特征显现无遗（如图7-4）。

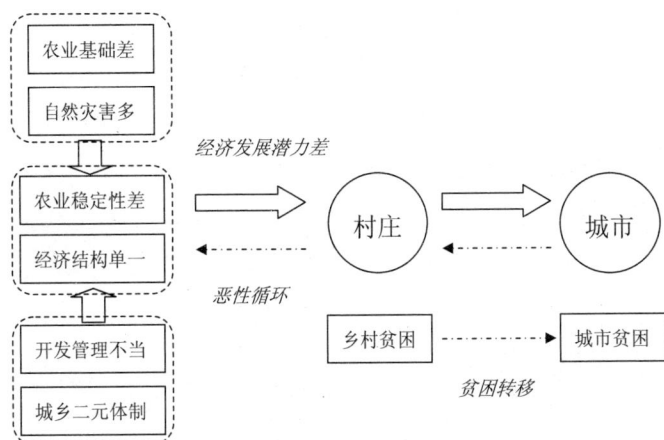

图7-4　村庄经济发展潜力流失示意图[1]

第二，人力发展潜力的贫困。这种人力资本发展潜力的贫困，主要是针对村民的教育观念以及村庄教育资源的配套与质量而提出。通过实地调研和访谈，笔者发现研究区乡村地区的人们对于教育的重要性普遍认识不足，他们认为："读那么多书干什么啊？识字就够了，打工赚钱才是紧要的。""某某家小孩读大学，欠了好多债，毕业找了份工作，到现在债还没还清呢。""读了大学也不见得有好工作啊，现在大学生那么多。"诸如此类的观点证明，村民并不认为读书是解脱贫困最好的途径。相反，他们认为打工才是脱贫致富的好方法，这也是为什么研究区有那么多适龄青年外出打

---

① 自绘。

工的重要原因，有许多脱贫的村民介绍说："以前贫困是因为家里小孩读书，现在他们出去打工赚钱，家里很快就脱贫了。"笔者不否认打工收入对贫困家庭非常重要，但是长此以往，研究区劳动力素质得不到提升，人力资本的潜力会下降，继而导致研究区村庄发展潜力下降。

正是由于村民教育观念不强，所以他们很少去争取匮乏的教育资源与教育机会，再加之政府并未足够重视，使得村庄教育资源的配套设施及质量极差。瑶安乡下辖的村委会均未设立小学，以瑶安村为例，村里的小孩到了上学的年纪就需要去乡镇驻地读书，他们的年龄又不宜住校，家长们只能在乡镇租房陪读，这一方面增加了学生读书的负担，另一方面也造成家庭劳动力的闲置（很多学生都是妈妈陪读，陪读妈妈陪读期间基本上无时间从事一些生产活动）。再看一下周联村，据妇联主任介绍说："早先周联村也无小学设立，孩子们要去16公里外的原清江镇读小学，有时候家长农忙无时间接送，孩子们就要步行3个多小时上下学，家长们都不忍心。后来，政府帮村里成立了一间小学，但是仅有一位老师肯来教书，而且教室很破。"（如图7-5）

图7-5 周联村小学的教室①

① 照片上即为周联村小学的教室，有几位小学生的亲人已在2003年的重大车祸中丧生。

乡村贫困的地方性特征及土地利用对乡村发展的影响
土地利用与空间规划丛书

这种不重视教育的陈旧观念，再加上落后的教育配套资源，使得村民们越发地认为提高教育水平并不能改变他们贫困的命运，这种思想不仅会造成当代劳动力的素质不高，也同样会对下一代劳动力素质的培养带来不良影响，最终影响研究区的乡村人力资源发展潜力。

2.乡村贫困人群类型

通过实地走访，笔者发现，三个典型案例村的乡村贫困人群主要集中在三类：第一类为老龄人口（主要为鳏寡老人），他们年龄都在60岁以上，基本上已丧失劳动能力，仅靠政府的最低生活保障金生活，是低保户的主要构成类型；第二类为残疾人家庭，即家中成员有残疾人，他们的生产、生活能力有限，此类家庭也是政府救济的主要对象；第三类是突发重大疾病致贫的家庭，这类家庭往往之前并不是贫困家庭，且他们陷入贫困也很有可能是暂时性的，当疾病过后，通过自身努力，仍是可以脱贫的。

除此之外，三个典型案例村还有一些特殊的贫困人群类型：首先，是单亲家庭，特别是以女性为主的单亲家庭，是周联村贫困人群的重要类型，这与当地所发生的重大事故相关，除此之外，还有老年人抚养孙儿的家庭；其次，在瑶安村和龙潭村，还有部分因受到自然灾害影响而致贫的人群，特别是2008年那场冰雪灾害，使得瑶安村种植杉木的村民损失惨重，因此，部分家庭的农业生产恢复需要一定的周期，故他们脱离贫困仍需相应的过渡期；另外，还有一类特殊的贫困人群，即由于家中孩子上大学而致贫的人群，这类人群是现状较差但潜力较好的典型人群，虽然他们目前贫困，但是他们非常乐观且充满希望。这三个典型案例村的乡村贫困人群类型如图7-6所示。

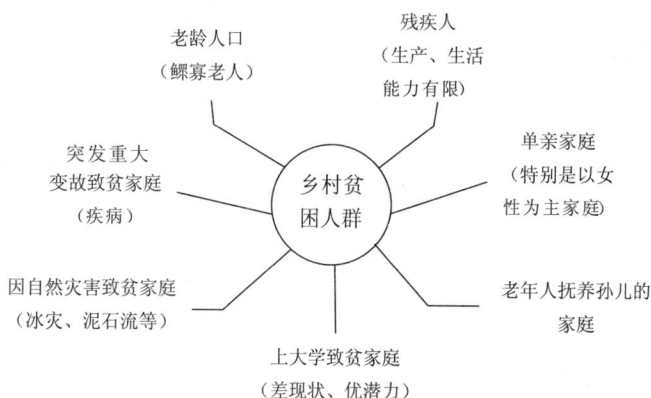

图7-6　典型村主要贫困类型①

3.主要致贫原因

这三个典型案例村所反映出的主要致贫原因，实际上即是本书所研究的乡村贫困地方特征及影响因素的具体体现。对于整个乡村地区来说，城乡二元体制的壁垒，使得乡村地区一直处于城市的从属地位，其所获得的经济资源与经济机遇相对缺乏，这是乡村贫困产生的最根本的制度原因；而历史时期以来所形成的贫困文化与空间的传承，意味着乡村地区缺乏历史经济基底的沉淀与累积，这是乡村贫困产生的最久远的历史原因；乡村地区通常集聚在地理区位偏僻、地势复杂的山区，这是乡村贫困产生的空间原因；乡村地区人口观念落后，教育水平不高，特别是研究区又存在少数民族差异，这是乡村贫困产生的人口原因；乡村人口素质不高所导致的乡村职业阶层较低，是乡村贫困产生的阶层原因；而由以上原因共同导致的乡村地区经济

---

① 自绘。

乡村贫困的地方性特征及土地利用对乡村发展的影响
土地利用与空间规划丛书

发展环境的恶劣，是其区域经济落后、人们贫困最直接的经济原因。当然，这种最直接的经济原因还会反过来再次影响乡村贫困的其他方面，使其陷入一种恶性循环（如图7-7）。

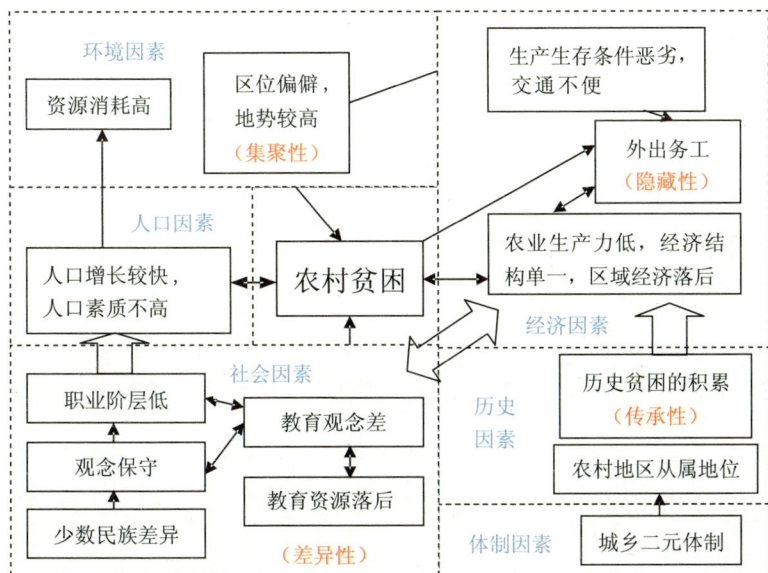

图7-7　典型村主要致贫原因[①]

四、村反贫困措施及效果

不同的村依据其不同的发展背景及贫困状况，将会有不同的反贫困措施。但是归结起来，主要有以下几种最为常见的反贫困措施：

第一，对于无劳动能力的贫困户，政府常采取的是救济式扶贫，对其进行最低生活保障（低保户和五保户），符合条件的应保尽保，并为其购买农村医疗保险。在逢年过节时，送去慰问品，以确保贫困户基本生活需要。

① 自绘。

第二，对于有劳动能力的贫困户，政府常采取的是参与式扶贫，即通过各方提供的脱贫资金，帮助贫困户发展脱贫项目，以最终实现脱贫。以九陂镇龙潭村来说，据村主任介绍，本村主要的参与式反贫困项目有三个：一是带领村民种植金银花；二是指导村民养石头猪；三是指导村民养鸡。其中，由于受到天气因素影响，种植金银花的项目较难推进，但养殖项目的落实情况较好。由此可见，因地制宜地引进反贫困项目，是确保反贫困行动针对性和有效性的重要前提。

以上两点都是从经济角度所提出的反贫困策略，目前连州市反贫困工作已向多维度发展，其在关注改善贫困人口物质生活的同时，仍注重贫困人口发展潜力的培养。例如，连州市扶贫办所提出的"科技教育扶贫"，即是解决贫困人口上学困难的问题；"技能扶贫"，即是对农村劳动力农业实用技术的培训，以提高农村劳动力的技能和素质。据村主任介绍，龙潭村村委会每年至少给贫困户进行两次实用农业技术的培训，而且村委会均是依据当地农民种养的实际情况来制定技术培训的具体内容，非常具有针对性，故而成效较好。除此之外，连州市还针对边远分散的村庄以及贫困户的无房和危房问题进行"安居扶贫"，将村庄整体搬迁且对贫困户的危房进行改建。例如，连州市1993年起的石灰岩地区人口迁移、2005—2010年对边远分散革命老区村庄的搬迁，以及2011年启动的高寒山区"两不具备"①的村庄搬迁项目，均是乡村贫困"安居工程"的重要体现。

通过对连州市现有扶贫现状和成果的了解，不难发现，连州市的扶贫工作已基本实现多维度扶贫，将"输血"和"造血"

① 不具备生产和生活能力的村庄。

相结合，综合促进贫困村和贫困户的脱贫进程。其具体情况如图7-8所示。

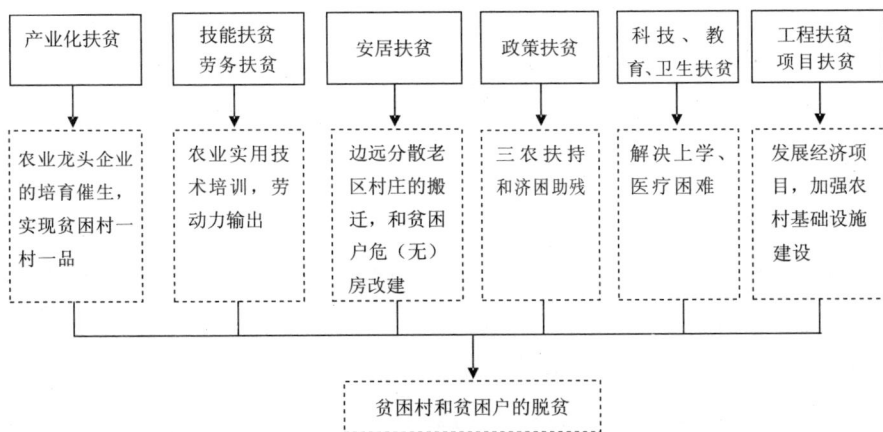

图7-8　连州市现有多维度反贫困工作示意图[①]

五、小结

本章节主要通过三个典型案例村贫困真实情况的描述，展示了研究区乡村贫困的具体程度、主要贫困人群类型、主要致贫原因及主要反贫困策略，并体现了乡村贫困地方特征及影响因素在案例村庄的具体表现。研究发现：三个案例村均存在"就医难、读书难、出行难"，在高寒地区的村庄（例如瑶安村），还存在"通信难"的真实情况。但归结起来讲，研究区乡村贫困已脱离了生存贫困的枷锁，其面临的主要是发展层面的贫困，具体表现为经济发展潜力贫困与人力资源发展潜力贫困。

三个案例村所反映出的贫困主要人群类型集中为老龄人口家庭、残疾人家庭、突发重大事故家庭、突发自然灾害致贫家庭、单亲家庭（特别是以女性为主的单亲家庭）、老年人抚养孙儿家庭以及上大学

[①] 依据研究区现有反贫困行动总结而绘制。

致贫家庭等七类。

对于典型案例村致贫原因的分析，即是本书所研究的乡村贫困地方特征及影响因素的具体体现。由上可知，乡村贫困主要是体制、历史、人口、环境、社会、经济等多方面因素相互作用的共同结果。其中在历史因素中，乡村贫困的空间传承性导致了目前研究区北部山区的村落（例如瑶安村）依旧处于高贫困率区域；在环境因素中，案例村的区位偏僻、地势较高且交通不便的现状，与乡村贫困空间集聚性下的贫困集中区情况相符合，在一定程度上反映了地理区位及地势条件较差地区的乡村贫困集聚性；在人口因素中，由于家庭规模及教育背景的不同，从而导致了乡村人群在"人口数量和人口质量"方面的差异，再加上研究区所存在的少数民族同汉族人口的差异，以及贫困人群类型的不同，充分显示出乡村贫困群体的差异性；而在以上多种因素的综合作用下，乡村经济显现出农业生产力低、经济结构单一等特点，继而导致了区域经济的落后，在这一发展背景下，乡村劳动力选择外出务工成为必然，这就造成了乡村贫困与城市贫困的潜在转移，乡村贫困被隐藏。另外，贫困率较低的周联村，其乡村贫困的真实情况仍较为严重，这是因为周联村位于低贫困率的星子镇，其与星子镇其他村共享同一水平的人均收入，但周联村与星子镇中心地区的其他村庄存在较大的贫富差距，这种同一水平的人均收入一定程度上将周联村的贫困隐藏。以上即是乡村贫困地方特征在案例村的具体体现，除此之外，乡村贫困的体制、历史、人口、环境、社会、经济等多方面因素的相互作用，也体现了本书所研究的具体影响因素，例如乡村贫困地区地形因素的影响，在本书中则以地形起伏度指标表征。

本章在此基础上，还对研究区乡村反贫困的策略及效果进行了简要分析，研究发现：连州市乡村已基本实现多维度扶贫，将"输血"和"造血"相结合，综合促进贫困村和贫困户的脱贫进程。

乡村贫困的地方性特征及土地利用对乡村发展的影响

土地利用与空间规划丛书

第八章 乡村贫困研究的相关结论与讨论

一、乡村贫困研究相关结论

中国乡村贫困的严峻现状及广东省区域内部发展的差异表明，乡村贫困的研究势在必行。本研究以人文地理学的视角，在系统回顾乡村贫困研究文献的基础上，发现国内乡村贫困研究存在严重的地域偏重性、内容集中性、学科结合性弱等特点。因此，本研究选取广东省北部欠发达山区县级市——连州市，综合运用地理学、经济学及社会学研究方法，对其乡村贫困进行系统分析，并总结出研究区乡村贫困地方特征及乡村贫困影响因素。

1.乡村贫困的地方特征

乡村贫困的地方特征，是乡村贫困过程研究的重要内容。本书在乡村贫困空间格局演变、乡村贫困空间特征及乡村贫困群体特征分析的基础上，指出研究区乡村贫困存在四大重要地方特征：

（1）空间传承性

这一特征的显现主要依据两个研究内容的分析：一是利用地名志及其他相关史料对研究区乡村聚落格局演化特征的探讨。研究表明，连州地区乡村聚落格局演化具备空间传承性特征，乡村聚落密度最小的地区始终集中在其北部少数民族聚居地及东部高山地区。二是选取五个时间段（唐宋、清同治、民国时期、1985年和2004年），探讨各时间段乡村经济开发及发展格局。研究表明，至民国时期，连州地区经济发展格局已经形成：以县城、东陂、星子为三大发展极，以沟通南北的主要交通干道为其发展轴线。而距离三大发展极较远且未有主要交通干线分布的北部及东部区域，是乡村贫困的主要集中地。这一结论与乡村聚落格局演变的结论异曲同工，证实了连州地区的乡村贫困确实存在空间传承性特征。只是2004年连州市行政区划变更后，北部及东部部分地区并入星子镇，脱离了乡村贫困落后行列，因此改变了其乡村贫困空间传承轨迹，但是北部、东部地区总体上仍表现为乡村贫困集中区。综上而言，连州地区乡村贫困空间具备传承性特征，这种空间传承轨迹，是贫困文化代际传承的空间表现，而地理区位与地形条件、民族构成及差异、历史沉淀与积累，是研究区乡村贫困具备空间传承性的重要影响因素。然而，行政力量的介入，是改变乡村贫困空间传承轨迹的重要手段。

（2）空间隐藏性

在对历史时期乡村贫困空间演化分析的基础上，深入探讨了乡村贫困空间的现状特征。通过研究综述的梳理，笔者发现发达国家的乡村贫困具有空间隐藏性与文化隐藏性特征。在这一观点的启发下，本研究将2009年研究区基于平均经济统计数据的乡村经济发展格局与基于贫困人口数据的乡村贫困人口空间分布格局进行对比分析发现，乡村经济发展格局与乡村贫困人口空间分布并未完全匹配，一定程度上经济发展格局将乡村贫困人口隐藏。换言之，乡村经济发展先进地区，其贫困人口规模并非就少。这一对比分析证实了研究区乡村贫困具备空间隐藏性。而这一特点的存在，与研究区地方性发展背景密切相关：首先，在城市化背景下，研究区众多劳动力外出务工，其较高的工资性收入将整个地区的农民人均收入水平拉高，继而导致了收入在人均水平之下的贫困人口被隐藏；其次，这批农民工外出多是为了缓解乡村家庭贫困状况，但他们很有可能成为城市贫困的主体人群，所以，这仅仅是发生了贫困的转移而并非真正意义上的脱贫，但是由乡村贫困转移为城市贫困的过程，却将乡村贫困更深地隐藏；再者，尽管在行政调控下乡镇经济整体发展速度加快，但其整体发展的结果，并非全为普众受益，有些甚至发生效益外泄，抑或是增大其内部贫富差距的分化，故在关注乡镇整体经济发展水平提高的同时，忽略和隐藏了未受益贫困群体的真实状况。

（3）空间集聚性

鉴于采用人均GDP单一指标可以衡量区域经济差异并有较多应用，而且根据上述对乡村贫困空间隐藏性特征的分析，本研究选用农民人均收入数据和乡村贫困人口比例两项指标，按一定权重集成为行政村乡村贫困表征指标——乡村贫困率，并将其与连州市空间数据进行匹配，生成乡村贫困率空间。研究发现，连州镇、星子镇和东陂镇部分地区的贫困率较低，而北部的少数民族聚居区以及东部的大路边镇和龙坪镇部分地区的贫困率较高。这一乡村贫困率空间分布证实了2009年的连州市乡村贫困空间依旧延续了传承轨迹。在此基础上，本研究采用空间自相关及空间插值方法对乡村贫困率空间分布特征进行分析。研究发现，连州市乡村贫困率的局部空间集聚现象明显，出现贫困率"低—低"和"高—高"正关联区域以及"低—高"负关联区域，其中，"高—高"贫困率"热区"的部分地区亦与乡村贫困空间传承性下的乡村贫困区相吻合；另外，从乡村贫困率变化的大致趋势同样可以看出：三大发展极的存在、北部地区的高贫困率集中，以及东南部地区的高、低贫困率错综分布现象，有力地支持了乡村贫困空间传承性、空间隐藏性特征的研究结论。

（4）群体差异性

乡村贫困可被空间概念化和人口概念化，故单纯地了解乡村贫困空间分布及特征是不够的，还应更进一步了解乡村贫困空间下的乡村贫困群体特征。本书主要利用调查问卷数据，通过主成分分析和聚类分析方法将乡村住户分为低潜力优现状住户、低潜力中现状住户、无潜力差现状住户、中潜力差现状住户，研究发现乡村住户在现状生活方面差异较大，但其发展潜力均较低。在此基础上，本书从经济角度对乡村贫困程度进行度量，将乡村贫困群体划分为持久性贫困、选择性贫困和暂时性贫困，其中，持久性贫困的发生率偏高，暂时性贫困的发生率最低。另外，借鉴联合国MPAT多维度贫困评定方法对乡村贫困进行综合测度，发现市域北部的乡村贫困群体在各维度贫困指标评定中均得分较低，与其他乡镇贫困群体之间存在差距。除此之外，本研究还发现乡村贫困群体与非贫困群体之间存在众多社会经济特征差异，其中瑶族乡村群体是较为贫困的特殊群体。总之，不论是贫困群体与非贫困群体之间，还是不同空间下的贫困群体，抑或是同一空间下的贫困群体内部，均存在一定差异，乡村贫困群体表现为非均质的差异性群体。

2.乡村贫困影响因素

乡村贫困的影响因素是乡村贫困互动研究的重要内容。在此部分的分析中，本研究将研究尺度缩小至行政村和乡村住户本身，并将地理学中常用的空间变量、社会学中常用的阶层身份及社会排斥指标纳入影响因素指标体系。研究结论表明：家庭人力资本、家庭经济状况及某些空间因素等均对行政村贫困率和乡村住户陷入贫困风险产生重要影响。其中，家庭平均人口数、家庭平均劳动力比重、家庭平均占有耕地数、地形起伏度和非农建设用地比重等五项指标是其重要影响因素。同时，家庭平均人口数、家庭平均劳动力比重、地形起伏度指标与乡村贫困率呈显著正相关；家庭平均占有耕地数和非农建设用地比重两项指标与乡村贫困率均为显著负相关。

对于乡村住户本身来说，家庭人口数、家庭劳动力比重、家庭劳动力最高受教育年限、家庭人均医疗支出、家庭耕地数、家庭非农商业收入、家庭人均消费、家庭居住地区、中下非农职业阶层、农业劳动者阶层、机会及财富分配公平等十一项指标，是乡村住户陷入贫困风险或脱离贫困的重要影响因素。其中，家庭人口数、家庭劳动力比重、家庭人均医疗支出、中下非农职业阶层、农业劳动者阶层等五项指标，将会增加乡村住户陷入贫困的风险；而家庭主要劳动力最高受教育年限、家庭占有耕地数、家庭非农商业收入、家庭人均消费、家庭居住地区、机会和财富分配公平等六项指标，将会降低乡村住户陷入贫困的风险。另外，社会阶层及家庭居住地区指标对乡村住户贫困风险产生重要影响，意味着研究区乡村住户贫困不仅存在较为明显的区域贫困，同样存在较为明显的阶层贫困。

3.案例村贫困写照

本书还在乡村贫困地方特征及影响因素研究的基础上，依据村域乡村贫困率空间差异，选取高、中、低三级贫困率的三个典型村，深入分析其乡村贫困的真实写照，探讨其乡村贫困的具体程度、贫困人群类型、致贫原因及主要反贫困策略，并体现乡村贫困地方特征及影响因素在案例村庄的具体表现。研究发现：首先，案例村的乡村贫困已脱离了生存贫困的枷锁，其面临的主要是发展层面的贫困，具体表现为经济发展潜力贫困与人力资源发展潜力贫困；其次，贫困人群类型集中为老龄人口、残疾人、突发重大事故家庭、突发自然灾害致贫家庭、单亲家庭（特别是以女性为主的单亲家庭）、老年人抚养孙儿家庭以及上大学致贫家庭等七类；再者，从对案例村致贫原因及其表现的分析中发现，乡村贫困主要是体制、历史、人口、环境、社会、经济等多方面因素相互作用的结果，而本书所研究的乡村贫困地方特征及影响因素则蕴含其中；最后，从案例村的反贫困策略及连州市整个反贫困工作来看，研究区乡村反贫困策略已基本实现多维度扶贫，将"输血"和"造血"相结合，综合促进贫困村和贫困户的脱贫进程。

二、创新点预期

第一，本书在探讨乡村贫困空间格局演变、乡村贫困空间特征及乡村贫困群体特征的基础上，总结出研究区乡村贫困的四大重要地方特征——乡村贫困空间传承性、空间隐藏性、空间集聚性和群体差异性，以往研究多注重乡村贫困程度或类型的空间分布，较少对乡村贫困空间及群体特征进行系统的分析和总结。

第二，本研究在乡村贫困四大重要地方特征研究的基础上，从研究区自然和人文背景的角度解释乡村贫困地方特征的形成原因，与以往研究相比，更为深入地关注于乡村贫困自身发生的原因，是对乡村贫困与地方复杂关系研究的重要尝试。

第三，在乡村贫困影响因素的分析中，本研究从微观的行政村及乡村住户视角入手，较之以往乡村贫困多为宏观、中观分析视角更为细致；并且将空间变量、阶层身份及社会排斥指标共同纳入影响因素指标体系，对以往研究来说是一个小的补充，而且其研究结论亦表明，除以往研究所关注的家庭人力资源、经济资源相关指标对乡村贫困产生显著影响外，某些空间变量、阶层身份及社会排斥指标同样会对乡村贫困产生显著影响，这也意味着研究区乡村贫困既存在区域性贫困又存在阶层性贫困。

三、不足之处

　　乡村贫困的研究需要进行多学科的交叉研究，通常包括经济学（特别是农业经济学）、社会学（特别是农村社会学）、地理学（特别是人文地理学）、人类学等，并且笔者又增加了历史地理学角度的分析，故跨学科的研究增加了本书写作的难度。同时，本研究在话语探讨和理论提升上还有待努力完善，且在研究内容和方法上还存在以下两点不足之处，这也是今后继续完善研究的主要努力方向：

　　第一，在对乡村贫困这一社会现象的研究中，本书着重于对乡村贫困特征及影响因素的探讨，将乡村反贫困策略的分析放入典型村案例研究中，并未从区域角度将乡村贫困特征、影响因素及乡村反贫困策略整合，以针对性地指导区域反贫困；

　　第二，在乡村贫困率影响因素的分析中，可达性并未产生统计上的显著影响，这一结果不如预期，但地形因素对贫困率却产生了统计上的显著影响，且本研究所设计的交通可达性模型，并未包含区外交通的影响。因此，尝试改进可达性计算模型，将地形因素及区外交通加以考虑，是否会对贫困率产生影响？如果结果有所改变，将为山区交通可达性与某个（些）社会-经济指标相关性的分析提供有益借鉴。

第九章　土地利用对乡村发展的影响

　　前八章内容是以广东省较为贫困的县级市——连州市为案例，探讨乡村贫困的地方特征及影响因素。其中，通过第六章"乡村贫困的影响因素"的深入分析，发现乡村非农建设用地对乡村减贫及综合发展有着明显影响。广州市作为改革开放的最前沿，其在乡村土地利用方面特别是非农建设用地的发展方面做出了较多有益尝试。本章则主要以广州市为典型案例区，着重分析非农集体建设用地使用权流转、征地返还留用地等乡村土地利用的政策探索，从理论层面上分析土地利用对乡村发展的重要影响。

一、非农集体建设用地使用权流转

　　随着经济社会的发展，城镇的市政、公共交通、通信等基础设施对土地的需求量越来越大，而城镇国有土地可供量却非常有限，这种日益突出的供求矛盾，使许多投资者将眼光转向城乡接合部交通便利的农村集体用地。与农用地相比，农村集体建设用地的比较利益日益突出，农村集体建设用地的使用价值和资产价值逐渐显现，而此时，在没有具体规范的法律政策指导下，国家范围内自发地隐性流转农村集体建设用地使用权的行为已经大量出现，尤其是在经济发达地区，近年来隐性流转数量和规模迅速扩展。据统计，珠三角地区通过隐性流转方式使用农村集体建设用地实际超过了集体建设用地的50%，而在粤东、粤西等地，这一比例也超过了20%。

目前，国内学者关于农村集体建设用地使用权流转的研究颇为丰富，主要是根据地租和地价理论、土地供需理论、制度及制度变迁理论等相关理论进行分析，形成一个逻辑上自洽的解释农村集体建设用地使用权流转的理论体系，探讨农村集体建设用地使用权流转形成条件、必然性及其影响，阐明农村集体建设用地使用权流转模式、流转形成、流转途径等流转现状，并分析存在的问题。其中，关于流转形成的条件，蒋巍巍、孙佑海、薛华等认为形成流转主要是有主客观两方面条件：第一，在我国农村推行的以家庭联产承包责任制为代表的经济体制改革，农村经济发展所带来的农村产业结构调整和市场经济推动下的土地等生产要素的商品化构成了流转问题的客观条件；第二，国家土地管理工作的偏移，只注重国有土地的管理，而没有把集体土地纳入统一、规范的日常土地管理工作当中，以及人们对土地经济价值观念的提升是主观条件。关于流转形成的影响以及对于推进流转的态度来讲，不同学者甚至持有完全相悖的观点，以国务院发展研究中心农村经济研究部副主任刘守英和华中科技大学教授贺雪峰为主要代表。其中，刘守英主张积极推进农村集体建设用地使用权流转，构建城乡统一市场，其在《中国土地制度的问题与改革》报告中也指出，土地改革的基本方向是按照宪法多种所有制共同发展和平等保护物权的精神，建立城市国有土地与农村集体土地两种所有制权利平等的土地产权制度，建立城乡土地平等进入、公平交易的土地市场，以土地制度改革为突破口，推进消除城乡土地二元体制改革，促进生产要素在城乡的优化配置与流动，实现城乡发展一体化和可持续的城镇化；而贺雪峰则认为：建立统一的城乡用地市场，将对中国现行土地制度造成重大冲击，实践过程中需要认真研究所谓"城乡统一的建设用地市场"的内在机制及其后果，不能贸然将此列为国家层面的制度安排。

总体来看，集体建设用地使用权流转的法律规范、政策供给与现实需求并不能完全匹配，导致其出现了管理缺位、历史隐性交易活跃、农民认知偏差、隐性流转市场存在收益不稳、隐藏风险及不规范运作等诸多问题，并未能很好地发挥促进乡村经济发展的作用。

1.政策基础

我国实行土地公有制，改革开放前，一切均按照计划配置使用土地，在法律上也没有支持土地流转的条文。但是改革开放以后，经过30年的发展，我国社会和经济建设取得巨大成就，商品市场发展迅速，土地价值已成为人们所共识和致富的要素，土地的交易和流转成为实现土地资产价值和合理配置的重要途径之一。随着经济发展与土地可利用空间的限制，国家与地方开始探索更合理的发展方式，部分省市着手以试点形式推进农村集体建设用地使用权流转的农村土地改革模式。

就近年土地管理相关法律规定而言，迫于时间发展的需要，虽经历了一个逐步宽松的过程，但其间多有反复，可谓时紧时松。《土地管理法》（2004年）第43条第1款规定："任何单位和个人进行建设，需要使用土地的，必须依法申请使用国有土地；但是，兴办乡镇企业和村民建设住宅经依法批准使用本集体经济组织农民集体所有的土地的，或者乡（镇）村公共设施和公益事业建设经依法批准使用农民集体所有的土地除外。"从该款规定不难看出，民事主体仅在三种情形下可以申请取得集体建设用地使用权，即兴办乡镇企业、村民建设住宅、乡（镇）村建设公共设施和公共事业。这实际上意味着农村集体建设用地使用权是不能如同国有建设用地使用权一样进入土地一级市场自由流转的。与此形成对照的是，国务院一级中央土地管理部门的相关规定体现了一定程度的灵活性。

（1）国家层面相关法律政策演变

1988年，《中华人民共和国宪法》进行了修改，首次提出"土地使用权可以依照法律的规定转让"，这一规定为集体建设用地使用权流转奠定了基本的法律依据。

1988年年底，《土地管理法》也进行了修改，规定："农民集体所有的土地使用权不得出让、转让或者出租用于非农业建设；但是，符合土地利用总体规划并依法取得建设用地的企业，因破产、兼并等情形致使土地使用权依法发生转移的除外。"该条款允许符合特定条件的集体建设用地使用权依法转移。同时还规定："除兴办乡镇企业、村民建设住宅、乡（镇）村公共设施和公益事业建设依法批准使用本集体经济组织农民集体土地外，任何单位和个人进行建设，需要使用土地的，必须依法申请国有土地。"这使得集体建设用地流转的空间受到严格限制。1988年的《土地管理法》规定，"农村集体经济组织使用乡（镇）土地利用总体规划确定的建设用地兴办企业或者与其他单位、个人以土地使用权入股、联营等形式共同举办企业的，应当持有关批准文件，向县级以上地方人民政府土地行政主管部门提出申请，按照省、自治区、直辖市规定的批转权限，由县级以上人民政府批转"，笔者认为这实际上承认集体建设用地使用权可以以入股、联营等方式进行流转。

1994年7月5日发布的《城市房地产管理法》规定，"城市规划区内的集体所有的土地，经依法征收转为国有土地后，该国有土地的使用权方可有偿出让"，使集体建设用地使用权流转的内容与形式受到限制。

2004年10月21日，在国务院下发的《国务院关于深化改革严格土地管理的规定》（国发〔2004〕28号）中强调，禁止农村集体经济组织非法出让、出租集体土地用于非农业建设；加强农村宅基地管理，禁止城镇居民在农村购置宅基地；引导新办乡村工业向建制镇和规划确定的小城镇集中；在符合规划的前提下，村庄、集镇、建制镇中的农村集体所有建设用地使用权可以依法流转。

2006年3月27日，国土资源部《关于坚持依法依规管理节约集约用地支持社会主义新农村建设的通知》（国土资发〔2006〕52号）中称，要适应新农村建设的要求，稳步推进城镇建设用地增加和农村建设用地减少挂钩试点，集体非农建设用地使用权流转试点，不断总结试点经验，及时加以规范完善。

2006年8月31日，国务院下发的《国务院关于加强土地调控有关问题的通知》（国发〔2006〕31号）中规定，农民集体所有建设用地使用权的流转，必须符合规划并严格限定在依法取得的建设用地范围内。

2007年12月30日，国务院办公厅下发的《国务院办公厅关于严格执行有关农村集体建设用地法律和政策的通知》（国办发〔2007〕71号）中规定，任何涉及土地管理制度的试验和探索，都不能违反国家的土地用途管制制度。农村住宅用地只能分配给本村村民，城镇居民不得到农村购买宅基地、农民住宅或小产权房。要严肃查处通过出租（承租）、承包等"以租代征"方式非法使用农民集体所有土地进行非农业建设项目的行为。

2008年1月3日，国务院下发的《国务院关于促进节约集约用地的通知》（国发〔2008〕3号）中规定，利用农民集体所有土地进行非农建设，必须符合规划，纳入年度计划，并依法审批，严禁擅自将农用地转为建设用地，严禁"以租代征"将农用地转为非农业用地。

2010年12月27日，国务院在《国务院关于严格规范城乡建设用地增减挂钩试点切实做好农村土地整治工作的通知》（国发〔2010〕47号）中，要求"在推进农村新居建设和危房改造及小康示范村建设等工作中，凡涉及城乡建设用地调整使用的，必须纳入增减挂钩试点。必须坚持局部试点、封闭运行、规范管理、结果可控"，"严禁在试点之外，以各种名义开展城乡建设用地调整使用。严禁擅自开展建设用地置换，复垦土地周转等'搭车'行为，防止违规扩大城镇建设用地规模"，"未批准开展增减挂钩试点的地区，不得将农村土地整治节约的建设用地指标调剂给城镇使用"。通知还要求各地采取有力措施，坚决纠正片面追求增加城镇建设用地指标、擅自开展农村土地整治工作，增减挂钩试点和扩大试点范围、违背农民意愿强拆强建等侵害农民权益的行为。

2013年十八届三中全会，审议通过了《中共中央关于全面深化改革若干重大问题的决定》，强调"建立城乡统一的建设用地市场"，"赋予农民更多财产权利"，使环环相扣的征地制度改革、集体建设用地使用权流转、不动产统一登记等问题进入整体突破期。

2014年中央一号文件首次提出，赋予农民对承包地承包经营权抵押、担保权能。同时也提出在符合规划和用途管制前提下，允许农村集体经营性建设用地出让、租赁、入股，实行与国有土地同等入市、同权同价。

从以上国家层面法律政策的梳理可以看出，国家有三个底线绝不允许突破：一是严格加强农村宅基地的管理，宅基地的使用对象只能是且唯一是本村村民，不允许城镇居民购买宅基地和村民住宅及小产权房；二是严格限制农用地转建设用地，不能一味地片面追求增加城镇建设用地指标；三是农民集体土地进行非农建设，必须符合规划、纳入年度计划、符合用途管制制度。综上而言，集体建设用地使用权在符合上述限制性条件基础上，是可以进入土地一级市场进行使用权流转的。

（2）省市层面具体实施差异

随着国家层面法律政策的不断调整，农村集体建设用地开始进入土地市场，而近来的十几年间，省市地方也在国家政策指导支持下，逐步差异化进行各地区的农村集体建设用地使用权流转探索和实施。

2001年浙江温州开风气之先，规定农民集体建设用地使用权可以转让。凡集体建设用地上的建筑物、构筑物等依法转让时，其土地使用权可以相应转让。转让方式包括出售、赠予、交换、作价入股。在城镇规划区内，集体土地使用权转让时，先由县市政府将土地转为国有，再参照国有土地转让办法办理手续。规划区外的农民宅基地，转让范围由原来的同村调剂扩大到同县转让，受让方将原来的宅基地交还给村集体后，其新受让来的土地所有权集体性质保持不变，也无须交纳土地出让金。非宅基地的集体建设用地使用权转让，视其不同用途采取不同转让办法。

2002年11月，昆山、海门作为江苏省的试点城市，规定农村集体建设用地使用权流转，必须符合土地利用总体规划及城镇规划，严格限定在城市、集镇和村庄建设用地的规模范围内，根据当地市场供应状况，制订相应的集体建设用地使用权流转年度计划。

2003年6月，广东省政府下发了《关于试行农村集体建设用地使用权流转的通知》（粤府〔2003〕51号），规定符合一定条件的农村集体建设用地使用权，可以出让、转让、出租和抵押，并享有与城镇国有土地使用权同等的权益。且特别强调，收益应该向农民倾斜，农村集体建设用地使用权流转所得收益中，要有50%左右用于农民的社会保障安排，另外50%一部分用于发展集体经济，大部分仍应分配给农民。鼓励农民将这部分收益以股份方式，投入发展股份制集体经济。

2003年8月，河南省人民政府办公厅印发《河南省农民集体所有建设用地使用权流转管理若干意见》（豫政办〔2003〕77号），指出集体建设用地包括存量建设用地和依法办理农用地转用审批手续后新增的集体建设用地使用权，在遵循自愿、公开、公平、有偿、有限期、有流动和用途管制等原则的基础上，以转让、租赁、作价出资（入股）等方式发生转移。同时，《意见》中也指出城市规划区内的集体建设用地使用权流转可进入所在地有形土地市场公开交易。土地用途为商业、旅游、娱乐等经营性用地的，采取招标拍卖挂牌方式交易。以协议方式流转的，应当评估地价、集体决策、公开结果。而对于城市规划区以外的集体建设用地在进行使用权流转时，在同等条件下，应当优先确定给本集体经济组织内部成员；确定给本集体经济组织以外的单位或个人的，应当经过本集体经济组织村民会议2/3以上成员或者2/3以上村民代表同意。

2003年，北京市国土资源局制定的《北京市农民集体建设用地使用权流转试点办法》规定，农民集体建设用地使用权在土地所有者和使用者自愿的前提下，可以转让、租赁、作价出资（入股）。从当年9月开始，试点办法在北京市延庆县的大榆树镇、怀柔的庙城镇试行。

2005年下发的《广东省集体建设用地使用权流转管理办法》（粤府令第100号）规定，集体建设用地除不能用于房地产开发外，其和国有土地基本是"同地同价"，由评估机构按照相同办法评估。且转让方式由农民自己决定，直接和工业企业等谈判，允许集体建设用地直接入市，从而降低工业化成本。

2005年，东莞市根据《广东省集体建设用地使用权流转管理办法》及国家、省有关规定，结合本市实际，制定《东莞市集体建设用地使用权流转管理办法》（东府令80号），明确集体建设用地使用权转让、出租和抵押时，其地上建筑物及其他附着物随之转让、出租和抵押；集体建设用地上的建筑物及其他附着物转让、出租和抵押时，其占用范围内的集体土地使用权随之转让、出租和抵押。

2007年，湖北省开始试行《湖北省农民集体所有建设用地使用权流转管理试行办法》（第294号令），明确指出符合土地利用总体规划和城市规划的村庄、集镇、建制镇中权属合法、界址清楚的集体建设用地使用权可以进行流转，其中流转行为包括出让、出租、转让、转租、抵押、入股以及其他经双方协商一致的行为。

2007年，天津市滨海新区开始试点农村建设用地和城市建设用地面积1∶1挂钩，通过将农村建设用地复垦，置换出城市建设用地，并上市流通。

2007年，成都利用试点让农民放弃土地承包经营权和宅基地使用权，来换取社会保障和城市住房，即以土地换社保。

2010年，成都市颁布了《成都市集体建设用地使用权流转管理办法（试行）》，明确了成都市行政区域内，按照城镇建设用地增加与农村建设用地减少相挂钩的方式，通过实施土地整理取得集体建设用地指标后所进行的集体建设用地流转；在符合规划的前提下，集镇、建制镇中原依法取得的集体建设用地流转，以及远离城镇不实施土地整理的山区、深丘区农村村民将依法取得的宅基地通过房屋联建、出租等方式进行的集体建设用地流转可以参照该管理办法进行流转。

2011年，南京市颁布了《南京市集体建设用地使用权流转管理办法》（宁政发〔2011〕79号），明确办法中所谓的集体建设用地使用权流转包括建设用地实物对应的集体建设用地使用权流转和建设用地指标交易。其中，建设用地实物是指经依法登记，核发《集体土地使用证》的农民集体所有土地。包括乡镇企业、乡镇公共设施、公益事业等存量建设用地和经村庄合并、土地综合整治以及其他依法办理农用地转用手续后新增的集体建设用地；而建设用地指标，是指农村宅基地及其附属设施用地、乡镇企业用地等农村集体建设用地通过万顷良田工程、城乡建设用地增减挂钩、宅基地置换等形式复垦为耕地后，可用于建设的新增用地指标。

2011年，广州市颁布了《印发广州市集体建设用地使用权流转管

乡村贫困的地方性特征及土地利用对乡村发展的影响
土地利用与空间规划丛书

理试行办法的通知》（穗府办〔2011〕37号），明确规定依法批准的集体所有的经济发展用途的建设用地，可以以出让、出租、转让、转租和抵押等方式实现流转；流转后的土地仍保持集体所有权和建设用地用途不变，仅土地使用权人发生转移；出让起始价不得低于同类别、同地段国有建设用地基准地价的30%，以保障土地纯收益不流失；土地出让金归农村集体所有，其中50%专项用于农民社保，充分保障农民合法权益。

2013年，临沂市出台《临沂市集体建设用地使用权流转管理办法》，明确了集体建设用地使用权出让、出租、转让、转租的条件、程序、年限及征收补偿等内容，规定了集体建设用地使用权抵押的程序及处置。集体建设用地使用权出让、出租所得价款归集体经济组织成员集体所有，按照优先用于发展壮大集体经济的原则，纳入集体财产统一管理；转让、转租的收益，归集体建设用地使用权人。集体建设用地使用权流转应依法缴纳税费。

由各地相关做法可以看出，实践层面上集体建设用地的流转有两种形式：一种是以成都、重庆等为主的集体建设用地指标交易；一种是以广东佛山、东莞等为主的集体建设用地使用权流转。本书的主要研究对象即为后者。随着社会主义市场经济体制的建立和经济社会的发展，需要切实加强对农民集体所有建设用地使用权流转管理，盘活农村集体建设用地，提高土地资源的利用效率，而基于如此背景，全国范围内不同省市都已针对自身集体建设用地使用权流转情况制定了相应管理办法或试行办法，为规范农村集体建设用地使用权流转、推动城乡一体化建设创造环境。同时，也有一些城市开始推出试点案例，以实践探索具体实施方法及可操作性。

2.研究意义

土地作为一种生产要素，能够给其所有者和使用者带来收益。尽管集体建设用地一直未被纳入土地市场规范管理范畴，但是随着市场经济快速发展，建设用地需求量大，城市郊区、城乡接合部以及地理区位较好的城镇和农村地区的集体建设用地自发流转越来越活跃，流转规模大，形成了处于监管范围之外的隐性市场。而为了规范农村建设用地市场，深化农村土地制度改革，在对国家及省市地方相关政策法规梳理过程中，发现在国家土地管理部门的组织下，全国部分地区开始试点农村集体建设用地使用权流转，地方政府相继出台了农村集体建设用地使用权流转办法。在这样的背景下，开展此次"广州市农村集体建设用地使用权流转调研"的研究工作确有必要，能够加强对广州市目前集体建设用地使用情况、规模、分布等基本信息的了解，同时，对于涉及的村集体关于流转认识、态度也能有较全面、客观的认识，积极宣传集体建设用地使用权流转，为接下来具体实施做铺垫，探索构建城乡一体化土地市场的实践基础。

（1）提高农民关于流转认识度

虽然近年来国家及省市地方政府相继出台政策、法规等积极推动农村集体建设用地使用权流转，但是针对流转的具体实施流程及细则并没有完善，而对于集体土地的所有者农民来讲，对于相关法律政策的了解程度差异是可能影响到未来流转合法实施的重要因素。此次进行调研，能够引起相关部门对于推行集体建设用地使用权流转的重视；实际入村调研，能够近距离接触村集体领导者以及农民，对于相关政策宣传能够起到一定作用，同时，也能提高农民关于流转的认识水平，为接下来推进集体建设用地使用权流转奠定基础。

（2）探索农村集体建设用地使用权流转管理实施

随着工业化、城市化和农村城镇化建设的发展，建设用地需求量持续攀升，土地供需矛盾日益显现，以出租、出让等形式隐性流转集体建设用地使用权的行为屡有发生，且在数量和规模上有不断扩大的趋势。而据广东省国土资源厅调查，珠江三角洲地区通过隐性流转方式使用农村集体建设用地的超过50%，在其他地区的比例也超过20%，市场经济条件下集体建设用地使用权流转已经成为内在需求，但是就目前发展情况来讲，如何规范隐性流转市场已经成为亟待解决的问题。深入广州市农村，对于实际发生的农村集体建设用地使用权隐性流转情况进行调查，了解现状特征及存在问题，为规范管理农村集体建设用地使用权流转提供实践基础。

（3）推进城乡一体化市场构建

集体建设用地使用权流转能够缓解城镇化过程中的土地需求矛盾。在经济起步早、发展快的东部沿海地区和珠三角地区，多年来蓬勃兴起的制造业、商贸业与持续加快的城镇化导致了建设用地需求急剧增长。2008年珠三角经济区土地面积41 745平方公里，人均1.39亩，分别为全省和世界水平的48%和3.6%，而人均未利用土地面积仅为0.105亩，可开发土地与用地需求矛盾十分尖锐，土地已经超越资本，成为制约我国经济发展的主要因素。城乡建设用地结构不平衡，客观上要求农村集体建设用地通过有效流转提高配置效率。目前，各省市地方政府也通过设立试点开展集体建设用地流转初尝试，为构建城乡一体化的土地市场进行实践探索。"广州市农村集体建设用地使用权流转调研"项目开展，能够有效梳理现状，发现目前存在的问题，积极推进城乡一体化市场的构建。

3.研究对象

（1）农村集体建设用地类型

根据2004年版的《中华人民共和国土地管理法》第四条："规定土地用途，将土地分为农用地、建设用地和未利用地。"其中，"建设用地是指建造建筑物、构筑物的土地，包括城乡住宅和公共设施用地、工矿用地、交通水利设施用地、旅游用地、军事设施用地等"。农村集体建设用地是指位于广大农村，属于农民集体所有的，已用于非农业目的的土地。根据2004年修订的《中华人民共和国土地管理法》第五十九条规定，"乡镇企业、乡（镇）村公共设施、公益事业、农村村民住宅等乡（镇）村建设，应当按照村庄和集镇规划，合理布局，综合开发，配套建设；建设用地，应当符合乡（镇）土地利用总体规划和土地利用年度计划"，由此可见，农村集体建设用地包括乡镇企业用地、乡（镇）村公共设施与公益事业用地、农村村民宅基地。

其中，乡镇企业用地是指乡镇企业建设所使用属于乡镇农民集体所有的土地、村办企业建设所使用的属于本村农民集体所有的土地、村民组办企业所使用的本村民组所有的土地、个人办企业所使用的其所在农民集体组织的土地，以及农民集体经济组织使用本集体所有土地与其他单位和个人以土地入股、联营等方式共同兴办的企业占地；宅基地是指包括居住用房等主建筑物和厨房、仓库、厕所等一些附属建筑、构筑物，以及房子周围农民自己使用的土地；乡（镇）村公共设施和公益事业建设用地是指包括农村道路、农田水利设施、学校、通信、医疗卫生、敬老院、村委会办公室等一些为公共服务的建筑设施用地。

（2）农村集体建设用地使用权

农村集体建设用地使用权是指法定主体依法取得的农民集体所有的土地进行非农目的的占有、使用、收益和部分处分的权利。依我国现行《土地管理法》的规定，目前我国农村集体建设用地使用权主要分为农民宅基地使用权、乡镇企业建设用地使用权和乡（镇）村公共设施、公益事业用地使用权三种类型。由于集体建设用地流转中乡镇企业用地流转规模大，对社会经济发展影响更为突出，而且这种影响也已经得到了较明显的体现，同时流转中存在的问题也较为突出，因此，本次调研的关注点——集体建设用地使用权，主要是指乡镇企业用地使用权，不包括农村宅基地、乡（镇）村的公共设施及公益事业用地使用权。

（3）农村集体建设用地使用权流转

就土地流转内容而言，集体土地流转大体上可以分为三种情况：所有权流转、使用权流转和土地用途流转。其中，农村土地所有权流转是指由于国家征收农村集体土地，土地所有权由农民集体所有转变为国家所有的一种方式；集体土地使用权流转是农民或个体农户将其使用的集体土地通过出租、出让、转租、转让、作价入股等方式让与他人使用的行为；集体土地用途流转是指农村集体农用地向集体非农用地转变，改变了土地利用方式。通常而言，农村集体建设用地的流转，是指集体建设用地所有权和使用权的流转。

就不同的流转主体而言，集体建设用地使用权流转可以分为初次流转和再次流转，前者是指集体经济组织根据"土地的所有权和使用权可以相分离"的原则，将集体建设用地的使用权通过出租、出让、转租、转让等形式，与所有权相分离，有偿或者无偿地转移或让渡给其他单位和个人的行为，其流转主体是集体建设用地所有者与使用者之间的流转。所谓集体建设用地再次流转，是指已经从集体经济组织那里得到集体建设用地使用权的单位和个人，在法定使用期限或合同约定的使用期限届满之前，再以一定的形式，将该建设用地的使用权再转移给其他单位和个人的行为，它是不同的集体建设用地的使用者之间的流转。

就农村集体建设用地流转的合法性来讲，存在非合法的隐性流转以及公开的合法流转。隐性流转是指农村集体经济组织将其在合法市场之外的、法律规定不具有可转让性的集体建设用地的使用权依据土地所有权和使用权相分离的原则将农村集体建设用地使用权，或者是乡镇企业及农民个人将自己依法获取的农村集体建设用地的使用权，通过出租、入股等方式有偿出让或转让给单位和个人使用的行为；农村集体建设用地公开合法流转是指农村集体经济组织或是乡镇企业及农民个人将自己依法获取的农村集体建设用地的使用权，按相关法律法规规定，依据土地所有权和使用权相分离的原则，以公开运作的方式，将集体建设用地使用权有偿出租、出让或转让给单位或个人使用的行为。

广州市自《印发广州市集体建设用地使用权流转管理试行办法的通知》（后文统称为"37号文"）颁布出台至今，尚未有一宗合法流转案例，因此，此次调研项目主要研究对象为已经实际发生流转事实的集体建设用地（包括初次和再次流转）。通过调查广州市农村集体建设用地使用权流转现状，发现目前存在的问题并提出合理有效建议，为下一步流转指导细则的出台以及将农村集体建设用地使用权流转真正纳入城乡一体土地市场进行规范管理奠定基础。

二、广州市农村集体建设用地使用权流转特征分析

1.区域差异特征

（1）空间集中度

空间集中度表现的是已经取得集体建设用地批准书的红线数据在地理空间范围内的集中、分散程度。通过对其分析能够获取数据空间分布特征，可以为未来连片发展规模经济提供参考。研究中通过对问卷数据整理获得村域范围内集体建设用地空间集散情况；而区域范围内则利用核密度分析（KDE）获取分布密度趋势面，比较各区域内密度核来评价集聚性；最后市域范围内空间集中度评价则通过引用洛仑兹曲线、基尼系数来表现。

其中，核密度分析主要是利用核函数对空间内分布的研究对象生成连续密度表面，从而找出空间内集中区域，直观表现空间集中度；而洛伦兹曲线最初是由奥地利统计学家洛伦兹提出，用来研究国民收入在国民之间的分配问题，后来Krugman套用来研究地理空间集中度，取得了一定的研究成果，在后续集中度研究中常被运用。一般来

乡村贫困的地方性特征及土地利用对乡村发展的影响
土地利用与空间规划丛书

讲，洛仑兹曲线由三条线组成：一条对角线，表示绝对均等的状态；一条直角的折线，表示绝对不均等的状态；剩下的另外一条曲线，表示研究对象的累计百分比。如果洛伦兹曲线和对角线之间的区域面积为S，绝对不均等折线和绝对均等对角线围成的三角形区域的面积为P，那么，由洛伦兹曲线便可以推导出基尼系数G=S/P。当空间分布完全均衡时，基尼系数G值为0；当空间分布完全不均衡时，基尼系数G值为1。通常，G值在0与1之间，G值越大，说明空间分布越集中，空间分布差异也就越大。

根据上述研究思路及方法，首先对调研问卷中"村内部集体建设用地分布特征"结果进行统计，涉及的45个村集体中30%的村内部集体建设用地分布较集中，其余都相对分散，了解过程中发现村集体对于分散的集体建设用地情况有较大不满，认为过于分散的集体建设用地不能满足规模经济，对于大型企业吸引力较小。在此基础上对广州市域范围内的集体建设用地进行空间分布特征研究，其中，各区集体建设用地数据，具体涉及地块数量、面积以及实际调研的数据如表9-1所示。从表中可以发现，广州市已经取得批准书的集体建设用地数量、面积分布不均匀，也即未来可流转的农村集体建设用地分布存在区域差异性，其中，天河区、白云区、番禺区以及花都区数据量相对较大。此时通过对广州市集体建设用地空间数据进行核密度分析，发现研究区内集体建设用地空间分布差异明显（图9-1）。虽然各个区内都存在集聚核心，但集聚程度有差异，例如，白云区、天河区、番禺区内部集聚核心等级高，存在第四等级的密度核，说明这三个区内集体建设用地集聚程度稍高，而其中的番禺区有不止一个集聚核，主要分布在番禺区西北部；余下的花都区、海珠区、黄埔区以及荔湾区相比较来讲集聚核心并不突出，说明这四个区内集体建设用地分布相对分散。最后利用Excel对上述各区涉及的集体建设用地地块统计数据进行分析，拟合出洛伦兹曲线的趋势线（图9-2），并通过积分

第九章
土地利用对乡村发展的影响

的方式求得面积，最终计算出基尼系数大约为0.96。这就说明，隐性流转的农村集体建设用地在市域层面上分布相对集中。

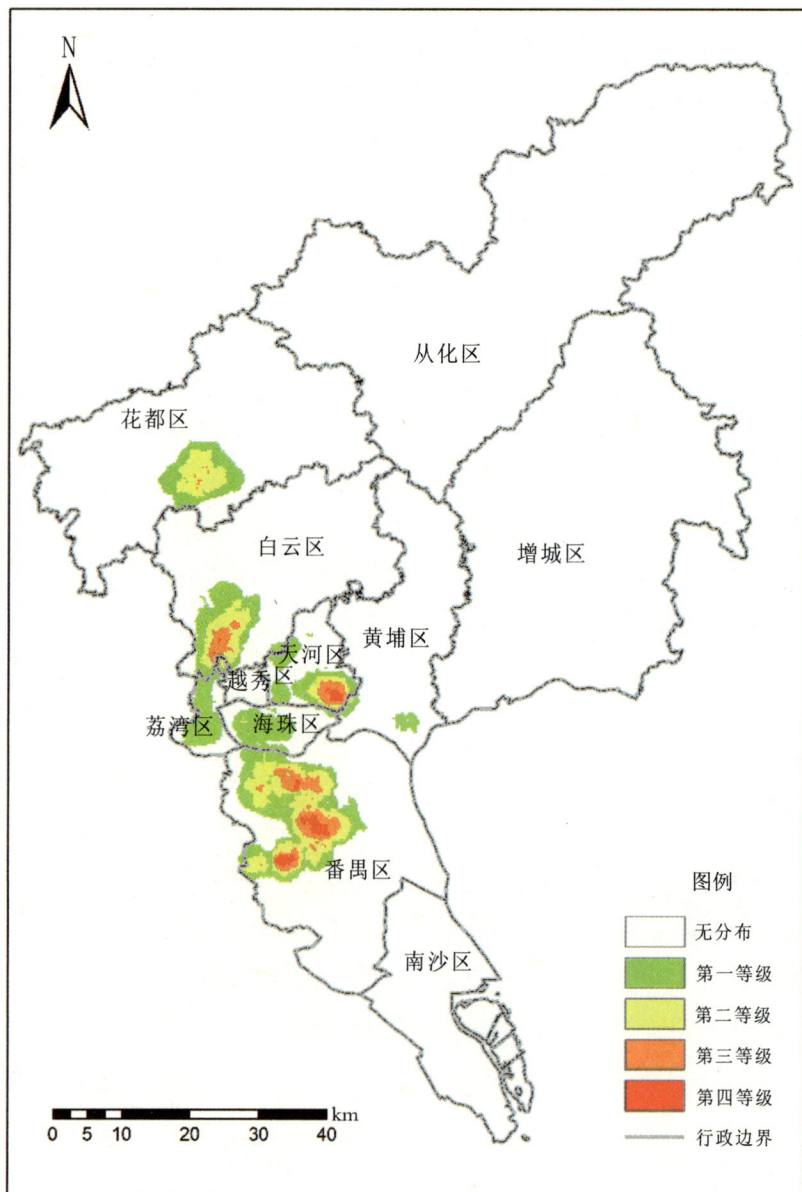

图9-1　研究区内集体建设用地核密度分析特征

乡村贫困的地方性特征及土地利用对乡村发展的影响
土地利用与空间规划丛书

表9-1　广州市各区调研数据统计[①]

行政区名称	隐性流转宗地数量（宗）	隐性流转宗地面积（m²）	调研村数量	调研村隐性流转宗地数量（宗）	调研村隐性流转宗地面积（m²）
海珠区	117	1 213 366	4	42	498 829
天河区	277	4 187 917	5	135	1 867 638
荔湾区	114	1 363 391	4	31	419 802
白云区	411	4 932 976	11	86	721 725
番禺区	902	8 844 964	8	116	1 724 174
黄埔区	67	823 502	3	15	215 535
花都区	370	13 820 857	5	50	942 681
增城区	—	—	5	–	—

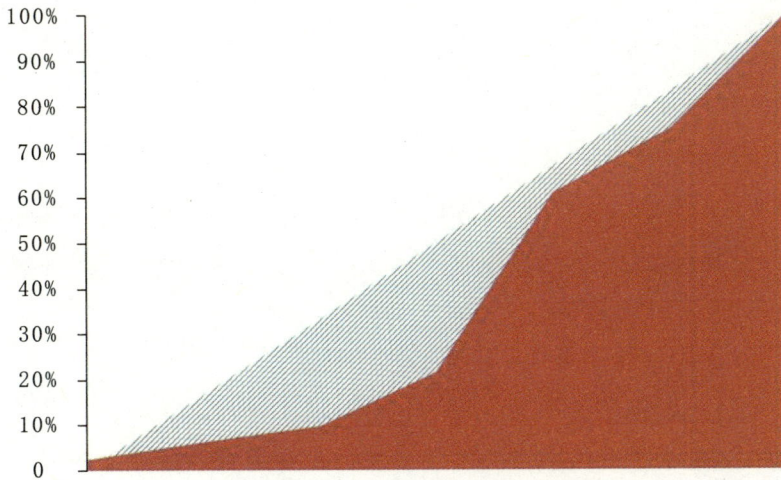

图9-2　研究区的洛伦兹曲线趋势图

① 增城区数据未能落图，调研村涉及的总地块数量未能统计。

第九章
土地利用对乡村发展的影响

综合来讲，村域层面上，广州市集体建设用地空间分布相对分散的村集体有70%左右；在区域层面上，白云、天河和番禺这三个区内集体建设用地集聚程度稍高，花都、海珠、黄埔以及荔湾这四个区内集体建设用地相对分布较分散；而在整个广州市层面，集体建设用地分布相对集中，基尼系数约为0.96。

由此可推断以下几个可能性结论：

于村域层面而言：一是村内集体建设用地空间分布相对分散，成为村集体建设用地利用低效的一个重要影响因素；二是村集体整合经营的意愿强烈，说明旧村改造存在一定可能性，但应改变传统旧村改造以房地产开发为主的模式，将产业引入旧村改造，带动村庄集体经营性建设用地的空间整合与功能优化，促进村庄经济发展。

于广州市层面而言：存在大集聚、小分散的实际情况，大集聚是指整个市层面上的集体建设用地分布相对集中，多数集中分布于城乡接合部的几个行政区，中心区特别是老城区相对较少，城乡接合部应是未来集体建设用地使用权流转意愿相对较强且相对集中的区域，意向试点村出现在天河珠村、白云马务村也印证了这一观点；小分散即指村域层面上的集体建设用地相对分散，这种内部空间分布及规模结构的不合理分配，导致目前集体建设用地整体利用率不高，因此，在流转实施政策设计及具体推进过程中，是否应考虑流转地块体量规模的进入门槛，值得再思考。

（2）集体建设用地年际重心移动轨迹

通过对集体建设用地数据的分析发现，1991年以来，各个区每年都有审批集体建设用地，而不同区域时间阶段内集体建设用地扩展方向存在差异。而对于整个广州市来讲，不同时间内批准的集体建设用地整体重心如何移动，对于未来规划发展具有一定参考价值，实际研究中利用重心指标法刻画出了年际重心移动轨迹。重心指标法主要是通过区域重心、重心移动距离以及重心移动方向三个指标来具体刻画移动轨迹，其中三个指标的计算公式及各变量含义介绍如下：

①区域重心。假设某一个区域由n个小区单元构成，其中，第*i*个小区单元的中心坐标为（X_i，Y_i），M_i为该小区单元某种属性意义下的"重量"，则该属性意义下的区域重心坐标为：

$$\overline{X}=\frac{\sum M_i X_i}{\sum M_i} \quad \overline{Y}=\frac{\sum M_i X_i}{\sum M_i} \qquad （9.1）$$

这里，选取地块面积作为计算重心坐标时的属性权重。

②重心移动距离。重心移动距离指某年份重心与随后相邻年份重心之间的直线距离，主要反映了空间结构均衡的变化幅度。

$$D=\sqrt{\left(X_{t+1}-X_t\right)^2+\left(Y_{t+1}-Y_t\right)^2} \qquad （9.2）$$

③重心移动方向。重心移动方向用来表示空间结构演变过程的空间主体分布，即两点连线与X轴正方向的夹角θ。

$$\theta=\arctan\frac{Y_{t+1}-Y_t}{X_{t+1}-X_t} \qquad （9.3）$$

根据1991—2013年广州市农村集体建设用地的空间数据，使用ArcGIS中的Mean Center工具计算出区域重心坐标，然后根据重心移动距离、重心移动方向计算公式得到研究区内各年份数据重心轨迹移动指标，如表9-2所示；依据时间变化连接各重心坐标形成时间轴上的重心移动轨迹路径，如图9-3所示。

表9-2 1991—2013年广州市农村集体建设用地重心指标

年份	X坐标	Y坐标	重心移动距离（米）	重心移动方向(角度)
1991	433 528.295 3	2 541 644.840 3	—	—
1992	426 643.613 3	2 562 690.087 3	22 142.747 6	-71.92
1993	427 621.299 8	2 563 667.312 9	1 382.331 5	45.01

年份	X坐标	Y坐标	重心移动距离（米）	重心移动方向(角度)
1994	425 653.226 4	2 566 557.595 1	3 496.719 0	−55.78
1995	429 281.596 5	2 557 220.488 2	10 017.316 7	−68.80
1996	427 350.744 3	2 563 731.535 8	6 791.312 9	−73.52
1997	422 538.784 5	2 575 419.425 5	12 639.688 4	−67.66
1998	430 868.430 2	2 553 079.513 4	23 842.287 4	−69.59
1999	430 021.839 8	2 558 223.528 7	5 213.214 8	−80.70
2000	431 918.925 4	2 558 460.340 8	1 911.809 0	7.12
2001	429 255.284 9	2 557 435.265 9	2 854.077 7	21.06
2002	431 756.528 1	2 555 908.428 1	2 930.435 4	−31.42
2003	433 374.128 8	2 546 154.081 8	9 887.563 1	−80.62
2004	431 593.982 3	2 549 519.672 2	3 807.377 1	−62.16
2005	431 699.287 2	2 561 608.436 6	12 089.223 1	89.55
2006	435 206.597 9	2 556 023.021 7	6 595.308 0	−57.90
2007	430 307.303 9	2 558 303.095 4	5 403.870 6	−24.97
2008	428 061.265 1	2 559 905.432 5	2 759.016 9	−35.52
2009	432 404.733 7	2 557 128.803 6	5 155.132 2	−32.61
2010	432 140.235 5	2 549 035.150 8	8 097.973 5	88.17
2011	433 913.212 5	2 540 352.637 2	8 861.686 6	−78.50
2012	431 130.909 1	2 546 402.949 4	6 659.391 1	−65.34
2013	431 887.288 2	2 546 085.242 6	820.394 5	−22.80

图9-3　1991—2013年广州市农村集体建设用地的重心移动轨迹

从以上图表，我们可以看出：

第一，从市域范围来看，近20年来隐性流转的农村集体建设用地重心轨迹趋于一条斜线，贯穿广州市白云、越秀、天河、海珠、番禺等几个主要中心城区，重心轨迹南北纵向发展情况明显。

第二，从时间维度来看，隐性流转的农村集体建设用地重心轨迹波动较大。1995年、1997年以及2005年三个年份重心移动距离突出，实现了越秀区—白云区—天河区的重心跨越；而其中在1997年之前的重心多集中在越秀区以北，较多是沿越秀区与天河区交界散落；2000年之后的重心多集中在越秀区以南，其中散落在番禺区的居多，这也与广州市"东进、南拓"战略导向相一致。

由重心坐标的计算公式可知，具体重心差异主要受到地块实际位置和属性"重量"影响。结合农村集体建设用地地块分布图不难发现：花都、白云以及番禺区涉及的地块数量较大；而在时间属性方面，最近10年，广州市政府非常重视番禺区等地的开发，如修建大学城，新规划的集体建设用地面积也逐步增加，所以表现出重心向番禺区扩散的现象。

（3）基于时间轴的各区集体建设用地发展方向演变

通过对广州市各区不同时间段内拿到批准书的集体建设用地统计分析发现，随着时间推移，各区涉及集体建设用地数量、规模等差异较大；空间分布在时间轴上并不均衡，区域内部有所倾斜，也即各区集体建设用地发展具有各向异性。与实际生活中很多地理现象类似，集体建设用地的空间分布在各个方向上的离散度是存在差异的，而利用方向分布（标准差椭圆）工具能较好地表达空间中存在的各向异性。

标准差椭圆是由旋转角θ、长轴方向的标准差和短轴方向的标准差三个元素确定。从理论上讲，如果时间的分布是各向异性的，那么就必然有一个最大离散度的方向，将其定义为长轴，而与其垂直的通常是最小离散度的方向，定义为短轴，可将它们看作是将笛卡儿坐标系统中的X/Y轴按照空间点模式分析中事件的地理方向旋转一定的角度θ而得到，θ被定义为正北方向顺时针旋转与长轴重合时转过的角度。而本研究利用的ArcGIS中的方向分布（标准差椭圆）工具会为所有要素（如果为案例分组字段指定了值，则是为所有案例）创建一个新的以平均中心为中心的椭圆面要素类。这些输出椭圆面的属性值包括两个标准距离（长轴和短轴）、椭圆的方向和案例分组字段（如果已指定）。方向表示从顶点开始按顺时针进行测量的长轴的旋转。可以根据需要自行决定标准差数（1、2 或 3），当要素具有空间正态分布时（即这些要素在中心处最为密集，而在接近外围时会逐渐变得稀疏），一个标准差（默认值）范围可将约占总数 68% 的输入要素的质心包含在内。两个标准差范围会将约占总数 95% 的要素包含在内，而三个标准差范围则会覆盖约占总数 99% 的要素的质心。通过对不同时间段内相同区域生成的标准差椭圆进行对比分析，能够有效获取事物在时间轴上的演变方向。

根据上述重心轨迹移动分析，发现重心移动方向变化较大的时间节点为1993年、2000年、2005年以及2010年。而目前研究数据的时间范围是1991—2013年，综合考虑数据分布量及重心移动方向变化较大时间节点，再利用ArcGIS中的方向分布（标准差椭圆）工具，具体选择"1995""2000""2005"为时间节点，对广州市各区集体建设用地发展方向进行研究，结果如图9-4所示。

在划分的时间段内，1991年及以前、1995—2000年以及2000—2005年这三个时间段各区集体建设用地规模较大，但各区增量差异大。其中，花都区和番禺区相对其他区增量较大。就上述三个时间段内各区域集体建设用地发展方向性差异来讲，并不明显，也即各区生成的椭圆长轴方向角度变化不大，但椭圆的扁率有稍微变化，使得各区发展方向异性更突出。以荔湾区为例，发展方向东北—西南方向随着椭圆扁率变大越来越明显；而2005年之后的时间段内各区集体建设用地增量明显减小，特别是荔湾区、海珠区、黄埔区，只有少数几宗，甚至像海珠区一宗都没有增加，就发展方向来讲，花都区和白云区较之前三个时间段也有较大改变，两区的发展方向向东南方向偏转，其中白云区偏转角度较大，最近时间段内发展方向东西方更为明显。

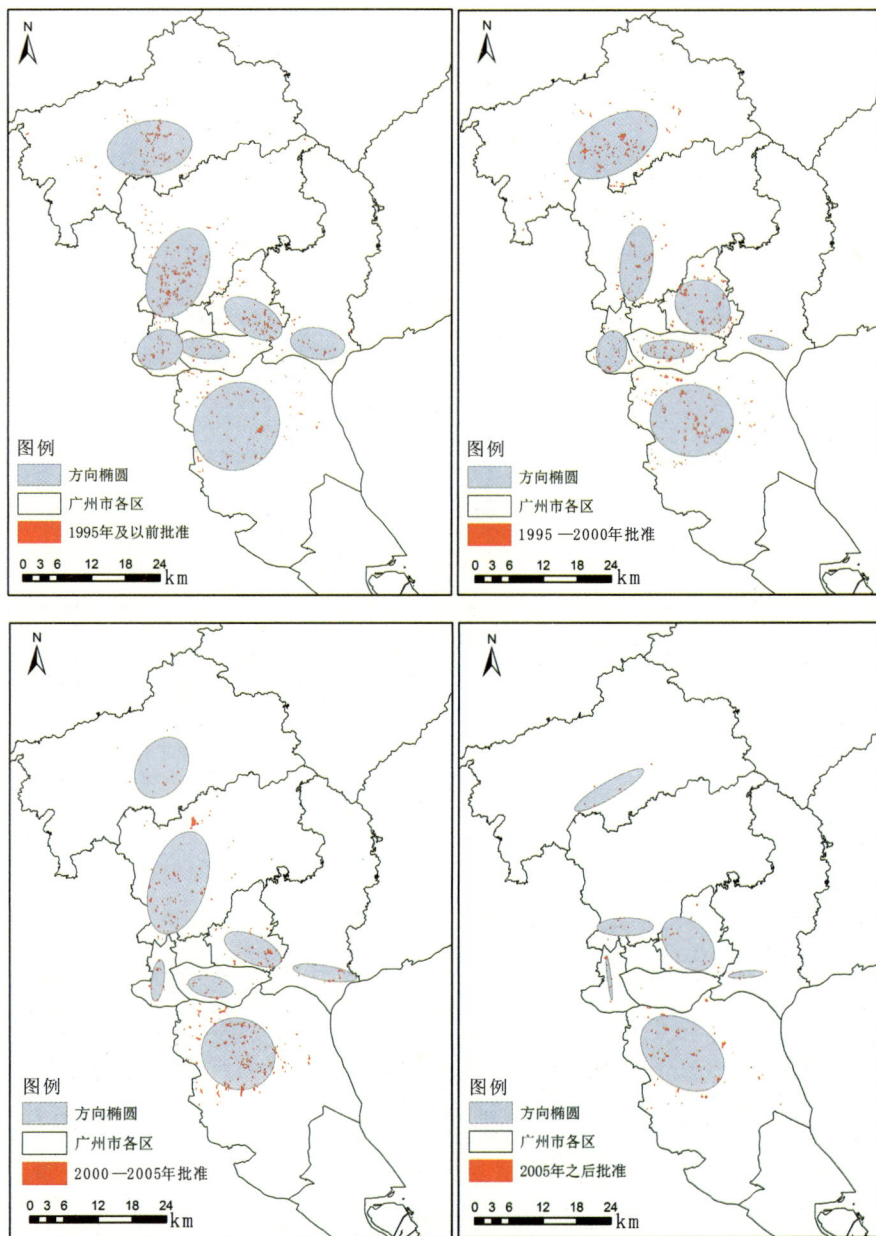

图9-4　集体建设用地发展方向时间演变

（4）用地规模预测

依据批准书年份对广州市隐性流转农村集体建设用地的用地面积、地块宗数等的规模进行分类统计，得到结果如表9-3、图9-5所示。

表9-3　1991—2013年广州市隐性流转农村集体建设用地规模统计表

年份	宗地数量（个）	宗地面积（平方米）
1991	12	37 395.14
1992	9	93 624.27
1993	231	1 881 928.60
1994	288	2 246 378.08
1995	323	2 455 107.44
1996	151	1 672 492.39
1997	120	1 680 411.82
1998	241	2 318 829.79
1999	95	1 549 037.10
2000	105	1 747 873.13
2001	135	1 867 117.79
2002	106	1 151 386.80
2003	243	2 671 966.95
2004	43	1 251 858.00
2005	15	191 552.00
2006	5	72 015.00
2007	9	140 394.00
2008	13	305 599.00
2009	12	234 065.00
2010	6	350 392.00
2011	15	337 651.00
2012	18	538 249.00
2013	44	927 322.52

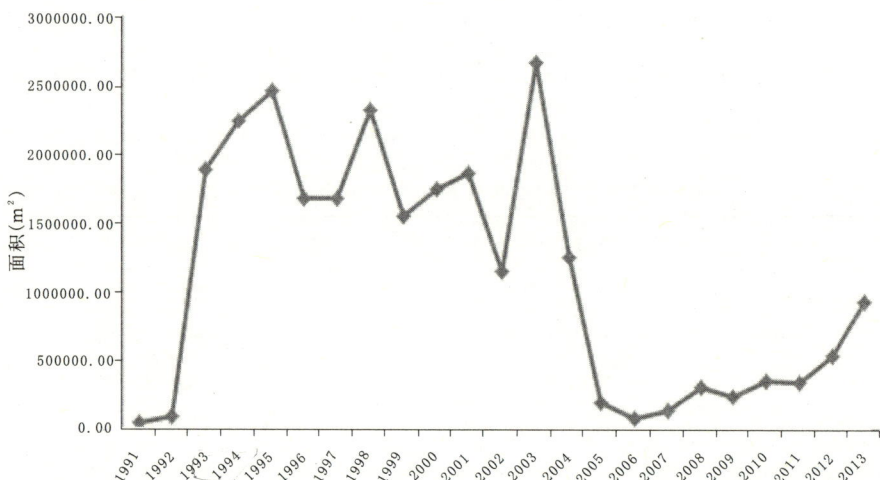

图9-5　1991—2013年广州市隐性流转农村集体建设用地面积变化趋势图

从图9-5可以看出，在1991—2013年这二十多年时间内，广州隐性流转农村集体建设用地面积在1992、1993这两年间增幅较大，增长在1995年达到一个阶段性高峰点，之后的十年内在1 000 000平方米范围内频繁波动，继而在2003年再次达到高峰，之后便下形成"面积低谷"，直到2007年开始新一轮小幅增长。

对比隐性流转地块数量（图9-6），整体区域与面积变化趋于一致，主要增长时段集中于1993—2004年这十几年时间，这一阶段正值改革开放初、中期，是广州乡镇企业发展及城乡规模扩展的关键时期，此时集体建设用地的利用也呈现出较大活跃性，隐性流转市场逐步形成并快速扩展。但是就流转规模和流转地块两图的"峰值""低谷"对应时间点会存在稍许差异。其中较为明显的是2003年，隐性流转面积达到最高峰，但数量并不是最高峰，说明该时间段内单宗流转地块平均面积较之前有所增加。通过计算每年单宗地块平均面积，得到变化趋势图9-7，可见单宗地块平均面积随着时间推进，呈现波浪

乡村贫困的地方性特征及土地利用对乡村发展的影响
土地利用与空间规划丛书

式增长，意味着集体建设用地使用权隐性流转市场存在一定自身调节性，早期未能充分重视单宗流转体量，但越是发展到后期，单宗流转的体量面积总体上呈现一定增长趋势，表明参与主体越发重视集体建设用地利用效率及规模效应。

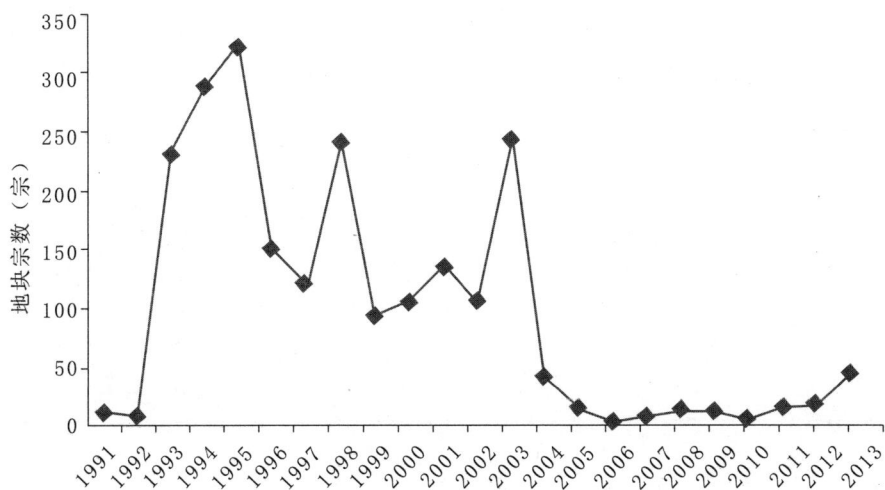

图9-6　1991—2013年广州市隐性流转农村集体建设用地地块宗数变化趋势图

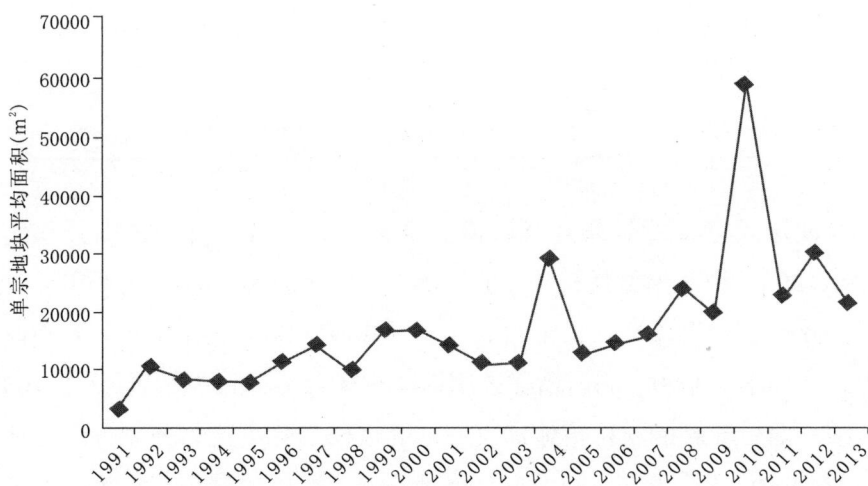

图9-7　1991—2013年广州市隐性流转农村集体建设用地单宗地块平均面积变化趋势图

第九章
土地利用对乡村发展的影响

基于上述20年来隐性流转的农村集体建设用地面积、数量变化特征，未来其规模将如何变化发展，也是值得研究的。关于未来5年隐性流转用地规模的模拟预测将通过构建灰色预测模型完成。所谓灰色系统，是相对白色系统和黑色系统而言的。白色系统是指系统内部特征是完全已知的；黑色系统是指系统内部信息是完全未知的；而灰色系统是介于白色系统和黑色系统之间的一种系统，灰色系统内部一部分信息已知，另一部分信息未知或不确定。本研究将采用目前使用最广泛的灰色预测模型GM(1，1)模型，并利用Matlab实现编译。实际计算过程中得出该预测模型两个参数a和u分别为0.0700和2 070 152。同时，计算出未来5年内的序列值，得到如表9-4所示的预测结果：

表9-4　2014—2018年广州市可流转农村集体建设用地规模预测结果

年份	用地面积的预测值（平方米）
2014	466 891.70
2015	435 318.88
2016	405 881.13
2017	378 434.06
2018	352 843.05

使用关联度的计算公式对模型预测结果进行验证，求出关联度R=0.6390，说明模型具有较高的预测精度，预测结果能够用于实际应用。此外，根据《广州市土地利用总体规划（2006—2020年）》的说明，2010年、2020年的新增建设用地总规模分别为12 326公顷、27 700公顷，而可流转的农村集体建设用地的规模实际占比和预测占比分别为0.04%~0.43%、0.12%~0.16%，预测范围与实际范围相差不大，再次验证了预测结果的可行性。

从预测结果来看，未来5年内广州市可流转农村集体建设用地面积的增加趋于缓和。这与土地资源的有限、新增量控制、征地范围的缩小、农村转制改革等原因有关。因此，在未来新增量有限且趋缓的前提下，集体建设用地使用权流转的潜力主要集中于存量用地方面。在政策设计时，应充分考虑如何将集体建设用地流转与存量用地再开发相结合（即广州"三旧"改造），也应充分考虑如何将隐性流转市场逐步纳入规范管理范畴。

经过上述空间集中度、年际重心移动轨迹、发展方向以及用地规模预测等分析，广州市隐性流转的农村集体建设用地的时空特征在以下几个方面较为突出：

第一，广州市隐性流转的农村集体建设用地空间分布具有较高的集中度，其中，白云区、天河区、番禺区内部的集聚核心等级相对广州市其他区更高，存在正相关关系。随着城镇化进程的推进，城乡接合部将是未来集体建设用地使用权流转相对集中的区域。

第二，近20年来隐性流转的农村集体建设用地重心轨迹趋于一条斜线，贯穿广州市白云、越秀、天河、海珠、番禺等几个主要中心城区，重心轨迹呈南北纵向发展，尤其是向番禺区方向移动明显，与广州发展战略轨迹一致；而对于不同时间段内农村集体建设用地发展方向各区"方向椭圆"长轴方向角度变化不大，但椭圆的扁率有稍微变化，各区发展方向异性突出。

第三，未来5年内广州市可流转农村集体建设用地的规模增加趋于放缓，集体建设用地使用权流转实施、规范及引导重点应放在存量用地方面。

2.时空差异特征

经过调研对象筛选，最终确定广州市各个区的44个村，具体涉及各区调研村以及调研村内涉及的宗地数据等如表9-5所示。

表9-5　调研对象统计①

行政区	实地调研村	调研村数量（个）	调研宗地数量（宗）	总面积（m²）
海珠区	凤和村、联星村、土华村、三滘村	4	42	498 829
天河区	龙洞村、银河村、岑村、黄村、棠下村、前进村	6	135	1 867 638
荔湾区	西塱村、坑口村、海中村、增滘村	4	31	419 802
白云区	棠溪村、新楼村、红星村、马务村、螺溪村、南岗村、永泰村、白山村、黄边村	9	86	721 725
黄埔区	夏园村、姬棠村、文冲村	3	15	215 535
番禺区	沙溪村、谢村、官坑村、三善村、陈涌村、甘棠村、新桥村、市头村	8	116	1 724 174
花都区	东镜村、三东村、联合村、联安村、官溪村	5	50	942 681
增城区	百江村、塘美村、三联村、高滩村、乌石村	5	——	——

　　通过对广州市各区实际调研村数量、调研宗地数量以及调研面积百分比的计算，得到图9-8的百分比差异图。虽然天河区调研村数量居中，但是涉及的宗地数量和面积百分比占较大比重，侧面说明了天河区内潜在流转数量及面积相对较大，单宗调研地块面积百分比约占14.5%，在7个区内居中等水平（见图9-9）；而白云区调研村数量最多，但是涉及的宗地数量及面积相对居于几个区域的中间水平，其中调研面积仅占11.3%左右，单宗调研地块面积百分比不到8.8%，说明白云区涉及的宗地较为零散，相对其他区域来讲，单块面积较小，未来流转可能需做连片考虑；花都区调研村数量及面积处于几个区的中等水平，但就单宗调研地块面积百分比来讲是几个区内百分比最高的，这个区域内潜在流转的地块平均面积约为

---

① 增城区数据未能落表，调研村涉及的总地块数量未能统计。

18 000平方米，相对发展来讲适合单块开发。

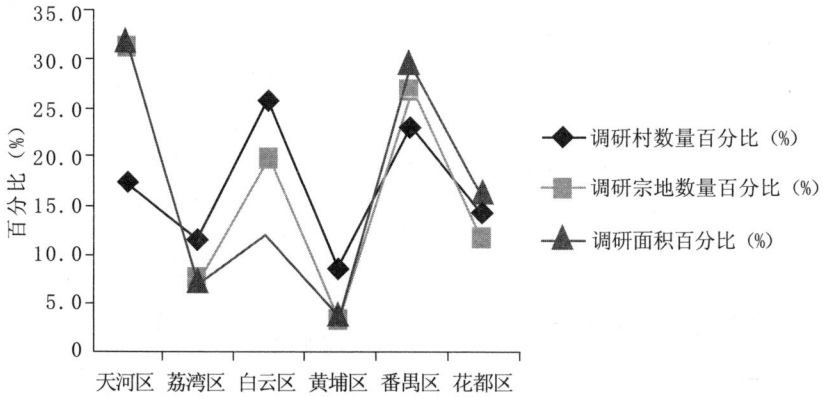

图9-8 各区调研村、调研宗地及面积百分比差异图

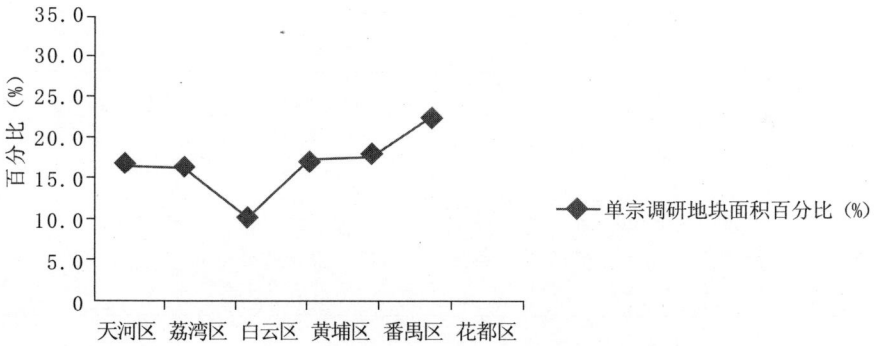

图9-9 各区单宗调研地块面积百分比差异图

对于实地调研的44个村，在持续一个多月调研行程结束后对问卷中各类问题进行信息梳理，其中，针对流转了解度、态度以及收益分配等主要问题进行百分比统计，具体情况如表9-6所示。

第九章
土地利用对乡村发展的影响

表9-6 调研问卷结果梳理

问题编号	问题设置	结果统计
1	是否了解过37号文	35%不了解； 10%了解； 55%略有所知
2	了解政府相关政策与信息最有效的途径	23%网络公开； 50%公开培训会； 27%向镇政府和宣传册了解
3	办理集体建设用地使用权流转的必要性（多选）	100%投资者提出要求保障； 70%村情信息公开的需要； 40%村长久管理的需要； 10%政府的大力推动
4	集体拟定建设用地使用权流转的成交价格确定方法	40%参考周边地块价格； 40%流转双方确定； 10%委托评估公司； 10%政府指导
5	流转收益以什么方式体现	16%一次性+收物业管理费； 62%部分现金+部分物业分成； 22%一次性收
6	已流转用地遇到政府征收，补偿款的分配方式	100%按照比例分配给村和投资者双方，具体比例各不相同，但95%认为村集体占较大比重
7	细则出台以后，对于已实际流转的土地，是否有必要重新办理流转手续	42%认为有必要； 31%认为没必要； 27%认为各有利弊
8	细则出台后，对将要流转的土地，是否会依法办理手续	100%会办理
9	依法办理集体建设用地流转后的劣势有什么	90%认为程序费时； 15%担心年限到期如何处理
10	在依法办理集体建设用地流转的费用中，必须缴纳的费用有哪些	80%认为工本费必须交； 3%认为可交适当税费； 17%希望免费

乡村贫困的地方性特征及土地利用对乡村发展的影响
土地利用与空间规划丛书

梳理出的结果反映了广州市农村集体建设用地使用权隐性流转过程中存在的一些特征：

（1）流转相关政策认知度差

由于此次调研的主要目的是了解不同区域内村集体物业发展现状以及对于流转的认识与态度，同时借助实地调研访谈机会向各村领导者及相关人员宣传流转知识，因此对于被访谈者有一定要求。一般接受访谈的是村主任、村支书或是主管村集体建设的国土员，年龄及学历构成见图9-10。从图中我们可以看出，现阶段村领导趋于年轻化，高中以上学历水平居多。

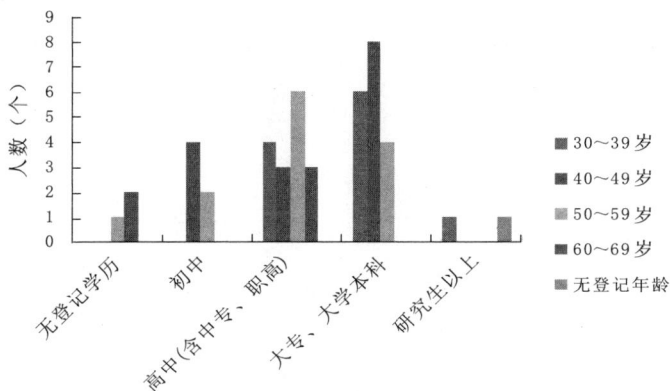

图9-10　受调查者年龄及学历构成

通过对调研结果的分析，特别是统计问卷中涉及访谈人员对国家或省市出台相关流转政策了解、认识程度的问题1和问题2，结果显示：关于涉及的相关政策，特别是广州市2011年下发的37号文，约有65%的访谈人员有了解或听说过，但对具体内容并未做过深入解读，图9-11中显示出不同年龄段和不同学历水平的受访者对政策的了解程度，学历较高的对于政策关注度会相对多些。笔者进一步研究发现（图9-12），除研究生学历访谈对象个体数较少，无法全面反映实际情况外，其他学历者对相关政策的了解

第九章
土地利用对乡村发展的影响

与其接受教育的程度呈较显著正相关，相关系数R^2=0.9948，这也就说明受教育程度越高的人群会对政策更敏感，相比较来讲也会有更多人愿意了解新政策。

虽然受访者中有约64%的人了解相关政策，但是深入询问后仅有约20%的人对土地流转的概念有较清晰的认识，剩余80%左右的访谈者都无法快速、准确地区别流转、征收等之间的差异。这也说明，他们在了解政策的同时仅限于表面知道，并没有深入思考，也没有一定针对性，所以无法抓住政策要点。总体来讲，受访者对于流转相关政策的认知度较差。

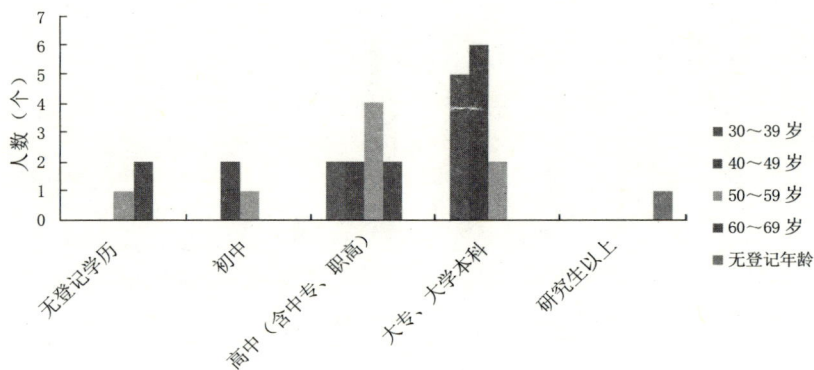

图9-11 受访者中政策了解者数量分布

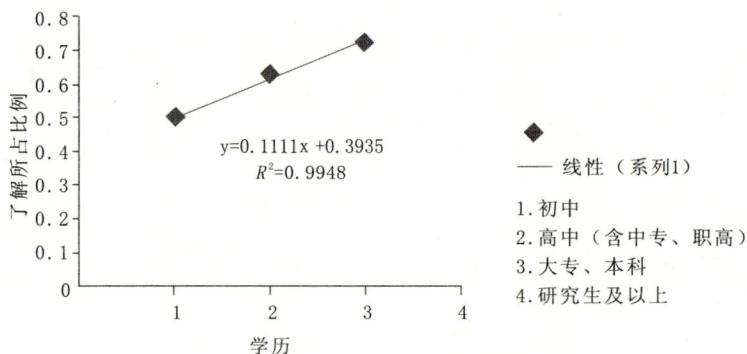

图9-12 受访者学历与政策了解度之间的相关性

（2）集体建设用地隐性流转普遍且闲置率低

调研结果显示，广州市农村集体建设用地使用权隐性流转较普遍，涉及的总体规模大、形式多样。根据调查统计，目前涉及的调研村中已经取得集体建设用地批准书的地块中闲置的比例很小，一般虽然目前闲置，但也都有一定规划方案准备实施。如图9-13所示，番禺区甘棠村一地块目前虽然闲置，但已经完成相关规划，未来村集体会将其作为投资建设主体进行规划建设。村内其他经营性用地90%是以出租土地或是物业方式利用，余下的10%是以合作或自营方式实现价值。在没有流转实施细则的指导及监督下，大部分的集体建设用地已经发生隐性流转，给土地管理带来了一定隐患。而实际探访过程中，也发现这些集体物业大多为低矮建筑，设施、环境一般。如图9-14为荔湾区南漖村一厂房全景图，从图片明显看出，该厂房设施简易，一定程度上影响了村容村貌，降低了村民生活质量，更不利于节约集约用地。

图9-13　番禺区甘棠村暂时闲置空地（已有规划方案）

图9-14　荔湾区南漖村一厂房

（3）隐性流转地块规模较小且以出租形式为主

从土地流转规模看，以经济联社或经济社集体自有土地流转宗数占比较多，单宗地块规模较小，流转面积在几十到数百亩之间，目前以这种形式为主体；另一种不多见的形式，即村、镇或经济联社统筹村社土地后统一流转形式，往往能集中较多的土地，统一建设工业园区，且面积多在数千亩以上。

据调研发现，隐性流转形式多样，主要包括村集体自建自用、村集体建房后出租物业（租金比出租纯土地高1倍多）、村出地企业出资合作建房后企业使用等，还有少数存在中介机构，即村将土地或物业租用给中介公司后，由中介公司转租给其他实际使用者，但多数以出租为主。针对流转涉及的出租、出让、转租、转让、抵押等方式，通过问卷统计得知对于未来，仍旧有更多的约70%的集体建设用地选择出租方式，7%用于出让，23%被用于作价入股。针对这样选择的原因进行调查，发现大多数村相对保守，认为出租的年限短，利益较为直接，能够保证定期收益，对于没有收入的村民，特别是没有劳动能力的老人，能够较好保证基本生活，所以，出租方式更容易被接受也更容易在村内实现。而对于出让流转方式，80%的人认为出让年限过长，对于未来收益不能很好把控，同时受村集体决策人换届选举的时间影响（一般3年一届），未来问题解决有局限，所以被选择的概率较小。

（4）流转用途以工业用地为主、商业为辅

由于集体经营性建设用地被严禁用于房地产开发建设，在实际利用中通常以厂房、商铺、仓库等形式呈现。通过对调研村所涉及地块用途统计发现，用于工业的地块面积占比约为30.74%，宗数占比约为37.80%；用于商业的地块面积占比约为24.09%，宗数占比约为29.76%，其他为工商结合或公益设施用途。相比较来讲，农村集体建设用地在实施建设中是以工业用途为主、商业为辅。

但随着交通条件的改善以及广州市"退二进三"战略的发展需求，在调研过程中，90%的被访谈者表达了希望未来流转用途向商业靠拢，只是迫于目前大多数地块已经签约或开发，实操性较差，未来合约期满后仍主推商业。然而，对于政府而言，仍需引导其在符合城乡规划和土地利用总体规划的前提下进行开发建设，不得擅自、随意改变规划用途。土地流转年限视情况而定，有5年、10年、20多年不等，一般不会超过30年，主要是考虑到年限过长丧失法律约束，而且过长时间范围内对于未来收益的可控性也会降低。

同时通过问卷调查分析发现，土地用途存在一定的空间差异性：处于中心城区的海珠区、天河区、荔湾区，潜在可流转地块多用于商服业，以一些专业市场、金融服务机构为主，如图9-15所示，是海珠区凤和村开发建筑的商业办公楼，目前村委会在该楼三层办公；图9-16是天河区银河村的茶叶专业市场，2012年投入使用后已经成为继广州芳村茶叶商圈、海印茶叶市场之后，广州中心城区的唯一一家茶叶专业市场，填补了广州中心城区茶叶专业市场的空白；图9-17是荔湾区海中村的菜市场。而地理位置稍偏远的其他区，如白云区或者花都区，其地块多为工厂、仓库等，如图9-18、图9-19分别为白云区罗岗村、花都区联安村某工厂一瞥。

图9-15　海珠区凤和村某商业办公楼

图9-16　天河区银河村专业市场

乡村贫困的地方性特征及土地利用对乡村发展的影响
土地利用与空间规划丛书

图9-17　荔湾区海中村市场

图9-18　白云区罗岗村某工厂

第九章
土地利用对乡村发展的影响

图9-19　花都区联安村某工厂

（5）办理流转过程中税费缴纳意愿度低

通过对调研数据的整理，90%的受访者表示，在未来法律明晰基础上会依法进行流转，一方面是受制于国家法律，必须依法，另外一方面则主要是出于对村集体利益以及自身保护的考虑，需要依法。但在具体办理流转过程中，政府作为受理及管理部门，在这一过程中应该收取什么类型的费用，也是我们此次调研的重点。

一般来讲，作为"土地事务"办理部门，政府的收费内容主要有税费、工本费、管理费等，而在实际访谈中，我们了解到村集体管理者对于办理流转需缴纳的费用集中在"不收费""税费""其他（工本费或管理费）""税费+其他"这四类中。在排除缺失样本数据后，上述四类缴费内容的选择比例分别为15.4%、19.2%、46.2%和19.2%，也即选择交纳税费的比例约38.4%。说明在具体办理流转过程中，人们倾向选择缴纳一定额度工本费及管理费等其他费用，对于税

乡村贫困的地方性特征及土地利用对乡村发展的影响
土地利用与空间规划丛书

费的缴纳，更多考虑到流转土地属于村集体，而政府在具体流转过程中仅以第三者身份进行管理，没有必要缴纳税费。

综合调研村集体建设用地分布、村财政收入支出比、村内常住及外来人口比、政策了解度等几个因素，进一步对办理流转缴纳费用内容进行研究。首先，对参与研究的几个变量，基于"分位数"法进行分类处理，并转化成文字形式进行描述（见表9-7），利用SPSS的决策树工具进行分析，得到图9-20。可知，办理流转收费内容受集体土地分布情况影响较大，而其中，分布较分散的村集体中愿意缴纳工本费、管理费等其他费用的占66.7%，占绝大部分比例，而只愿意缴纳税费的比例则有16.7%，仅有11.1%愿意缴纳税费，同时也缴纳工本等其他费用；对于分布较集中的村集体，没有愿意单独缴纳工本费等其他费用的，更多选择不缴费，比例占据37.5%，而其他25%愿意单独缴纳税费，另外37.5%会在缴纳税费的同时缴纳工本、管理等其他费用。

上述研究分析表明，村集体建设用地分布相比较其他人口、经济等因素，更多地影响办理流转费用内容选择，并且对于具体缴费内容，愿意缴纳税费比例相对不高，这提示我们在制定具体流转政策或实施方案时应根据具体情况设定税费以解决地块周边市政基础设施及公共服务设施的配置，在支持村集体经济发展的同时，实现城乡一体化和可持续发展。

表9-7　各项指标分类描述结果

调研村	村集体建设 用地分布	村财政 收入/支出比	常住/流动 人口比例	政策了解度
土华村	比较分散	收入大于支出	流动远大于常住	略有所知
三滘村	比较分散	收入大于支出	流动远大于常住	略有所知
联星村	比较分散	收入大于支出	流动远大于常住	略有所知
凤和村	比较分散	收入大于支出	流动稍大于常住	不了解
黄　村	比较集中	收入大于支出	流动稍大于常住	略有所知

调研村	村集体建设用地分布	村财政收入/支出比	常住/流动人口比例	政策了解度
龙洞村	比较分散	收入大于支出	流动稍大于常住	略有所知
银河村	比较集中	收入大于支出	常住大于流动	略有所知
岑村	比较集中	收入大于支出	常住大于流动	了解
棠下村	比较分散	收入大于支出	常住大于流动	不了解
陈涌村	比较集中	收入大于支出	常住大于流动	不了解
市头村	比较分散	收入远大于支出	流动远大于常住	略有所知
新桥村	比较分散	收入远大于支出	流动远大于常住	略有所知
甘棠村	比较集中	收入远大于支出	流动远大于常住	不了解
谢村	比较分散	收入远大于支出	流动远大于常住	略有所知
沙溪村	比较分散	收入远大于支出	流动远大于常住	不了解
三善村	比较分散	收入远大于支出	流动远大于常住	略有所知
棠溪村	比较分散	收入远大于支出	流动稍大于常住	不了解
官坑村	比较分散	收入远大于支出	流动稍大于常住	略有所知
海中村	比较集中	收入远大于支出	流动稍大于常住	略有所知
坑口村	比较分散	收入远大于支出	流动稍大于常住	不了解
增滘村	比较分散	收入远大于支出	流动稍大于常住	不了解
红星村	比较分散	收入远大于支出	常住大于流动	略有所知
黄边村	比较集中	收入远大于支出	常住大于流动	略有所知
永泰村	比较分散	收支均衡	流动稍大于常住	不了解
马务村	比较集中	收支均衡	流动稍大于常住	不了解
夏园村	比较分散	收支均衡	流动稍大于常住	略有所知

办理流转收费内容

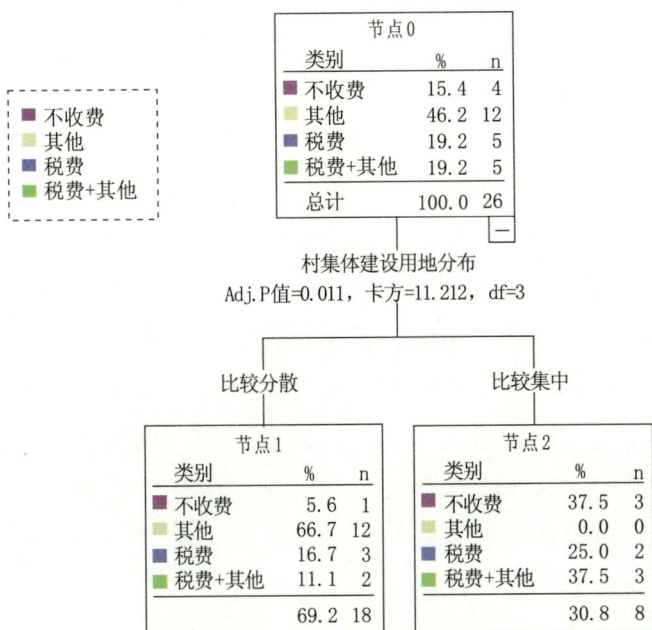

节点0

类别	%	n
■ 不收费	15.4	4
□ 其他	46.2	12
■ 税费	19.2	5
■ 税费+其他	19.2	5
总计	100.0	26

图例：
■ 不收费
□ 其他
■ 税费
■ 税费+其他

村集体建设用地分布
Adj.P值=0.011，卡方=11.212，df=3

比较分散 / 比较集中

节点1

类别	%	n
■ 不收费	5.6	1
□ 其他	66.7	12
■ 税费	16.7	3
■ 税费+其他	11.1	2
	69.2	18

节点2

类别	%	n
■ 不收费	37.5	3
□ 其他	0.0	0
■ 税费	25.0	2
■ 税费+其他	37.5	3
	30.8	8

图9-20 决策树分析结果

（6）流转的收益方式、用途多样

广州市2011年下发的关于集体建设用地使用权流转的37号文中，为了保障村民在土地流转过程中的最低生活保证，硬性要求集体建设用地使用权流转收益的50%专项用于村民社保。虽然这样可以最大程度上保障暂时未保留集体土地使用权的村集体内村民有生活保障，但是否是村民们最希望和最满意的方式，不得而知。因此，对于未来流转的收益将如何实现，问卷设计中并未局限于某一种特定方式，而是让被访谈人员对具体社保比例以及剩余收益分配方式畅所欲言，充分表达基层群众的想法。

实际调研过程中，我们发现有50%的村集体已经通过不同方式购买了村民社保，或是全部买断，或是分年龄段分时限购买。因此，对于专项的50%社保比例，90%的被访谈者认为比例过高，设置不合理，认为收益的20%~30%用于社保即可。对于剩余收益的分配，集中在村经济发展资金、村民个人分红和村基础设施建设与维护资金三个选项，其中村经济发展资金和村民个人分红所占比例更大。而关于两者的具体分配比例，以三七、二八以及四六为主，其中认为村经济发展资金需要大于村民个人分红的占20%左右；认为村经济发展资金需要小于村民个人分红的约占33%；认为两者需要持平的仅有8%，而具体比例不明确的占被访谈者的多数，约有38%。在进一步的访谈过程中，我们了解到，关于比例的不确定性主要是被访谈者考虑到实际流转的收益额度不确定，同时村集体在流转时间内的发展定位以及持有资本多少也是阶段性变化的，具体分配比例无法给出。而更多的人认为个人分红应该大于村集体发展资金主要是基于村民意识，更多地注重眼前利益的实现，同时不可避免与现行村领导任职时间有关，较短的任职期迫使村领导不得不考虑目前的利益分配问题。

三、农村集体建设用地使用权流转存在问题及建议

1.存在问题

（1）缺乏上位法律支撑和保障

目前，集体建设用地入市流转试点均为各省自行开展，各地放开程度及方式均有所不同。出现这样的情况主要是由于国家层面上，《土地管理法》并未修改，仍然是明确规定："任何单位和个人进行建设，需要使用土地的，必须依法申请使用国有土地；但是，兴办乡镇企业和村民建设住宅经依法批准使用本集体经济组织农民集体所有的土地的，或者乡（镇）村公共设施和公益事业建设经依法批准使用农民集体所有的土地的除外"，"农民集体所有的土地使用权不得出

乡村贫困的地方性特征及土地利用对乡村发展的影响
土地利用与空间规划丛书

让、转让或者出租用于非农业建设；但是，符合土地利用总体规划并依法取得建设用地的企业，因破产、兼并等情形致使土地使用权依法发生转移的除外”，而这些规定一方面对集体建设用地流转采取严格限制和禁止的态度，另一方面也给集体建设用地的流转开了一道小口，使因破产或兼并等原因造成的乡镇企业用地被动流转合法化。法律对流转采取的含糊态度很大程度上限制了集体建设用地流转市场的正常发展。如此一来，先出台允许入市流转的管理办法会受限于上位法，而目前，国土部虽然仍在为集体经营性建设用地的流转制定规则，却始终没有推出。

缺乏上位法的有效支撑使得集体建设用地流转对于政府、企业、村民三方来讲，存在较高的经营和管理风险。集体建设用地交易双方往往通过不规范的书面合同或者口头协议达成一致，在这种违法前提下达成的协议是不受法律保护的，这会使得交易中违约风险加大，土地交易纠纷频频发生，集体建设用地利益的实现承受较大的风险。

（2）存在大量隐性流转，时间久远难以"转正"

由于缺少具体的集体建设用地使用权流转实施细则指导，同时国家层面上相关法律的不完善，目前进行的流转并不符合管理要求，但是迫于现实的发展，调研内的各个村都存在大量隐性流转，意味着政策供给与现实需求存在明显脱节。也即这些土地在流转过程中未到土地相关部门办理登记手续，流转交易实施的随意性较强，具体地价确定、利益分配、合同签署等都存在"地方特色"。与此同时，集体建设用地流转的自发性促使交易更多是私下进行，在隐性市场中，交易行为容易被扭曲，交易方式得不到正常体现，交易不安全，流转协议不规范，双方在履行义务时容易发生歧见，引发纠纷。流转交易缺少合法性保护，以《合同法》标准规定来讲，大多数流转合同属于无效合同。

从交易时间来看，不少隐性流转发生在2000年以前，而当时双方协议约定的时间较长，通常超过了《合同法》规定的有效时间20年，过长的租期会诱发一些潜在的争议，比如，租金问题、利益分配问题等，众多问题的堆积使得未来按照法律有效实施流转难以"转正"。

（3）地块产权不明晰，造成流转难度大

调研过程中发现，目前村里的大多数集体建设用地地块产权并不明晰，主要表现为产权主体不明确。对农村集体土地所有权主体而言，法律规定农村土地属于农民集体所有，但是农民集体的具体界限、资格标准、年龄限制，以及在存在村农民集体、村民小组农民集体及乡镇农民集体的情况下，如何划分各所有权主体的土地界限，这些都是不清晰的。而在产权的实现过程中，不同权利主体的责权利益关系也是模糊的，例如，相对于集体土地所有权来讲，国家作为终极所有者具有何种权利，农民集体又是持有何种性质的所有权，以及这种所有权和其派生出的使用权到底有何具体权能，产权主体不明，不同权利主体之间的责、权、利关系不清，必然导致权利主体之间互相侵权，交易摩擦加大，影响流转正常进行。

（4）没有流转交易的成功个案，过程缺乏指引

直至目前为止，我国并没有出台全国统一的集体建设用地使用权流转的程序性规定，因此，何为依法流转、如何依法流转，仍存在很多争议。虽然自1999年以来，国土资源部在全国范围内安排了30多处集体建设用地流转的试点，如安徽芜湖、广东顺德、浙江湖州等地，全国不少地方政府也逐步摸索了一些管理措施并相应出台了一些地方性行政法规，但就广州而言，目前并没有流转交易的成功个案，各个村在实施流转过程中缺乏及时、准确的指引，对于流转办理的手续、流程并不清晰。而这一情况的出现，一方面是由于村集体、企业的不重视，对依法流转认可度不高；另一方面则是缺少具体合法的实施细则给予指导，村集体或是企业在实际操作过程中无法做到"有迹可循"，甚至无法分辨"是否合法"。

成功个案的缺乏，使得村集体对未来依法流转带来的效益存在较

乡村贫困的地方性特征及土地利用对乡村发展的影响

土地利用与空间规划丛书

多疑问，因此，更多的村集体对于建设用地使用权流转持观望态度，希望有成功试点推出来，进而带动其他集体建设用地进行流转，并给以具体有效的过程指导。

（5）地块现状无序低效使用，难以及时流转

根据土地二调数据，全国建设用地总量为5.25亿亩。由于缺乏管理和引导，各地集体建设用地入市的实践多数处于混乱无序状态，为权力寻租提供了可能。国土资源部副部长王世元对此也表示："建设用地增速较快、粗放利用的阶段性特征还很明显。城镇用地增长较快，村庄用地不降反升；许多地方普遍存在建设用地格局结构失衡、利用粗放、效率不高等问题。"

就目前来讲，因集体建设用地明显的租金优势，大量的中小型企业选择采用集体建设用地隐性流转的方式，快速、便捷、经济地获取土地，这也导致集体建设用地的产业类型整体档次不高。且通过数据分析也发现，隐性入市的集体建设用地多数为规模体量较小的零散地块，就目前土地使用现状来讲，土地的投入量与经济的产出量不成比例，建设用地的产出效率较低，土地资源未能达到最优配置，也造成了土地供应市场秩序的混乱。与此同时，集体建设用地上的建筑比较陈旧，土地使用强度整体水平偏低，集体建设用地经营主体注重短期利益，甚至出现很多厂房用地不符合规划，存在被当成违法建筑拆除的可能性，加上银行出于贷款的风险考虑，不愿意接受集体土地资产作为抵押财产，集体土地融资困难，使得集体建设用地及其物业长期得不到改造提升，造成集体建设用地的低效使用。而这些地块又由于历史或经济等原因出租年限过长，未来可能无法及时流转。

（6）村集体对流转的认知度不够，认可度不高

实际调研访谈中，关于被访谈者对流转的认知情况，主要是与"出租""出让"等具体方式差异识别，以及其对国家或省市出台相关流转政策的了解、认识程度，特别是对广州市2011年下发的37号文

的了解状况都有设置相关问题。而访谈结果表明约有67%的被访谈者对政策有了解或听说过，但对具体内容并未做过深入解读。深入询问后更是发现仅有约20%的人对土地流转这一概念有较清晰认识，剩余80%左右的访谈者都无法快速、准确地区别流转、出租以及出让之间的差异。这也说明，他们在了解政策的同时仅限于表面知道，并没有深入思考，也没有一定针对性，所以无法抓住政策要点。总体来讲，受访者对于流转相关情况的认知度较差。

关于未来流转实施，大多数被访谈者表示会依法进行，但是更多考虑的是政府强制原因，而并非自愿或是出于对村集体利益的考虑，所以在对流转的认可度方面，大多数被访谈者并没有表现出对流转"切实有用"的认可。

2.相关建议

（1）完善相关法律，确立农村集体建设用地使用权流转的法律地位

我国《立法法》明确规定：法律的效力高于行政法规、地方性法规、规章，因而地方政府制定的规章不能与法律相抵触。我国现行的《土地管理法》对农村集体建设用地使用权流转采取了限制性规定，基本上禁止其流转。然而，在法律明确禁止农村集体建设用地使用权流转的情况下，为了解放农村土地生产力，推动地区发展，部分地方如北京、天津、成都、广州等相继以规章的形式肯定了流转，如此做来存在一定的争议性。因此，当前工作的重点是国家层面需要研究、修改当前与农村集体建设用地使用权流转制度建立、发展相抵触的相关法律法规，为农村集体建设用地使用权流转制度试点工作的开展以及制度的建立营造良好的法制环境。而省市层面，以广州市为例，则需要在2011年出台的37号文的基础上积极探索，制定更加合理、高效的实施细则，审慎稳妥推进集体建设用地入市流转，实现城乡一体建

设用地市场的统一。

（2）明晰确认集体建设用地所有权、使用权

明晰的产权界定是进行市场交易的基础性条件。当前集体土地所有权和农村集体建设用地使用权的界定不清、权利设置不完整以及权利内容不全面，从根本上限制了集体对其所拥有的土地所有权行使设定权利。如此不明晰的产权界定，使得村集体领导者以及村民都无法准确认识流转的重要性，更多地混淆了流转与征地，影响了未来集体建设用地使用权流转的实施。广州市在2012年已完成全市集体土地所有权登记发证工作，但集体土地使用权登记发证目前仍采取的是"依申请"的方式，即由村民个人或者村集体组织提出集体土地使用权登记发证申请。且广州村级层面上村经济发展留用地的核定主体为经济联社，集体土地所有权登记发证主体为经济社，不匹配的主体层级导致村经济发展留用地入市流转前期仍需捋顺相关权属关系。

2014年，国家推出《不动产登记暂行条例》，希望借此契机进一步明确集体建设用地权属关系，增强农民对土地财产权的控制、流转以及收益的行为能力，从根本上促进农村集体建设用地使用权的"公开、公平、公正"流转。同时应加强集体土地使用权登记工作和信息公开制度建设。

（3）针对多种情况，实事求是制定分类处理办法

由于各种历史及用地手续办理原因，农村集体建设用地在开发利用过程中会存在未批先用、已批未用、已批乱用等多种情况。这样也就导致一些目前来看不合法但是历史合理的建筑或确实违法建筑、用地等出现，而广东省《关于试行农村集体建设用地使用权流转的通知》规定，"经依法批准使用或取得的建设用地，符合土地利用总体规划和城市、镇建设规划，依法办理土地登记，领取土地权属证书，界址清楚，没有权属纠纷"的农村集体建设用地才能进行使用权流转。而就调研结果来讲，目前多数村集体存在隐性流转，而流转地块

用地手续办理程度参差不齐，单纯以上述条件作为流转的准入门槛，会迫使目前一些隐性流转地块附属企业与村集体、村民之间出现争端，主要是由于隐性流转中签订的合同、协议等并不一定经过严格合法手续，法律保护有限。此时为更有效贯彻落实农村集体建设用地使用权流转，应该充分考虑已经出现的情况并进行分类（以手续齐备、经济生态效益等指标作为分类依据），并赋予不同类型处理方法。

对于隐性流转中经核查手续齐备的地块，在调查访谈过程中，90%的村集体认为无须重新执行流转手续，仅做登记备案即可；对于隐性流转中经核查手续不齐备的地块，更多村集体希望也能够区别对待，具体可根据其经营的经济、生态等效益对村集体发展以及村民支持比率，设定一定指标参数，对于参数范围内的经营良好、积极推动村集体发展的地块责令到相关部门完备用地手续，并维持之前流转现状；而对于参数范围外的经济效益、生态效益等相对差的地块可责令企业关闭，收回土地归村集体，再按照相关程序进行依法流转。有区别、分类型地进行流转完善，能够有效快速落实农村集体建设用地使用权流转，促进村集体经济发展。

（4）加强政府引导和服务，保障村集体流转收益和交易过程顺利实施

目前，各种分配比例相差较大的现象不仅造成了农村集体建设用地使用权流转工作开展的混乱和无序，同时也损害了所有者以及农民的利益。从理论上说，农村集体建设用地使用权流转收益主要由三部分构成：一是所有者对土地的垄断，即垄断地租；二是劳动和资本投入所产生的成本地租；三是投资环境所产生的级差地租。因此，对于农村集体建设用地使用权流转中的土地收益，应归相应的农村集体建设用地所有权人所有，国家可以通过税收的方式对收益进行合理的二次分配。对于流转中土地用途改变所产生的土地收益，政府可以适当参与分成，但应严格限制分成比例，具体的分配比例以及方式还应该

乡村贫困的地方性特征及土地利用对乡村发展的影响
土地利用与空间规划丛书

根据村集体流转交易的具体情况差异化处理，即如何合理实现"涨价归公"，以支撑政府对地块价值提升所持续进行的城市建设性投入，实现城乡一体化发展。

关于收益监管方面，政府需加强引导和服务，加快建立农民应得土地收益和集体经济组织土地收益的监督机制、收益管理办法以及农民社会保障措施等配套政策；建立相应的地价体系及评估体系，包括转让价格、租赁价格、抵押价格等，健全农村集体建设用地使用权价格评估体系，避免土地收益使用和分配过程中的违法违规问题发生，有效保障流转交易过程能够顺利实施。

（5）实行集体建设用地使用权流转与存量用地再开发相结合

将集体建设用地使用权流转与存量用地再开发（"三旧"改造）相结合，特别是在旧村改造中，将产业引入与村经济发展用地匹配，在产业落地的同时，形成村经济发展的持续动力，避免旧村改造走"产业空心化"的老路。

从流转的收益兑现方式上来讲，应引导其多元化发展，改变目前单纯以出租为主的方式，实现土地出让金、实物地价、租金等多种兑现方式，将短期租赁性经济发展为投资开发性经济，真正促进集体建设用地与国有用地同地、同价、同权。同时，加强集体建设用地使用权流转后的用地监管问题，与国有用地实现"同责"管理。

（6）加强宣传、稳妥试点，做好示范推广工作

关于农村集体建设用地使用权流转工作的推行，笔者在调研过程中发现广州市各区更多的是持一种观望态度，多数村对于新兴事物不愿做尝试，认为在没有看到明显效益的时候做与不做是一样的，所以更多的是希望有一个或几个试点村，根据现有管理办法实现一宗或几宗土地的使用权流转，然后由试点村带动，推向其他各区。同时做好宣传引导工作，加强村集体对土地使用权、流转等概念的认识和理解，提高村集体流转积极性。

3.广州市推进集体建设用地使用权入市流转具体措施探索

（1）积极完善地方政策及操作细则

目前，广州市正在积极修订关于集体建设用地使用权流转的37号文，并同步制定出台《广州市集体建设用地使用权流转管理试行办法实施细则》（下称《实施细则》），为审慎稳妥推进集体建设用地使用权入市流转做足前期准备。《实施细则》充分考虑现状集体建设用地使用权流转存在的问题，从年度供地计划的控制、村内民主表决程序的设定及公开方式流转的组织实施等多个方面，明确了集体建设用地使用权入市流转的操作路径。广州市积极完善地方政策并出台操作细则，为地方实践探索提供了政策基础及制度保障。

（2）将存量已经隐性流转的集体建设用地逐步纳入规范管理范畴

37号文及《实施细则》所规定的流转标的为符合土地利用总体规划、城乡规划，具备完善的用地、规划手续，现状未隐性流转的集体经营性建设用地，此类用地在广州而言，主要是返还给农民的村经济发展留用地。根据《广州市国土房管局印发广州市三年（2014—2016）用地保障方案的通知》（穗国房字〔2014〕895号），至今全市十区共核定村经济发展留用地指标约为24.87平方公里（37 307亩），已基本兑现15.12平方公里，意味着全市十区不超过15.12平方公里的村经济发展留用地可依法纳入规范流转范畴，大约仅为国有土地年均供应总量的一半左右。但通过实地调研考察已经发现，现状集体建设用地基本无闲置，均以各种方式进行隐性流转，如何将存量已经隐性流转的集体建设用地逐步纳入规范管理范畴，是值得广州思考的问题。

在前文中已经提出建立一定的指标体系对现状已隐性流转地块进行评价，达到评价要求的可办理相关流转手续，未达到评价要求的可责令集体组织收回用地后重新办理。这对于广州来讲是一个不小的突破，必须根据广州实际情况进行详细设计，在保证"公平、公正"的前提下，充分尊重历史，分类别、分情况逐步将合法及"合法外"已隐性流转的集体建设用地，纳入规范管理。

一是有合法用地、规划、报建手续的隐性流转地块。政府应对集体经济组织与实际使用人签订的租赁合同进行审查，对租赁期限超过《合同法》约定20年有效期、租赁价格明显低于全市房屋租赁指导参考价、未经村民有效表决程序、现状产业效率未能达标等情况进行整改，约定整改期限。整改合格的，政府对该流转地块进行租赁备案，并承认现有实际使用人的租赁事实，办理租赁土地使用证。整改不合格的，政府应按照有效出租年限对其剩余出租年限进行约束，在剩余出租年限届满前实际使用人应按年缴纳一定的税费给政府，在剩余年限届满时，再次进行地块利用效率评价，评价合格的，重新按照《实施细则》办理流转手续，评价不合格的，政府应引导村集体结束租赁合同，并引导高端产业与村集体地块相对接。二是未有合法用地、规划、报建手续的隐性流转地块。政府应借鉴"三旧"改造完善历史用地的做法，将此类地块按照集体旧厂房改造的模式实施，并将集体旧厂房改造作为旧村庄改造的突破口，以产业转型升级带动旧村庄整体改造。

（3）需统筹考虑多种流转方式

37号文及《实施细则》中考虑到的流转方式主要包括出让、出租、转让、转租和抵押，其中37号文规定作价入股视同出让，且其土地出让金的50%须纳入社保专用账户。在实际调研过程中，不少村集体反映即便接受集体建设用地使用权出让，其出让金也多以"货物+物业"或纯粹实物地租的形式兑现，但目前政府公布的流转实施路径并未包含此种实物地租应如何操作。因此，应统筹考虑现实操作过程中并存的多种流转方式。

村集体经济组织是一类比较特殊的群体，其负责人实行三年换届选举，且其重大决定必须经过村民大会或村民代表大会2/3以上的成员同意方可进行。因此，不少村干部或村民并不接受一次性的土地出让金兑现方式，他们希望得到更加持久、稳定的收入来源，以避免下届村集体无钱可用、村民后续生活无持续保障等问题，故实物地租（即物业返还）或是土地出让金加部分物业返还的模式较受认可。建议政府在制订集体建设用地使用权出让合同时，充分考虑该种情况，考虑竞租物业比例的可操作模式，促进集体建设用地使用权流转方式更具包容性。

（4）需对集体建设用地入市流转后承载的产业有引导

政府在推动集体建设用地使用权入市流转的同时，应对其所承载的产业有一定的引导和约束，使其成为城市产业发展空间载体的有机组成部分，促进集体建设用地利用效率的有效提升。

一是参照国有用地管理，建立集体建设用地项目预评估及遴选制度，结合《广州市产业用地指南》，确定集体建设用地供地前评价指标，建立项目准入门槛。

二是建立集体建设用地利用评价体系，综合考虑其经营状况、项目基本情况、土地利用效益及能耗、环境保护、安全生产等要求，对其进行评价，并将评价结果与完善历史用地手续等相挂钩。

三是政府部门在审定村集体建设用地流转出让合同的同时，应当根据城市产业发展规划、集体建设用地所在区片发展导向等情况，明确规定流转后引入产业的大类方向及利用效益。

实现以上三点的前提，即应该赋予集体建设用地完全的权能价值，让其真正能与国有建设用地一起，成为城市产业落地的空间载体。

（5）集体建设用地与国有建设用地须实现"四同"

国家一直在倡导集体建设用地与国有建设用地"同地同价同权"，在此基础上我们提出须"四同"，即在同地同价同权基础上，增加"同责"。集体建设用地入市后，须与国有建设用地享有同等权利的同时，也要承担同样的责任和义务。

乡村贫困的地方性特征及土地利用对乡村发展的影响
土地利用与空间规划丛书

一是允许集体建设用地与国有建设用地一样，可以产权分割、（预）销售，使得集体建设用地利用模式从传统的出租经济模式向开发运营经济模式转变。

二是《实施细则》已经提出，以集体经济组织委托具备B级以上资质的土地评估机构评估集体建设用地市场价格作为公开流转起始价，并设定下限，即集体建设用地使用权出让价格不得低于同区域、同类别国有土地使用权基准地价的30%。一方面促进集体建设用地评估与国有建设用地评估接轨，实现由参考基准地价向市场评估地价的转变，另一方面约定下限，保护集体建设用地的土地纯收益不流失。

三是允许集体建设用地使用权以抵押等多种权利实现形式，逐步完善并丰富其权能体系。

四是应加强对集体建设用地闲置、按时开竣工、低效利用等方面的监管力度，使其与国有用地一样接受政府监督，使得城乡一体的建设用地市场真正做到从标的、到引入产业、到监管力度等各方面的协调统一。

四、征地返还留用地的开发建设

1.发展背景

留地安置模式最早于 20 世纪 80 年代出现在深圳（王如渊等，2006），当时的时代背景是深圳特区成立初期，也是改革开放初期，城市亟须扩张建设，而深圳市建设资金紧缺，政府没有足够的资金实行货币补偿的征地模式。因此，给被征地村集体经济组织划定一定数量被征土地，用于被征地村集体经济组织自主进行住宅建设，同时发展二、三产业，一方面解决村民的住房问题，减轻了政府的财政压力，另一方面各被征地村集体经济组织通过经营留用地发展集体经济。对失地农民通过留用地的方式进行补偿，我国政府在 2000 年左右就通过部委的正式文件予以确认，这就是国土资源部 2000 年左右的一个文件关于建设用地审查报批工作的一个通知要求，该通知明确了留用地作为与其他安置方式并存的一个有效措施，肯定了该种方式的合理合法性。现在国内对留用地概念没有统一的描述，但含义大致相同，认为留用地是指国家征收农村集体土地后，按实际征收土地面积的一定比例，作为征地安置另行安排给被征地农村集体经济组织用于发展生产的建设用地。留用地的使用权及其收益全部归该农村集体经济组织所有，留用地的开发经营主要用于为集体经济组织成员带来长期收益或相对稳定的就业岗位，安置失地农民，保障农民利益，维护农民权益。已有的对村留用地的研究主要集中在：留用地形成的原因、留用地政策制度评析、留用地的安置模式、留用地安置的积极意义以及留用地安置过程中存在的问题这几个方面。

（1）留用地形成的原因

在辨析留用地概念内涵的基础上，学者们开始从不同角度对留用地形成原因进行分析。地理学界将留用地的产生归结为快速城市化背景下，建设用地需求的不断增加，大量的征地导致农民的失地，这一背景下政府留一部分的土地用于农民自行建设开发；有学者从制度视角对留用地的形成进行了更微观的解释，认为留用地的产生是对征地补偿制度缺陷的一种补充；规划管理学界认为农转用土地增值收益分配的不公导致了留用地形成。尽管不同学者对留用地形成机制的理解各有侧重，但基本共识已经形成：为了缓解因征地所带来的社会矛盾，政府尝试以以地还地的方式探索解决失地农民土地补偿问题，农村经济发展留用地的土地补偿政策继而推行实施，切实维护失地农民利益。

（2）留用地政策制度评析

随着工业化、城镇化进程的快速发展，非农建设用地的需求不断扩大，被占用土地农民人数日益增多，现行土地征用制度已不能适应社会主义市场经济发展的需要。2006年中央一号文件明确指出：必须加快征地制度改革的步伐，按照缩小征地范围、完善补偿方法、拓展安置途径、规范征地程序的要求，进一步探索改革经验；完善对被征地农民的合理补偿机制，加强对被征地农民的就业培训，拓宽其就业安置渠道，健全对被征地农民的社会保障。因此，现行的土地征用制度必须进行改革，留用地制度在一定程度上解决了这一难题。征地留用地制度是指在征用农村集体土地时，核定一定比例的土地指标留给被征地的村集体经济组织，用于非农产业的经营性开发，为失地农民提供就业岗位和股金分配，从而长期保留村集体经济组织和农民在土地上的发展权和财产权，使被征地农民的收入真正随着城市化的进程而水涨船高，其实质是一种有效的征地补偿和安置方法，能够使失地农民具有长期稳定的就业保障和生存保障。留用地隐含的地价是对征地补偿的补充，表现为留用地开发经营带来的长期收益或就业岗位。

基于此，不同学者从自己的学科背景对现行的留用地制度框架进行了评价分析。杜茂华从被征地农户权益保护的视角对留用地的内涵以及类型进行了探索，认为留用地制度是土地征用制度的改革创新，具有重要的理论与实践价值，同时还总结了留用地制度在实践中丰富的制度类型（图9-21）；相反，刘创巍指出留用地制度存在法律体系空白、所有权补充、主体缺位等缺陷，构建农村发展留用地法律制度对填补农村集体经济法律制度空白和对指定社会管理类法律以及规范土地市场具有重大意义，并从法律意识、法律制定以及施行关系上分析了其立法的方法。同时，有学者以某案例来评价当地留用地制度的实践，对其法律规范、市场操作、人员素质、政府参与程度等问题做出评价，并提出了改进措施。

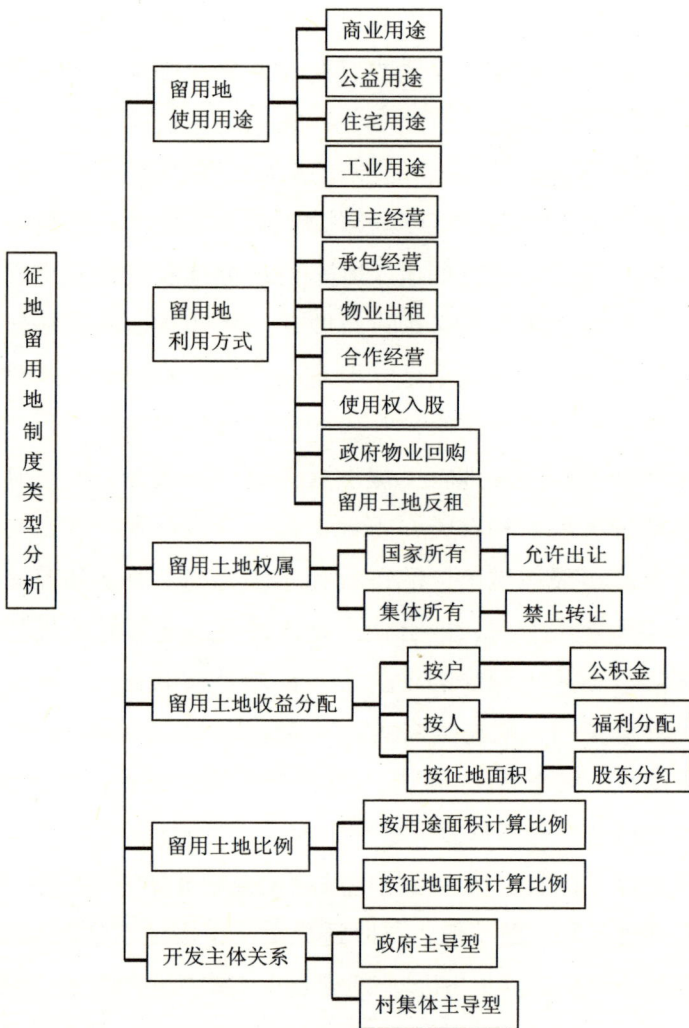

图9-21 留用地制度的类型分析

征地留用地制度类型分析

- 留用地使用用途
  - 商业用途
  - 公益用途
  - 住宅用途
  - 工业用途
- 留用地利用方式
  - 自主经营
  - 承包经营
  - 物业出租
  - 合作经营
  - 使用权入股
  - 政府物业回购
  - 留用土地反租
- 留用土地权属
  - 国家所有 — 允许出让
  - 集体所有 — 禁止转让
- 留用土地收益分配
  - 按户 — 公积金
  - 按人 — 福利分配
  - 按征地面积 — 股东分红
- 留用土地比例
  - 按用途面积计算比例
  - 按征地面积计算比例
- 开发主体关系
  - 政府主导型
  - 村集体主导型

（3）留用地的安置模式

在实践中，正如前文所述，留地安置模式最早于 20 世纪 80 年代出现在深圳，因深圳市建设资金紧缺，政府没有足够的资金实行货币补偿的征地模式，因此，给被征地村集体经济组织划定一定数量被征土地，用于被征地村集体经济组织自主进行住宅建设，同时发展二、三产业。杜茂华总结了现有实施征地留用地制度地区的村集体取得安置留用地的方式，主要有以下几种：第一，留用村集体土地。征用土地时按照一定的比例留出一定数量的土地，这部分土地归村集体所有，在征收时不办理土地征收手续，只办理农地转用手续，由被征地村集体经济组织按照城市建设要求和规划用途自主开发经营。采用这种方式取得的留用地不得转让，不得用作抵押，不得作价入股。第二，留用国有土地。这是目前我国大部分地区采取的一种土地留用方式，即在办理农地转用和土地征收手续后，根据城市规划用途划出一部分土地给被征地村集体，由被征地农民在城市建设要求以及土地规划用途的基础上，自行组织开发经营。第三，留用建设用地指标。该指标由被征地的农村集体经济组织按照征收土地面积的一定比例划出，并且在使用这些指标的同时，取得土地开发经营权。

学者总结了经营主体对留地的经营方式，主要分为三类：自主开发、合作开发、转让。自主开发方式是指村集体经济组织自行对留用地进行开发，具体又可分为经营性开发和非经营性开发两类。经营性开发指村集体经济组织自行注册公司，在留用地上进行房地产、商业等二、三产业开发，通过销售、租赁等方式获得收益；非经营性开发指村集体经济组织在留用地上开发村集体经济组织内部成员居住的住宅小区，并且该住宅小区不进入市场流通。合作开发方式，是指村集体经济组织与企业或政府部门合作，由第三方对留用地进行开发，将收益以货币或实物的方式给被征地集体经济组织，具体方式有物业回购、土地作价入股、委托经营等。转让方式，是指村集体经济组织直接将土地出卖给其他经济组织或政府，具体方式有直接挂牌转让、指标货币化和置换资产模式。

不同的学者主要是基于不同案例地的实际情况来分析研究具有

不同特征的留用地安置模式，探讨其安置过程中遇到的不同问题，朱青青等就以广东省中期配套基地一期农村经济留用地的开发方案为例，探讨其开发过程中的具体问题及其相关处理方法；骆振等以杭州滨江区为例，探索其村级留用地开发的具体实践，总结了其经验与教训。

（4）留用地安置的积极意义

通过对已有研究的总结，留地安置的积极意义主要有四点：

①缓和了征地冲突，有利于社会和谐稳定。李明月等从成本角度分析了留地安置的积极意义，在征地过程中可以把征地的成本进行分类，显性的成本是指货币征收费用，而隐性的是指看不见的，如冲突以及各种矛盾这类。李明月通过实地调研，证明了在发达地区只要明确留地安置方式，就会受到村民的欢迎，有时候还会出现被征地集体经济组织为留地主动要求土地被征用的情况，因此，他们认为留地安置大大降低了隐性成本。辛毅从经济学的角度指出，该积极意义是个人经济利益和地区国民经济利益最大化后继而产生外部化的结果。张占录等从留地安置能在一定程度上解决失地农民就业问题的角度说明该模式有利于社会稳定。

②减轻了政府的财政负担。政府在征地过程中通过运用土地补偿的这种方式，既节约了财政资金，又得到了村民的满意，是一个双赢的过程（张占录，2009）。他们给出关于成本的定义为：官方应该通过等价交换，获得农民土地的同时应该付出相应的代价，一般是为取得农民土地而付出的成本，对当地政府来说，在财权与事权分割比较清晰的情况下，这部分征地成本是很大的一笔开支。若采用留地安置方式，则当地政府需要做的工作是给予农民优惠政策就可以了，这个过程中用到的货币远远小于纯货币征收，使得政府节约了大量的财政资金；扶贫成本是指，征地后会产生失地农民贫困的风险以及由此而诱发的社会稳定风险，实施留地安置政策时，

政府可通过对留用地转让的限制性条件，保证留用地一直保留在被征地村集体经济组织内部，使失地农民获得长期收益，从而避免了因征地而返贫上访的行政成本。

③提高了实际补偿水平。辛毅认为留地安置方式给被征地村集体经济组织提供的实际补偿收益，远高于货币补偿政策中按照农业年产值若干倍数一次性补偿的货币收益，其原因有三：一是留用地可用来进行非农产业开发，其收益远高于农业开发；二是留用地开发的收益具有长期性；三是留地安置模式能够解决失地农民的就业问题。杨华从留用地位置的角度说明实际补偿水平得到提高，她认为，留地安置发生在人地矛盾多、市场经济条件好的地区，这些区域由于土地自身条件好，增值明显，所以可以有效弥补对失地农民的补偿。金晓斌等认为，留用地安置的本质是通过土地作为对农民的补偿，在这个过程中因为土地的增值可能性使农民未来收益可能大为增加，所以这种方式较为农民接受，可以持续享受土地红利。

④失地农民可获得长期稳定收益，从而基本得到生活保障。张占录等认为，失地的农民通过对留用地进行开发，如修建厂房来出租，既可以增加村子的实力也可向村民分红，使失地农民有收入来源。同时，辛毅认为这种安置方式对村集体经济组织和村民发展提供了平台和基础，开发经营的收入可以用于失地农民的收入来源，为他们提供了生活保障。李明月认为土地作为一个不可再生资源，在未来的经济发展过程中会逐渐增值，因而留地安置有效保证了村集体和村民可以享受土地增值带来的收益成果，保证了农民在失地后仍能享受到留地所带来的好处。

（5）留用地安置存在的问题

从现有案例来看，目前实施留地安置模式主要存在以下问题：

①留用地安置模式的适用范围。大多数学者认为留地安置模式

适用于经济发达地区且建设用地不紧张的地区，杨华以西安高新区为例，他指出在西安的高新区，如果是货币补偿的话，每亩地价格可以达到5万元左右，但是换成商业用地的话，这个补偿标准要提高至少20倍，留用地安置价值远远大于货币补偿。但张占录等认为，在东部地区由于城市用地和耕地非常紧缺，政府经过征用后可用的留地几乎没有；而在经济落后地区，产生的留用地由于相对发展空间小，利用价值不大，难以发展城市经济，不仅难以开发，还会造成浪费。杨华也认为在高速路建设过程中形成的留地，由于处于偏僻的地方，商业利用价值很低，并且几乎不可能出租，所以该模式在这些地方不宜采用。黄亚云等则根据实地调研资料结合Delphi法，制定了一套留用地适宜性评价体系，确定了各个指标权重。他们选取的指标分为两类：一类是基础适宜性指标，由城市化水平、经济水平所处阶段、城市对土地的需求、城市各个产业构成、城市的规划和房地产市场的发展水平6个评价因素构成，试图通过基础适宜性评价，从宏观上评估某一特定城市采用留用地安置模式的可能性；一类是修正指标，由村集体经济条件、村集体管理水平、村民受教育程度、村民从业结构和宗地区位条件等5个评价因素构成，修正指标的作用在于，留地安置在宏观层面已适用的条件下，从微观层面评价采用留地安置模式的可行性，是基础适宜性指标评价的深入和实践层面的落实（黄亚云 等，2009）。然而他们根据 Delphi 法确定各个指标的权重后，将这些指标加总便成为评价结果，并没有给出留地安置模式适用性的数值范围，只是将实际调研的几个地区进行对比，选取评价结果较高的为较为适用的地区，颇为勉强。

②留用地的产权问题。从各地实践来看，留用地的权属有两种：国有和集体所有。关于留用地的权属问题争论较多。

留用地划为国有的利弊。留用地划为国有的具体做法是：政府在征收了农民土地以后，转变土地的使用性质，同时把征收土地或者从其他地方征收的土地中的一部分划给被征地村使用。张占录认为，留用地征为国有，有利于统一的权属管理和城市规划，但不能通过合同或者协议把留用地在转变土地性质时简单划给被征地村，这与我国目前关于国有经营性建设用地出让时，必须采用招拍挂方式的规定相违背，导致征地收益在政府与被征地村集体经济组织之间分配的不公平。王如渊等认为给农民群众返还的土地性质应该是国有的，这便于农民群众使用，能避免因产权问题形成的"城中村"等特殊社区问题，便于土地利用与管理。

留用地划为集体所有的利弊。留用地划为集体所有的做法是：留地安置过程中有一些土地并未进行土地产权的变更，这些土地仍由失地农民群众自己进行使用。这样做的好处显而易见，即成本比较低，能很快地为农民带来收益。李明月从土地增值的角度说明，留用地集体所有可以将所有增值收益保留在本征地集体组织内部。张占录则认为，留用地产权划为集体所有，可以保障村集体的土地所有权；但他也指出，不可能用市区国有用地的要求来规划城中村的农用地，城乡二元体制的限制必然会使留用地在使用上遭遇诸多不便。辛毅也认为，留用地的性质，对城市规划发展不利，难以统筹规划甚至成为阻碍城市发展的毒瘤，这些城市中的农用地在实践中治理难度相当大。李明月等则认为，留用地隐含的地价本来就是对被征地村集体经济组织征地补偿的补充，即从物质上提高征地补偿的实际水平，然而，留用地国有化的过程中，被征地集体经济组织必须支付一定额度的土地出让金，这导致失地农民无法分享增值收益，违背了留地安置政策的初衷。

关于留用地权属问题，辛毅认为问题的关键在于政府、村集体和村民三者之间的利益结构如何构架，他介绍了三种实施留地安置政策的地方政府运用的较为有效的方式，"划拨国有土地方式获得留用地、免交本级及以下地方政府应收税费、将留用地的公共用地部分无偿划拨"。郑文娟等对解决产权问题提出了"一城两制"的措施，即在实施留地安置政策时，将城区规划范围内的留用地划为国家所有，交由被征地集体经济组织自主经营，但必须缴纳土地出让金；对不在城区规划范围内或非经营性留用地，使用权交给村子，由他们根据实际情况开发利用。当然，主管机构要对留用地的使用方向做出严格的规定，不仅要符合统一规划，还要保证留用地的集约化和高效化利用。

③留用地返还比例及位置的确定。郑文娟等通过调研发现，目前各地在实际实施留地安置政策时，对留用地的规模和数量划分标准不一，差距甚大，东部沿海省市普遍规划为 5%～15%，浙江省高一些，上海市最低，有的地方政府还附加限制条件。辛毅总结，留用地返还比例的确定有以下四种方法：一是比例法，是以被征收土地总量或者被征收耕地总量为基数确定留用地数量；二是以一定水平的人均用地数量标准进行确定，以人均用地数量法来确定留用地数量的基数是被征地农民群众的数量，同时考虑留用地来源的可供地数量和区位等因素；三是以比例和用地数量标准相结合的综合方法；四是直接划留一定数量留用地。在留地位置的选择问题上，一般情况下，村民都愿意选择在自己村子周围或者附近的地方，这种选择方法对土地的整体利用率大打折扣，无论是从城市的规划出发还是从成本使用来看，都对招商产业不利。严正认为留用地与市区土地的发展存在着较大矛盾，主要因为留地安置范围内存在着人多地少的矛盾，土地资源较为紧张，每个被征地村集体经济组织实际得到的留用地规模较小，因而建设项目的规模也较小，且产业层次较低，与城市的整体规划和布局产生矛盾；同时，政府对留用地的使用方向限制较为严格，政府要求的规划并不能完全得到农民群众的认同，所以经常会出现留地无法有效利用的局面，进而影响城市

整体的规划。杨华认为，在各地的实践中，留用的位置与征用时间批次有关，部分地区的征地工作是分批分期进行的，所以留用地并不是一次完整划留的，这样容易造成一个被征地村集体经济组织得到零星分布的留用地，不利于土地的开发利用。由于存在着村集体和农民群众对在留地开发过程中收益分配的争议，因此为化解这方面的矛盾冲突，就要对收益分配进行重新审定（郑文娟，2009）。广州近几年尝试使用新的办法来进行留地安置，如允许村集体经济组织之间调剂使用留地指标。

④留用地的经营管理问题。留用地的经营管理问题主要是两个层面的问题：一是政府的规划、引导问题，二是被征地村集体经营组织的经营、管理问题。政府的规划、引导问题，例如，部分地区出现留用地具体建设项目规模较小，或因不是一次性完整划留，而造成留用地地块零星分布，这主要是因政府并未很好地规划；同时，由于政府在实施留地安置政策的过程中缺乏对被征地村集体的引导以及村集体招商引资能力差，导致在留用地的使用上产业层次较低。对此，王如渊等认为，政府在实施留地安置政策的过程中应建立规范的城市管理体系，规范集体经济组织的架构与运行，统一对留用土地进行规划建设。关于工业用地的使用，周力丰提出，主管机构应该制定发展规划，对那些用地少、污染小的项目优先发展，限制那些占地多、污染重和收益低的项目。在对留用地具体的经营开发过程中，被征地村集体经济组织也暴露出一些问题：一是农村基层干部整体素质不高，缺乏项目运作经验，难以利用留用地壮大集体的经济实力；二是开发留用地的市场风险较大，若因对市场把握不准而造成集体资产损失，则会引起村集体经济组织内部的冲突和矛盾，进而影响农村的稳定与和谐；三是村集体经济组织的管理构成缺乏监督，容易造成因村干部腐败导致的村集体资产流失。

2.产生原因及实践历程

征地留用地指在征收农民集体土地过程中，按征地面积的一定比例，安排用于农民发展二、三产业的建设用地。其产生的具体原因在于：

（1）土地征收制度伴生产物

征地留用地的产生与现行土地征收制度息息相关，且伴随着城镇化和工业化进程出现，是自下而上的制度创新和安排。城镇化过程中土地的城镇化可用两种转变来表现：一是土地用途的转变，即由农用地转变为建设用地；二是土地权属的转变，即由集体所有转变为国家所有，这两个过程的结合即为土地征收。不少学者、专家将土地征收认为是"转权让利"的土地流转模式，即农民在将土地权属进行转移的同时，亦将土地增值收益让渡，在实践操作过程中如是。留用地作为扶持农村集体经济发展、增加农民收入的一项重要的征地补偿安置措施，直接关系到农民增收、农村稳定，与被征地农民长远生计息息相关；可以较好地解决货币补偿不足、农民转型发展缺乏基础等问题，使被征地农民的生产、生活有长远稳定的保障，维护被征地农民的权益。

（2）安置补偿费用偏低，测算方法不合理

我国现行土地征用方式带有明显的行政命令色彩，自上而下的征地补偿政策使得征地安置补偿费用偏低。按《土地管理法》规定征用土地按照被征用土地的原用途给予补偿，补偿费测算方法以被征地前3年平均年产值为依据，用土地平均产值乘以倍数的方法来计算的补偿标准远远低于土地的实际价值，而且是永久性的一次补偿，没有考虑土地升值效益。"耕地的年平均产值"，既不是地价，也不是地租，与土地市场毫无关系，是政府行为的结果，这种非市场化的运作方式在降低了政府的征地成本的同时，却严重损害了农民利益。土地作为人类基本的生产资料和生活资料，在人类土地利用过程中产生特有的经济价值特性，对土地采取不同的使用方式将会产生不同的经济效益，驱使农民对改变土地使用方式存在强烈愿望。在大量土地被征用作城市建设用地的同时，农民迫切要求保留部分土地使用权，并将土地从农用地转为建设用地，以发展农村集体经济，作为解决失地农民生活、生产问题的重要手段。

（3）土地征用补偿方式单一

征地安置补偿方式多采用货币补偿方式，补偿方式较为单一，逐渐无法满足农民需求。对于被征地农民的安置问题，实践中主要包括货币安置、就业安置、住房安置、社会保障等形式，而货币安置比例占80%以上。早期征用土地补偿机制主要采取"货币补偿+安置"的形式，即以土地补偿费、地上附着物和青苗的补偿费作为经济补偿部分，在一定程度上弥补了农民因为征收而失去土地的经济损失，并由征地土地使用者根据征地项目的需要为失地农民进行就业安置。但随着城市建设和经济建设速度的加快、征地数量增加，以及征地用途和就业市场的变化，征地用于市政、房地产、土地开发和公共设施建设等非生产性项目越来越多，这类非生产性项目的性质已经不具备安置失地农民的条件，征地时一次性地支付补偿金，让被征地农民自谋职业。采用货币补偿安置途径，对于失去世代生存和养老保障的失地农民来说，意味着有限的安置补助费是他们失地后最为现实的生活、再生产和养老保障。这样过于简单的补偿机制无助于减少农民土地经济利益以外的利益损失。

综上，随着经济市场化和工业化、城市化的加速发展，土地商品的价值属性不断显现，国家现行立法规定的征地补偿费标准及简单的土地补偿方式根本不能满足失地农民的生活需要。鉴于政府经济实力及财政支配需要，尝试以以地还地的方式探索解决失地农民土地补偿问题，农村经济发展留用地的土地补偿政策继而推行实施，切实维护失地农民利益。因此早在20世纪90年代，广州市已开始探索保障被征地农民权益、实现安置补偿方式多元化，采用"征地留用地"的补偿方式解决被征地农民的长远生计。

（4）实践历程

留用地作为扶持农村集体经济发展、增加农民收益、保障被征地农民长远生计的一种安置措施，是广州率先在全国、全省探索实行的一项征地补偿安置政策。征地安排留用地经历了由个别县推广到全市，由政府文件上升为地方法规，由征地安置措施提升为社会保障措施，逐步发展、总结、完善的过程。

①政策起源。改革开放以后，面对土地承包到户后大量剩余劳动力的形势，在城乡分割二元制度壁垒下，农民在集体所有的土地上办起了企业。在当时大力提倡发展乡镇工业的大政策环境下，乡村建设用地审批权主要在县、乡两级，对农村集体建设用地的使用，尤其是乡镇企业发展用地的管理是有利于农民利用集体土地发展经济的。因此国家对此采取了许可与支持，而广州市在遵循国家法律法规的条件下也进行积极的土地制度探索，于是广州市对于个别县进行了留用地试点管理。

广州试行征地留用地的做法发端于20世纪80年代末，制定政策起始于1992年。1992年，番禺县政府出台《关于加强土地管理规定的通知》（番政〔1992〕6号），规定按县征地数额的15%～20%留给镇村建设的土地。1993年，广州市政府出台《广州市国家建设征用土地和房屋拆迁管理若干补充规定》（穗府〔1993〕16号），将番禺的做法推广到全市，规定征用土地应按照所征土地总面积5%～8%的比例，留地给村发展第二、三产业，安置剩余劳动力，以村为单位一次性大面积征完土地时，按所征土地总面积的8%～10%的比例作为村的留用土地。1995年3月起，市人大常委会颁布施行的《广州市土地管理规定》，将留用地做法从政府规范性文件上升为地方性法规。

②政策中断。1998年8月国家修订了《土地管理法》，对集体建设用地施加了明显的限制，大大缩小了农村集体建设用地的利用空间。尽管1998年《土地管理法》仍然维持了《宪法》对"城市市区的土地属于国家所有，农村和城市郊区土地属于农民集体所有"的二元格局，但对两种性质土地的管理的表述则改变了1986年《土地管理法》将其并立的做法，明确提出"任何单位和个人进行建设，需要使用土地的，必须依法申请使用国有土地"。从1998年《土地管理法》中提出的对"兴办企业的建设用地必须严格控制""农村村民一户只能拥有一处宅基地""农民集体所有的土地的使用权不得出让、转让或者出租用于非农业建设"的规定中，表明政府对农村集体建设用地供应的从紧倾向。

广州市在国家新的土地法规条件下，面对乡镇企业已基本转制的新形势，实行非农建设用地主要靠国有土地来满足的改革导向。再加上由于客观上存在大量留用地低效和粗放使用，不利于节约和集约用地，2000年，广州市人大废止了《广州市土地管理规定》，停止了国家征用集体所有土地实行留用地政策。2002年《广州市关于"城中村"改制工作的若干意见》（穗办〔2002〕17号）规定："实施改制的'城中村'，在农民成建制转为城市居民后，村行政管辖范围内的剩余集体土地，按《中华人民共和国土地管理法实施条例》第二章第二条第（五）款的规定，一次性转为国有土地"，"村委会撤销后，今后不再配给自留用地"。因此，留用地的做法一度暂停。

③政策恢复。由于国家实施农地转为建设用地指标控制政策，但一些地区没有执行"村行政管辖范围内的剩余集体土地，一次性转为国有土地"的规定，导致对这些地区不再配给自留用地的指标。这样一来，有关部门对广州市所属区近10年不再批村自留用地，出现了农民不理解、不配合征地，导致大量工程项目进度滞缓的问题。

而随着对民生问题的逐渐关注，中央政策文件越来越强调保障农民的权益，提倡并试图规范农村集体建设用地市场化流转。《国务院关于深化改革严格土地管理的决定》（国发〔2004〕28号）："鼓励农村建设用地整理，城镇建设用地增加要与农村建设用地减少挂钩……在符合规划的前提下，村庄、集镇、建制镇中的农民集体所有建设用地使用权可以依法流转。"政策走向上已确立农村集体建设用地市场化流转。

2005年，广东省将留用地政策上升为省一级的政策规定，广州市据此全面恢复征地安排留用地的安置方式。当年3月21日，经省政府同意，广东省国土资源厅印发《广东省国土资源厅关于深入开展征地制度改革有关问题的通知》（粤国土资发〔2005〕51号），规定在保证货币安置兑现落实的同时，还可试行留用地安置，可按征地面积的10%～15%比例划出给被征地单位作生产发展用地。2007年8月30日，《中共广东省委、广东省人民政府关于解决社会保障若干问题的意见》（粤发〔2007〕14号）进一步确定了留用地安置方式，并提升为社会保障措施。

④政策完善。中共广州市委办公厅、广州市人民政府办公厅于2008年5月26日发布《关于完善"农转居"和"城中村"改造有关政策问题的意见》（穗办〔2008〕10号），明确要求各地在征收农村集体土地实践中：政府征收农村集体土地，越秀区、海珠区、天河区、白云区、黄埔区、萝岗区按照10%的比例，其他各区（县级市）根据适度从紧并与以往政策相衔接的原则，在不超过15%的范围内确定具体比例，划定经济发展留用地；实施区域开发时，应预先规划集体经济组织发展留用地，并尽可能相对集中连片使用，以促进集体经济发展。留用地报批手续应与征收土地报批手续一同上报，征地单位应配合行政职能部门协助集体经济组织办理用地报批手续。

2012年2月21日，广州市人民政府办公厅印发《关于贯彻实施〈广东省征收农村集体土地留用地管理办法（试行〉〉的通知》

（穗府办〔2012〕7号），规定留用地指标面积按照实际征地面积的
10%计算，进一步规范新征地留用地核定和兑现工作，强调留用地与
征地主体项目同步推进实施，确保被征地农民及时取得建设用地审批
手续完备的留用地。

表9-8　广东省、广州市留用地安置政策变更表

政策阶段	广东省留用地安置政策	广州市留用地安置政策
个别县起源		1992年《关于加强土地管理规定的通知》（番政〔1992〕6号）——规定按县征地数额15%～20%留给镇村建设的土地
由县及市，政府规范性文件		1993年《广州市国家建设征用土地和房屋拆迁管理若干补充规定》（穗府〔1993〕16号）——将番禺的做法推广到全市，规定征用土地应按照所征土地总面积5%～8%的比例，留地给村发展第二、三产业，安置剩余劳动力，以村为单位一次性大面积征完土地时，按所征土地总面积的8%～10%的比例作为村的留用土地
政府规范性文件上升为地方性法规		1995年《广州市土地管理规定》——规定"市辖区按所征土地总面积的8%～10%留出，代管市按所征土地的10%～12%留出，供被征地单位发展第二、第三产业，安置剩余劳动力"
征地安置措施提升为社会保障措施	2005年《关于深入开展征地制度改革有关问题的通知》（粤国土资发〔2005〕51号）——关于留用地安置，可按征地面积的10%～15%比例划出给被征地单位作生产发展用地。在城市规划区内的留用地应依法办理将其变为国有建设用地的有关手续。留用地转为国有建设用地或集体建设用地的费用纳入征地单位的预算成本 2007年《关于解决社会保障若干问题的意见》	2006年《广州市土地管理规定》——重新实施留用地政策，开始按征地项目逐一核定和兑现留用地指标

政策阶段	广东省留用地安置政策	广州市留用地安置政策
逐步完善	2009年《广东省征收农村集体土地留用地管理办法（试行）》（粤府办〔2009〕41号）——①留用地按实际征收土地面积的 10%～15%安排，具体比例由各地级以上市人民政府根据当地实际以及项目建设情况确定。②留用地选址应符合土地利用总体规划及城乡规划；根据产业分类分别向规划功能区、城镇社区集中。③留用地应当依法转为建设用地，原则上保留集体土地性质，在城镇规划区范围的留用地可征收为国有土地；留用地办理转为建设用地或征收土地手续的费用，纳入征地成本，由用地单位承担	2008年《关于完善"农转居"和"城中村"改造有关政策问题的意见》（穗办〔2008〕10号）——政府征收农村集体土地时应划定一定比例的经济发展留用地，其中越秀区、海珠区、天河区、白云区、黄埔区、萝岗区按照10%的比例划定，其他各区（县级市）根据适度从紧并与以往政策相衔接的原则，在不超过15%的范围内确定具体比例
		2012年《关于落实粤发〔2007〕14号文中被征地农村集体留用地保障有关规定》；《关于贯彻实施〈广东省征收农村集体土地留用地管理办法（试行）〉的通知》（穗府办〔2012〕7号）——规定留用地指标面积按照实际征地面积的10%计算，进一步规范新征地留用地核定和兑现工作，强调留用地与征地主体项目同步推进实施，确保被征地农民及时取得建设用地审批手续完备的留用地

广州在全国、全省率先实行留用地政策以来，较好地发挥了该项政策促进农村集体经济发展、增加农民收益的积极作用，得到广大农民的拥护。据统计，1992年至2011年，全市政府征地总面积39.5万亩，累计兑现安排留用地6.36万亩，平均留地比例约为16.1%，高于现行规定10%～15%的比例。按照平均每亩每年3万元产出测算，6.36万亩留用地相当于每年增加被征地农民收益19亿元。

（5）取得成效

20世纪80年代末，广州开始探索征地留用地做法，并于1995年通过制定地方性法规正式确立了留用地制度。由于起步较早，实施经验丰富，目前广州市征地留用地工作已经形成一套具有地方特色的留用地政策体系及留用地历史欠账解决方法，利用留用地指标成为广州市大多数农村集体经济组织取得建设用地的主要渠道。经过30年左右的制度实施，广州市的留用地制度取得了较大成效。

①被征地农民认可度和接受度较好的一种安置方式。在快速城市化背景下，非农建设用地需求旺盛，土地升值趋势明显而确定。留用地安置作为征地补偿安置的一种重要措施，赋予农民主宰未来生活更多的自由支配权。农民集体通过留地开发、出租物业，使集体经济组织逐渐由地主变为业主，农民逐渐转变为工人、股东或物业管理人员，而不必过度顾虑年龄、知识、能力等就业不利因素。留用地作为城市内部的不动产，伴随城市发展而升值，为被征地农民共享城市发展成果提供了更为全面的保障。留用地作为不动产，满足了农民对土地的长期依赖情怀，消除了农民对财产继承及子孙后代生活的担忧。截至2014年10月，历史留用地欠账指标中，货币补偿204.4亩，占欠账总数的1.51%；折算房屋10.3亩，占0.07%；办理指标调剂2474.3亩，占18.37%；出具具结承诺589.4亩，占4.38%；已办理规划选址手续的10 188.2亩，占75.65%（具体情况见下表），比较妥善地安置了被征地农民的生活。

表9-9　2014年广州市辖区历史留用地欠账落实方式统计表

分散留地		集中留地		指标调剂		货币补偿		折算房屋		具结承诺		合计
面积	比例（%）	面积	比例（%）	面积	比例（%）	面积	比例（%）	面积	比例（%）	面积	比例（%）	面积
6376.7	47.35	3811.5	28.3	2474.3	18.37	204.4	1.51	10.3	0.07	589.4	4.38	13 466.6

②给村民带来了长效稳定增入的机会，且便于农民操作监管。早期曾对留用地所有权满意度、留用地经营模式满意度进行过统计调查，在调查结果中了解到：一是留用地保留村集体所有权性质的农民满意度均值要略高于留用地转为国有土地的，而且其标准差较小，表明广州市被征地农民较为集中认同村集体所有的留用地类型。因此一

般情况下，广州农民对集体所有留用地的满意度高于国家所有留用地的满意度。二是留用地经营模式为村集体出租收取租金的满意度均值最高，其次为村集体与企业合作开发，经营模式为村集体转让获取收益（即"卖给其他企业且一次性收钱"）的满意度均值最低。村集体出租收取租金的满意度不仅均值最高，而且标准差最小，显示农民对留用地出租经营模式高度认可。从实际控制能力和承受风险水平的角度分析，农民对于村集体出租收取租金收益的满意度最高，而且意见一致性较强。

留用地作为不动产，相比货币更加易于监管。选址在村集体范围内的留用地，每天受到众多村民的监督，其开发建设、实际使用、收益状况等更容易被属地村民了解和掌握，监督管理的成本相对较低。留用地在转让方面的限制性条件较多，能较好地保证村集体的永续收益，而且作为建设用地，非农用途的留用地往往比更大面积的被征收的农用地可以给村集体带来更大的经济收益。与现行货币补偿为主的征地补偿安置方式对比，留地安置的即期收益不多，收益分配问题不凸显，村内部在征地过程中不易过度激化矛盾，具有减少征地冲突的积极效果。留用地如果采取出租等方式经营，收益长效且稳定，对维护被征地区域社会安定可以起到重要作用。而且在实际调研中广州市各区偏向于留用地指标落地，特别是天河区、荔湾区等发展速度较快的区级单位基本不考虑货币补偿方式。

③在一定程度上缓解了征地补偿不足的矛盾。我国有关征地补偿方面的法律规定，较少区分公共利益性与非公共利益性的征地行为，也没有针对不同用途、不同供求关系的征地设置不同的征地补偿费标准，而是基于农业用途原有产值规定补偿标准，采用单一货币补偿方式。虽然在快速城镇化发展时期，这种征地补偿方式能有效控制城市化、工业化过程中建设项目的用地成本，但是往往由于征地补偿标准与土地市场价值相比有较大差距，导致"三缺"（缺技术、缺资

金、缺信息），农民在被征地后变成"三无"（无社保、无岗位、无田地）农民。由于征地补偿标准确定的非市场化，征地单位和被征地农民之间没有实现公平交易，利益分配机制的不均衡使得被征地农民成为经济发展的"牺牲品"。因此，在现行土地基本制度框架下，把留用地安置政策作为解决因征地所产生的冲突、纠纷的一种应对策略，通过赋予农民一定的参与城市土地开发并获取相应收益的权利，得到了广大农民的认可和好评。谢昊研究表明，通过合理安排留用地用途，加强土地产权保护，引导和帮助提升开发收益，加强留用地政策宣传和引导，改进村集体内部留用地开发利用决策机制，均有利于完善征地留用地安置政策，改善政策实施效果。留用地安置措施是地方政府和农民围绕土地非农化而展开的关于土地发展权的利益分配博弈，其涨价部分的分配不同于以往"涨价归公"或"涨价归私"的争论，而是在利益分配上达成妥协的"涨价均衡分配"，因而能极大地缓解由征地所引起的冲突和矛盾。

3.发展述评

（1）理论层面

失地农民的留地安置问题已经日益受到重视，这必将对我国的农村集体经济组织的稳定过渡及社会的和谐产生深远的影响。

现阶段我国关于留地安置方面的研究，主要作为解决失地农民现实问题的政策去研究。当前的失地农民安置政策多数属于补偿型和保障型社会政策，而关于可持续生计和发展的安置政策相对较少，保障型安置政策固然必不可少，但是它并不能给予失地农民替代性的可用以发展的资产。因此有必要探索更为积极的发展型安置政策，使失地农民能获取新的发展资源。

国内学界对土地征用过程中存在的问题及应对策略进行了卓有成效的研究，但从目前的研究成果来看，对于通过制度创新，创新土地征用模式，实行征地留用制度的研究还不是很多。总体上看，深入浅出进行系统研究的成果较为缺乏，征地留用制度实践具有"摸着石头过河"的认识特征，且对于事实上已存在的地方政府与农村组织之间通过"征地留用制度"解决这些利益冲突的动力和趋势估计不足。

研究领域不平衡，大多留用地理念制度研究集中在东部沿海和大中型城市，中西部研究较少。同时由于经济发展相对缓慢，中西部地区留用地制度理论在实践过程中没有得到很好的运用。在我们这个庞大的国家实施起来，在总的方针不变的情况下，结合当地实际情况适当进行调整是十分有必要的。

理论展望：

①关于农地征用制度完善的研究。我国法律只对留用地进行了比较模糊的法律定位，如《中华人民共和国土地管理法》虽然有"地方各级人民政府应当支持被征地的农村集体经济组织和农民从事开发经营，举办企业"等规定，但其仅为原则性规定，并无具体的安置办法和保障措施，致使各地在政策制定和操作上出现较大差异。

②留用地收益分配机制的研究。对失地农民而言，留地是其失地后经济收入的主要来源和生活的保障。目前，留地收益分配主要有按户分配、按人分配和按失地面积分配三种形式，较为普遍的是按人分配，即针对不同的年龄结构制定分配方案。在农村征地留用地的开发利用过程中，由于各地区的农村集体组织在制度安排、集体决策、个人能力等方面并不一致，致使征地留用地的项目开发利用水平存在较大的区域性差异。

③留用地权属明晰的研究。留用地制度的问题大多集中在流通环节，而引发这些问题的根源在于留用地的权属不清。根据《土地管理法》的相关规定，国有产权和集体产权的法律定位很明确，问题的关键在于土地的性质是否和集体经济组织的集体性质挂钩，即集体经济组织拥有的土地就是集体土地，还是集体经济组织不仅仅能拥有集体

乡村贫困的地方性特征及土地利用对乡村发展的影响

土地，同时也能拥有国有土地。正是无法回答这个问题，现有的留用地属性皆是由地方政府决定，并在属性确定后，出现国有属性的留用地仍无法流转或集体属性的留用地事实上已进入市场流通的局面。

④失地农民市民化过程的研究。市民化的过程是失地农民放弃原来农村的生活方式，融入一个新环境、开始一种新生活的再社会化的过程。目前，失地农民市民化不仅没有制度保障，而且还存在一系列制度障碍。这些制度障碍已形成一个制度体系。在这个体系内，每项制度都有自身特定的功能，各项制度之间既有内在逻辑关系，又有相对独立性。其他制度的实施，一般都不同程度地以社会保障制度为依据，这就使保障制度改革的难度增大。与此同时，各种制度之间相互制约，又进一步放大了这一制度体系对失地农民的制约作用。

（2）实践层面

①主要开发模式。村留用地是国家土地征地过程中出现的一种典型的土地补偿形式，目前对村留用地的开发利用方式，国家、地方没有做出明确的规定，导致各地的做法各异，在浙江、广东、上海等许多地区演化出了不同的开发模式。从所选案例来看，以对留用地的开发建设这种模式占主导地位，根据开发建设的建设主体、资金来源的不同又可以分为三种模式：第一种是杭州留用地开发采用的自建模式、对外招商和与开发商合作开发并存的模式，这对于经济实力较强的省份来说比较常见。咸嘉模式和"金包银"模式是在当地政府的主导和强大的财政支持下进行的，这种模式取得成功的关键是当地政府在思想上把失地农民的安置工作纳入经济发展的大环境中去考虑问题，把失地农民的安置与当地经济的发展联系起来，推动了经济、社会的共同发展，政府对村土地补偿款分配和使用的监管十分到位。台湾地区征地补偿思路则是将农地看作农民个人财产的价值，补偿目标是使征地前后农民所有的土地资产价值不减少，显著不同于前三种模式仅仅将农地看作是农民的生产生活资料，补偿的目标是在一定货币

补偿的基础上，保障被征地农民的基本生活需要。

这四种模式都抓住了留地地权这个核心，使留地的地租和留地资本化收益不断增加，不同之处在于各模式对失地农民的资产进行了不同的配置，资产收益和风险不同。杭州模式一直坚持村集体自行建设开发、对外招商和外来投资合作开发方式并存的开发模式；台湾地区的征地补偿不以收买、征收或捐献等方式取得，而是重划地区之土地所有权人按受益程度比例分摊；厦门"金包银"工程是厦门市主导建设，村集体配合完成的；而长沙咸嘉模式则是在区委、区政府指导下，充分发挥村集体积极性，既壮大了村集体经济组织实力，又很好地解决了失地农民的安置问题。厦门模式和咸嘉模式更像具体的项目操作，虽然说这两种模式收益比较大，但风险也比较高，更需要政府强有力的支持和监管到位。

②留地安置模式利弊分析。通过已有留地模式的总结，得出留地安置模式的积极意义在于：缓和了征地冲突，减轻了政府的财政负担。政府在征地过程中通过运用土地补偿的这种方式，既节约了财政资金，又得到了村民的满意，是一个双赢的过程。留地安置方式给被征地村集体经济组织提供的实际补偿收益，远高于货币补偿政策中按照农业年产值若干倍数一次性补偿的货币收益，从而提高了实际补偿水平。失地农民可获得长期稳定收益，生活得到了保障。从现有案例来看，留地安置模式仍然存在一些问题：一是留用地安置模式适用范围的问题，大多数学者认为留地安置模式适用于经济发达且建设用地不紧张的地区，却没有具体的留用地适宜性评价体系。二是留用地的性质可以表现为国家所有和集体所有，国有产权具有产权明晰、易于流转、可纳入城市规划进行集中管理等优点，但需要办理土地征收手续、交纳土地出让金，成本较高；集体产权不需要办理土地征收手续，程序简单，成本较低，但在使用和流转上受到很大限制，不利于土地的增值收益。从留用地试点较多

乡村贫困的地方性特征及土地利用对乡村发展的影响
土地利用与空间规划丛书

的省市实践来看，留用地即使具备国有产权的身份，也无法进入市场自由流通，如杭州模式和金包银模式中，留用地产权皆为国有，都明确禁止留用地的市场流通。三是留用地返还比例及位置的确定。各地在实际实施留用地安置政策时，对留用地的规模和数量划分标准不一，村民愿意选择村周围地块，但这种选择方法使土地的整体利用效率打了折扣，从城市规划和成本出发不利于招商。四是留用地的经营管理问题，既包括政府的规划、引导问题，也包括征地村集体经营组织的经营、管理问题。

五、广州市留用地现状特征分析

根据1993—2012年广州市取得建设用地批准书的八个区的留用地空间数据库，笔者分别对整体及各个区的留用地的数据规模、规划用地类型、空间分布等进行了全面的分析，分析结果表明：在数据规模方面，广州市留用地从整体上呈现出地块数量和面积的增长率逐渐降低的趋势，留用地块数和面积所占比例较高的区域分别为白云区、花都区和天河区，其留用地增长趋势波动最大；在留用地规划用地类型情况方面，广州市留用地规划产业发展主要是用于工业，其地块数和面积分别占总量的53.99%和51.84%；空间分布特征方面，广州市留用地总体空间分布是以越秀区为中心呈现圆周状向周边扩散分布，表现出大数量小面积规模的分布模式。另外，面积较大的地块趋向于零散分布在远离各区中心的区域，而面积较小的地块则趋向于集中分布在各区中心及其附近区域。

1.数量来源及整理

广州市留用地原始数据包含来源于广州市国土局测绘院提供的广州市八个区自1993—2012年的留用地红线数据以及取得建设用地批准

书的统计信息表。其中包含留用地的八个区分别为白云区、番禺区、海珠区、花都区、黄埔区、荔湾区、天河区和越秀区。广州市行政区划数据为广州市2014年行政区划数据，各区留用地地块数量据所属行政区以最新行政区划数据为准。

上述不同类型数据对广州市留用地现状研究以及分析都是十分有效的，但是广州市国土局测绘院提供的广州市各区红线数据与批准书统计信息表并无现实空间属性信息的关联。因此，需要对现有的原始数据进行整理。数据整理过程中发现存在以下问题：

① 通过批准书统计表与红线空间数据中属性表相同的属性字段"简文号"（批准书文号）的关联，存在未能落图的批准书数据以及未能关联成功的红线空间数据。

② 广州市经历多次行政区划调整，但存在部分批准书信息并未及时更新。

③ 关联成功数据中部分地块项目类型不明确，无法判断其规划用地类型。

针对以上存在的三类问题，在数据分析和应用之前需要进行数据核查与更新等处理：

① 针对存在的第一类问题，以能够实现关联的数据为准来进行分析。

② 针对存在的第二类问题，追溯广州市行政区划更改历史，对涉及行政区划调整的批准书信息进行修改。例如，2000年西郊村、和沙村、坦尾村划归荔湾区，修改过程中就需要将涉及上述三个村的批准书信息中行政区划更新为"荔湾区"。

③ 针对存在的第三类问题，通过遥感影像进行批准书信息核查，确定其规划用地类型。

由于研究分析对象是排除了乡（镇）村公共设施、公益事业用地和农村村民住宅用地的农村集体建设用地，也即乡镇企业用地，所以，在对原始数据进行问题处理后需要筛选出实际研究分析对象。具体实施流程如下图9-22所示：

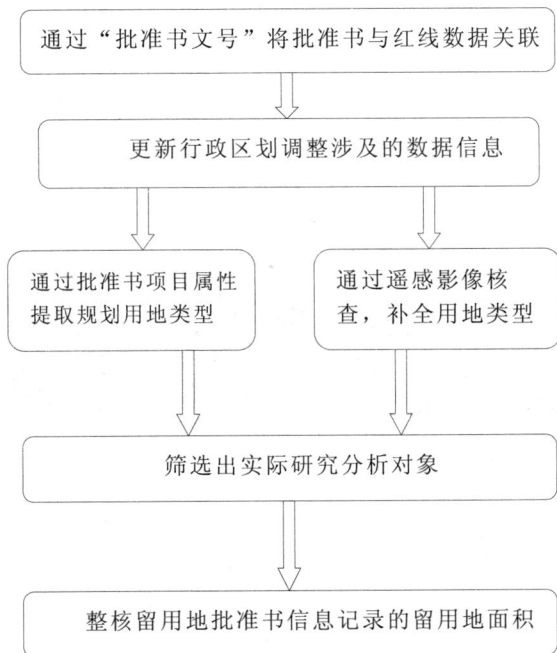

```
┌─────────────────────────────────────┐
│ 通过"批准书文号"将批准书与红线数据关联 │
└─────────────────────────────────────┘
                  ↓
┌─────────────────────────────────────┐
│       更新行政区划调整涉及的数据信息       │
└─────────────────────────────────────┘
          ↓                    ↓
┌──────────────────┐  ┌──────────────────┐
│ 通过批准书项目属性  │  │ 通过遥感影像核     │
│ 提取规划用地类型    │  │ 查，补全用地类型   │
└──────────────────┘  └──────────────────┘
          ↓                    ↓
┌─────────────────────────────────────┐
│          筛选出实际研究分析对象          │
└─────────────────────────────────────┘
                  ↓
┌─────────────────────────────────────┐
│     整核留用地批准书信息记录的留用地面积    │
└─────────────────────────────────────┘
```

图9-22 数据处理实施流程图

2.留用地规模分析

（1）市域总体规模情况

根据广州市留用地空间数据库，2012年广州市八个区的留用地总数为1554块，总面积为21 823 096.98m²。如图9-23、表9-10所示，留用地所占比例较高的区域分别为白云区、花都区和天河区，这三个区域的留用地地块数量以及面积之和分别占总量的69.57%和68.75%。其中，白云区留用地面积占总留用地面积约27.15%，花都区留用地面积占总留用地面积约19.07%，天河区留用地面积占总留用地面积约22.53%，且以上三个区留用地地块数量分别高达443块、333块以及305块，各占总留用地块数的28.51%、21.43%和19.63%。而番禺区、海珠区、黄埔区以及荔湾区留用地地块数量以及留用地面积比例均位于4%～10%。此外，越秀区是留用地地块数量和留用地面积最少的区域，其留用地地块数量仅占总留用地地块数量的2.64%，而留用地面积仅占总留用地面积的0.92%。

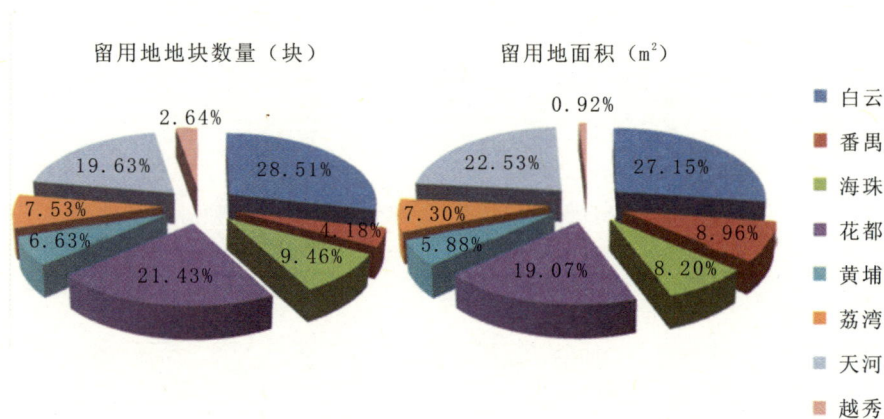

图9-23　留用地区域分布比例图

表9-10　2012年广州市留用地分布情况表

区域	留用地地块数量（块）	占总留用地地块数量比例（%）	面积（m²）	占总面积比例（%）
白云区	443	28.51	5 925 040.6	27.15
番禺区	65	4.18	1 954 503	8.96
海珠区	147	9.46	1 789 269	8.20
花都区	333	21.43	4 161 224.38	19.07
黄埔区	103	6.63	1 283 077	5.88
荔湾区	117	7.53	1 593 167	7.30
天河区	305	19.63	4 915 955	22.53
越秀区	41	2.64	200 861	0.92
合计	1554	100	21 823 096.98	100

乡村贫困的地方性特征及土地利用对乡村发展的影响
土地利用与空间规划丛书

（2）市域总体时序变化情况

广州市留用地从1993年至2012年每年的增长情况具有一定的差异性（如表9-11、图9-24、图9-25和图9-26所示），广州市留用地从1993年至2012年整体上呈现出数量、面积的增长以及其增长率逐渐降低的趋势。从1993年至1997年，留用地地块数量和面积处于快速增长的时期。1994年留用地地块数量增长率高达115.86 %，留用地面积增长率高达127.26%；1995年留用地地块数量增长率为39.39%，留用地面积增长率为45.17%；1996年和1997年留用地地块数量增长率分别为14.79%、13.39%，留用地面积增长率则分别为24.49%、22.03%，但仍然处于留用地快速增长的时期。1998—2004年，留用地地块数量和面积处于相对比较快速增长的阶段，其增长率均稳定降低，留用地处于稳定增长的阶段。而2005—2012年，留用地地块数量和面积增长整体上表现出比较缓慢的特征，尤其是2005年、2006年以及2010年，其增长率均低于1%；但是，从这几年留用地地块数量和面积增长率变化趋势来看又展现出逐渐加快的趋势，特别是2011年和2012年留用地地块数量增长率分别上升为2.57%和2.64%，其留用地面积增长率为7.76%和4.52%，这主要是由于数据以留用地批准书的时间为准进行统计，对2005年之前开始审批的留用地获得批准书的时间滞后造成的。

表9-11　1993—2012年广州市留用地增量情况分析表

年份	留用地增长数量（块）	留用地地块数量增长率（%）	留用地面积增长量（m²）	留用地面积增长率（%）
1993	227	—	1 832 508.58	—
1994	263	115.86	2 332 098.14	127.26
1995	193	39.39	1 881 133.42	45.17
1996	101	14.79	1 480 425.93	24.49
1997	105	13.39	1 658 208.91	22.03
1998	74	8.32	938 204.26	10.22

第九章
土地利用对乡村发展的影响

年份	留用地增长数量 （块）	留用地地块数量 增长率（%）	留用地面积增长 量（m²）	留用地面积增长 率（%）
1999	95	9.87	1 769 365.1	17.48
2000	99	9.36	1 586 804.1	13.34
2001	90	7.78	1 357 297.41	10.07
2002	68	5.45	943 266.5	6.36
2003	48	3.65	640 150.63	4.06
2004	25	1.83	1 191 678	7.26
2005	13	0.94	145 765	0.83
2006	5	0.36	74 490	0.42
2007	23	1.64	303 360	1.70
2008	21	1.47	454 072	2.50
2009	20	1.38	632 699	3.40
2010	6	0.41	155 029	0.81
2011	38	2.57	1 503 438	7.76
2012	40	2.64	943 103	4.52

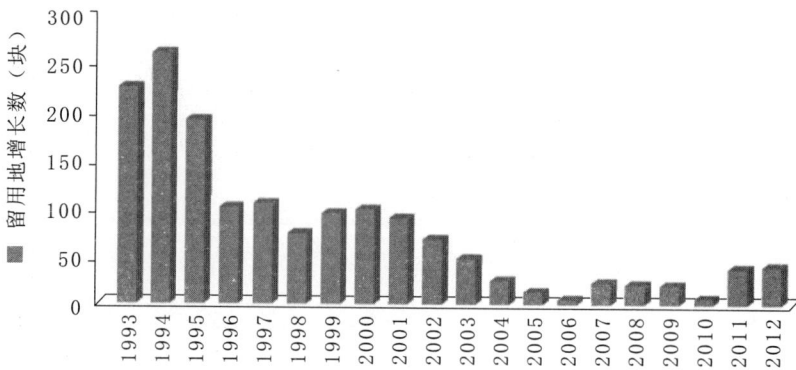

图9-24 1993—2012年广州留用地地块数量增长图

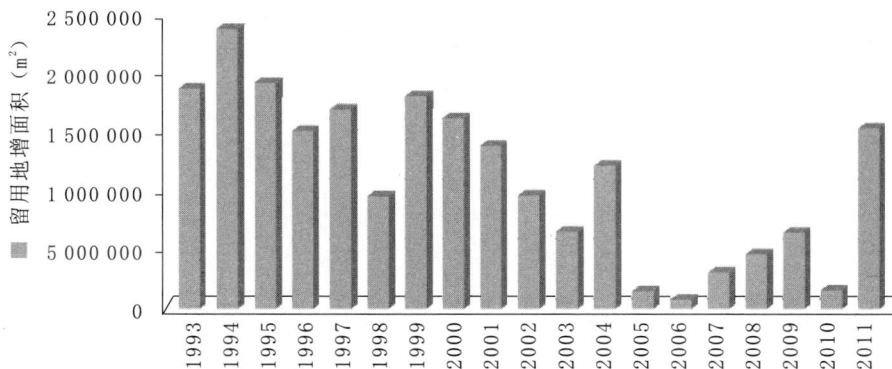

图9-25　1993—2012年广州留用地面积增长图

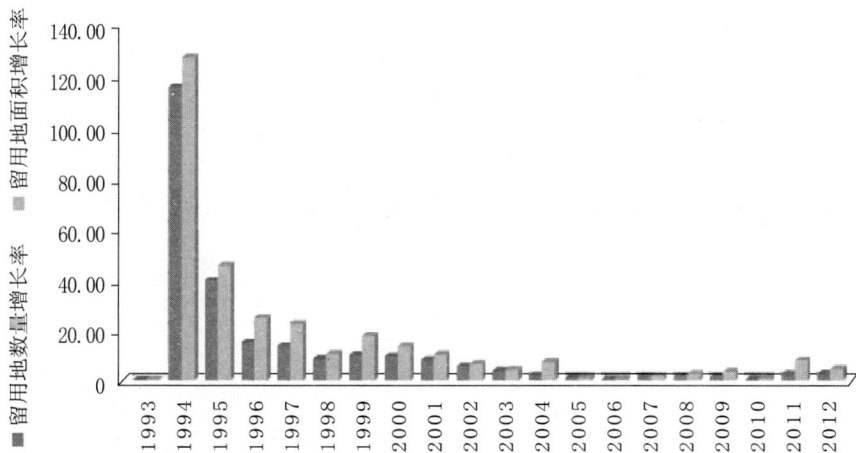

图9-26　1993—2012年广州留用地地块数量和面积增长率变化情况图

（3）各区留用地时序变化情况

通过对广州市各区留用地地块数量和面积在不同时间断面上的特征进行整合分析（如图9-27和图9-28所示），广州市留用地增长情况波动最大的三个区分别是白云区、花都区和天河区，作为广州市所占区域面积较大的三个区，其留用地地块数量之和以及面积之和分别占广州市留用地地块总数量和总面积的比例高达69.57%和68.75%。三个区留用地地块数量和面积增量大体上均呈现出从1993年至2003年快

第九章
土地利用对乡村发展的影响

速增长，2003年以后留用地增长速度呈较缓慢且较稳定增长的趋势，花都区从2007年至2010年甚至连续出现留用地增长空白期。而海珠区、黄埔区和荔湾区留用地地块数量和面积均占总量的7%左右，三个区留用地地块数量之和以及面积之和分别占总量的比例为23.62%和21.38%，均表现出留用地地块数量和面积增长波动较小且增长速度逐渐变缓的趋势。另有留用地地块数量和面积最少的番禺区和越秀区，其留用地地块数量和面积分别占总量的比例仅为6.82%和9.88%，两个区域均出现较长的留用地停滞增长期，越秀区从2007年至2012年增长率持续为0，而番禺区从1993年至2007年增长率也持续停滞增长。另外，这两个区域留用地增长呈现出此消彼长的趋势，越秀区从1993年至2006年，留用地地块数量和面积增量很小，其面积仅占总量的0.92%，番禺区从2007年至2012年，其数量和面积增长处于相对比较快速的阶段，其留用地地块数量虽占总量比例仅4.18%，但是其面积占总量的8.96%，甚至高于留用地地块数量占总量9.46%的海珠区，说明番禺区留用地平均面积较大。

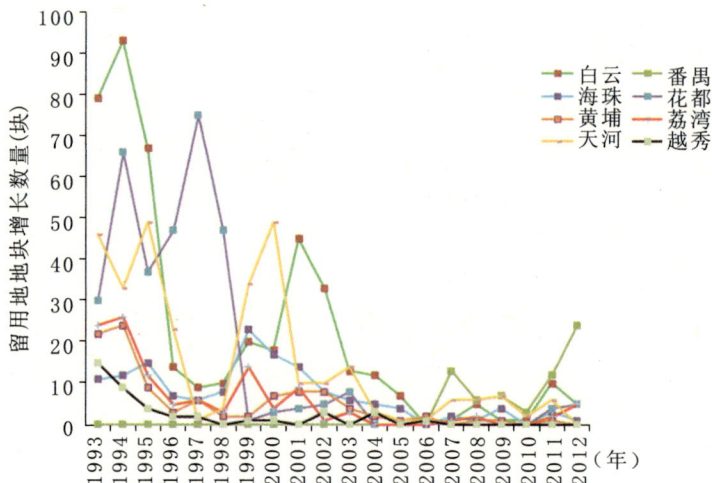

图9-27　1993—2012年广州市各区留用地地块数量增长情况图

乡村贫困的地方性特征及土地利用对乡村发展的影响

土地利用与空间规划丛书

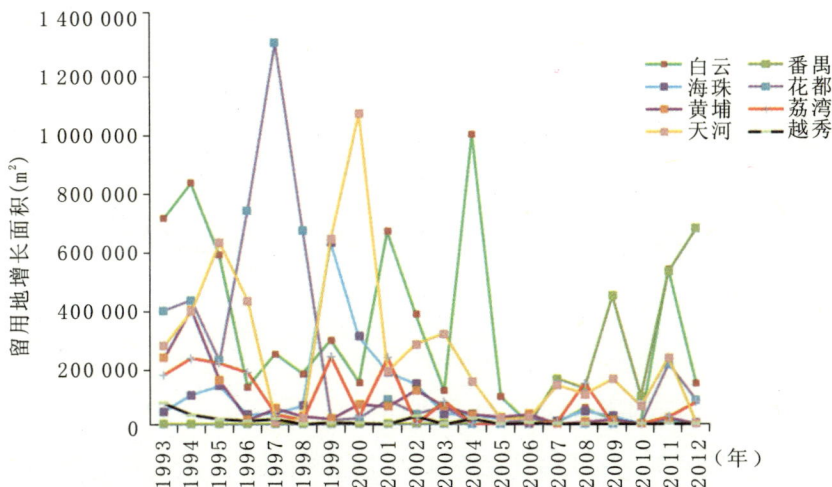

图9-28　1993—2012年广州市各区留用地面积增长情况图

3.广州市留用地规划用地类型情况

（1）总体规划用地类型情况

根据对广州市留用地规划用地类型情况进行调查分析，可以将其规划用地类型划分为工业、商业、工商业以及其他。其中，工业是指用于工业生产、直接为工业生产服务的附属设施用地或者用于物资储备、中转的场所用地等的留用地，商业是指用于企业、服务业等办公场所用地的留用地，工商业是综合了工业和商业的留用地，而其他是用于社会停车场等规划用地类型不确定的留用地。

通过对广州市2012年留用地规划用地类型进行分析（如图9-29所示），可知留用地产业发展主要是用于工业，用于发展工业的广州市留用地地块数量和面积分别占总量的53.99%和51.84%，其次是用于发展商业，用于发展商业的广州市留用地地块数量和面积分别占总量的40.15%和42.85%，而用于发展其他产业的仅占2%左右。

第九章
土地利用对乡村发展的影响

留用地地块数量(块)   留用地面积(m²)

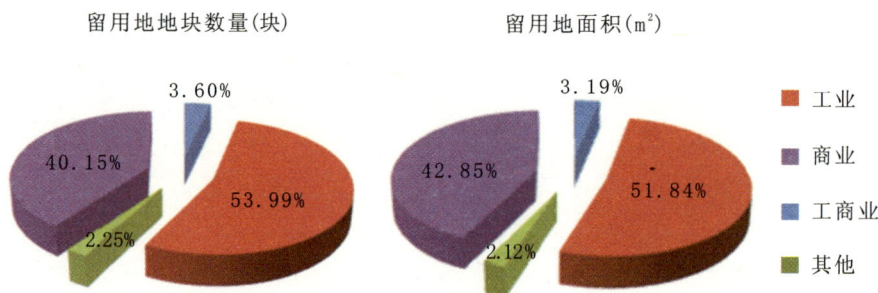

图9-29　留用地规划用地类型比例图

（2）各区留用地规划用地类型情况

根据对2012年各区留用地规划用地类型进行整合（如表9-12、图9-30和图9-31所示），发现各区规划用地类型分布存在一定的差异性。从各区用地类型所占留用地地块数量来看，白云区、黄埔区、荔湾区、天河区以及越秀区留用地规划用地类型主要以工业为主，而番禺区、海珠区和花都区则以商业为主。但是从各用地类型所占留用地面积来看，白云区、花都区、黄埔区和天河区留用地以发展工业为主，番禺区和海珠区以商业为主，而荔湾区和越秀区则表现出均以商业和工业为主。

表9-12　广州市各区留用地产业结构分布情况表

区域	留用地地块数量（块）				留用地面积（m²）			
	工业	商业	工商业	其他	工业	商业	工商业	其他
白云	296	120	16	11	2 954 330	2 618 224	159 262	193 225
番禺	27	37	0	1	863 672	1 090 029	0	802
海珠	66	72	7	2	673 773	1 005 297	91 529	18 670
花都	150	179	4	0	2 422 779	1 724 116	14 329.35	0
黄埔	61	36	2	4	850 175	370 826	18 834	43 242
荔湾	60	51	4	2	718 923	707 845	89 743	76 656
天河	159	113	21	12	2 718 373	1 757 340	316 246	123 996
越秀	20	16	2	3	111 340	76 658	7049	5814

乡村贫困的地方性特征及土地利用对乡村发展的影响

土地利用与空间规划丛书

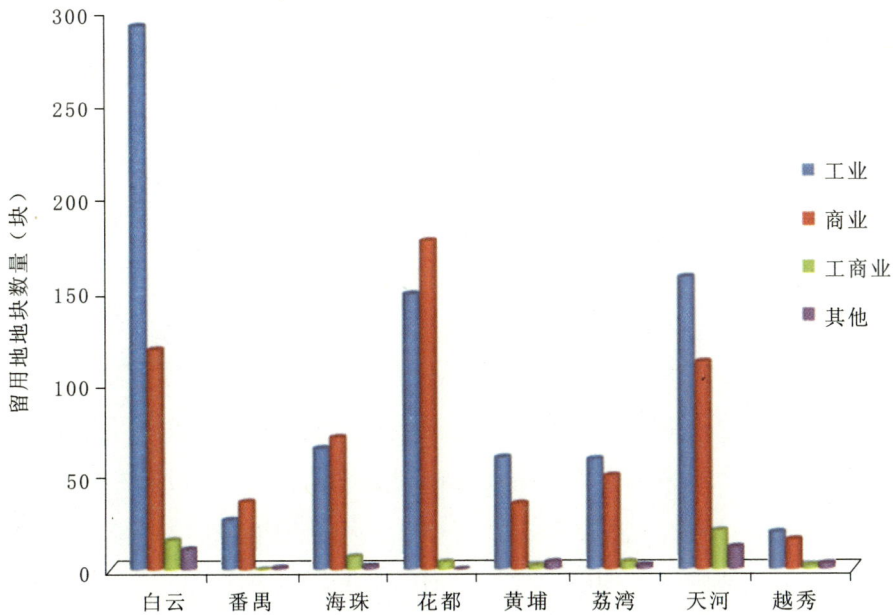

图9-30　基于留用地地块数量的广州市各区留用地产业结构分布图

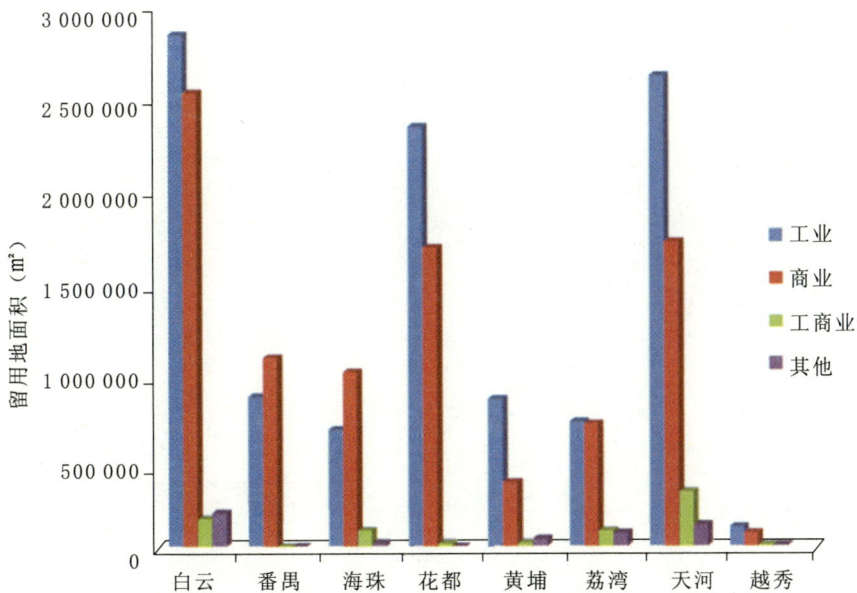

图9-31　基于留用地面积的广州市各区留用地产业结构分布图

第九章
土地利用对乡村发展的影响

（3）规划用地类型时序变化情况

通过对广州市留用地规划产业类型在时序上的增长情况进行分析（如图9-32、图9-33和表9-13所示），广州市各规划用地类型留用地地块数量和面积增长情况总体上表现出从1993年至2012年由波动趋势较大然后趋于较平缓的特征。2012年规划用地类型为工业和商业的留用地数量和面积分别占总量的94.14%和94.69%，因此，在时间断面上规划用地类型为工业和商业的留用地也表现出显著变化的特征。从1993年至2012年规划用地类型为工业的留用地地块数量和面积增长整体上高于其他用地类型的留用地。其次是规划用地类型为商业的留用地，从1994年至2010年其数量和面积的增量呈现出持续下降的趋势，但是2010年后又表现出逐渐上升的特征。规划用地类型为工商业和其他的留用地地块数量和面积分别仅占总量的5.86%和5.31%，在时间断面上表现出变化不显著特征，其留用地地块数量和面积增量比较稳定并且较少，2005年之后基本呈现停滞增长的状态。

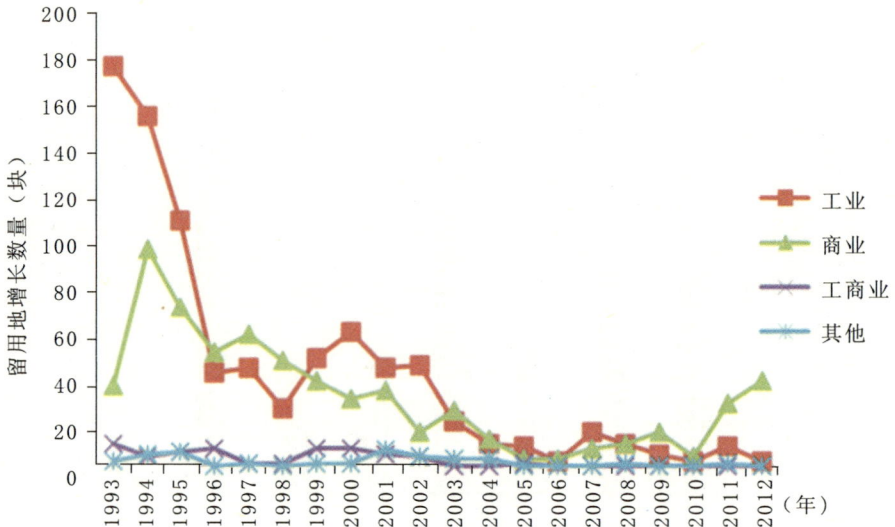

图9-32　1993—2012年基于留用地地块数量的广州市留用地产业结构增长情况图

乡村贫困的地方性特征及土地利用对乡村发展的影响

土地利用与空间规划丛书

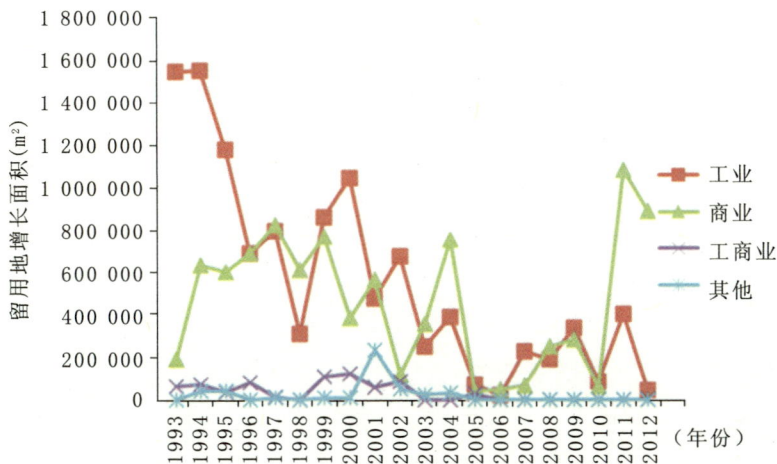

图9-33　1993—2012年基于留用地面积的广州市留用地各用地类型增长情况图

表9-13　1993—2012年广州市留用地各用地类型增长情况表（%）

年份	增长率（工业）		增长率（商业）		增长率（工商业）		增长率（其他）	
	数量	面积	数量	面积	数量	面积	数量	面积
1993	—	—	—	—	—	—	—	—
1994	87.7	100.3	269.4	326.2	40.0	114.6	250.0	1583.6
1995	32.7	38.0	53.4	72.4	42.9	26.5	85.7	92.6
1996	9.4	16.1	25.0	48.4	40.0	45.1	0	0
1997	9.0	16.0	23.1	38.8	3.6	5.0	7.7	9.1
1998	4.9	5.4	14.9	20.8	3.5	0.9	0	0
1999	8.6	14.2	10.5	21.6	26.7	39.7	7.1	7.9
2000	9.9	15.1	7.5	9.0	21.1	32.0	6.7	11.0
2001	6.6	6.0	7.9	12.0	10.9	11.8	43.6	206.5
2002	6.3	8.0	3.2	2.3	7.8	15.11	17.4	14.0
2003	2.6	2.7	5.2	6.6	0	0	11.1	5.9
2004	1.3	4.2	2.4	13.1	0	0	10.0	7.6
2005	1.2	0.8	0.6	0.6	1.8	4.4	0	0
2006	0.3	0.2	0.6	0.8	0	0	0	0
2007	1.9	2.3	1.5	1.1	0	0	0	0
2008	1.2	1.9	1.9	3.8	0	0	3.0	0.5
2009	0.6	3.3	2.8	4.1	0	0	0	0

第九章
土地利用对乡村发展的影响

年份	增长率（工业）		增长率（商业）		增长率（工商业）		增长率（其他）	
	数量	面积	数量	面积	数量	面积	数量	面积
2010	0.2	0.8	0.7	0.9	0	0	0	0
2011	1.1	3.8	5.0	14.9	0	0	2.9	0.2
2012	0.2	0.4	6.5	10.6	0	0	0	0

4.广州市各区留用地空间分布特征

（1）空间分布总体特征

通过对广州市各区留用地数量和面积进行空间分析，广州市各区留用地的空间分布整体上表现出面积较大的地块趋向于零散分布在远离各区中心的区域，而面积较小的地块则趋向于集中分布在各区中心及其附近区域，各区的集中分布呈现出各自的方向分布形态特征；其次广州市留用地总体分布是以越秀为中心，大量留用地呈现圆周状向周边扩散分布，表现出大数量小面积规模的分布模式，并且周边分散大量辐射状扩张分布模式，其中小于面积均值的地块占总数的72.6%，这些小面积规模地块的绝大多数参与了这一模式构建，并且这些小面积地块产生的时序也都趋向于较早年份，2000年之前的地块占其中的77.9%，2009年之前的地块占95.5%。

2009年之后的留用地块中52%的地块超过全部地块面积的均值，而在2009年之前的留用地块中只有25.7%超过地块面积规模的均值。这反映了国家征地模式的变化，从之前的大数量小规模的征地模式向小数量大规模集中征地的模式转变，或者是国家的留用地指标落地模式的转变。

通过对广州市各区留用地进行空间密度分析，得出广州市各区留用地的总体空间分布特征；将各区的留用地面积除以对应区的行政区总面积，得到广州市各区留用地的密度：整体上，广州八个区的留用地密度并不均衡，分布在0.25%~3.60%。

海珠区和荔湾区的密度相对较高，原因是这两个区的留用地总面积相对较高，而行政区的总面积大小相对较小，从而导致留用地块密度相对较高。

白云区的留用地总面积最大，但由于白云区的行政区划总面积较大，稀释了留用地面积而导致留用地密度较低。

将1993—2012年广州市各区所有留用地以圆点的形式标注其位置，以圆点的大小和颜色表示该留用地块的大小（如图9-34所示），广州市各区留用地的面积大小及其空间分布表现出一定的差异。整体上广州各区的留用地在早些年份的地块面积规模较小，数量分布较集中，而后期的地块面积规模趋向于变大，数量有所减少，空间分布也更加离散化。

（2）地块面积大小及产生时序分布特征

下面结合图谱原理对广州市各区留用地的面积大小、发生时序及其空间分布特征分别进行分析（如图9-34所示）。

番禺区的留用地块数量不多，只有65个，但面积规模大的地块却占很大比重，面积超过其所有地块面积平均值的占47.7%，面积超过1公顷的地块有3个，且均为2007年之后的数据，离散分布程度很高，与其他市辖区的特征存在明显差异。

越秀区的留用地块数量很少，只有41个，其中83%的地块位于西北角凸起的区域，而这一区域是2005年广州市行政区划调整中由白云区划分给越秀区的，因此可见自1993年以来在越秀区老城区，国家几乎没有实施征地行为。

花都区留用地块无论面积大小还是聚集程度都呈现出明显的特征，在留用地的空间分布上，大多数留用地聚集在花都区中南部的新华街道和雅瑶镇，其数量约占花都区所有留用地数量的72%，且留用地面积较大的地块也基本上分布在这些地区；花都区其他区域的留用地则分布较为零散且面积较小，总体呈现从花都区中南部向一定方向辐射扩散的分布特征。

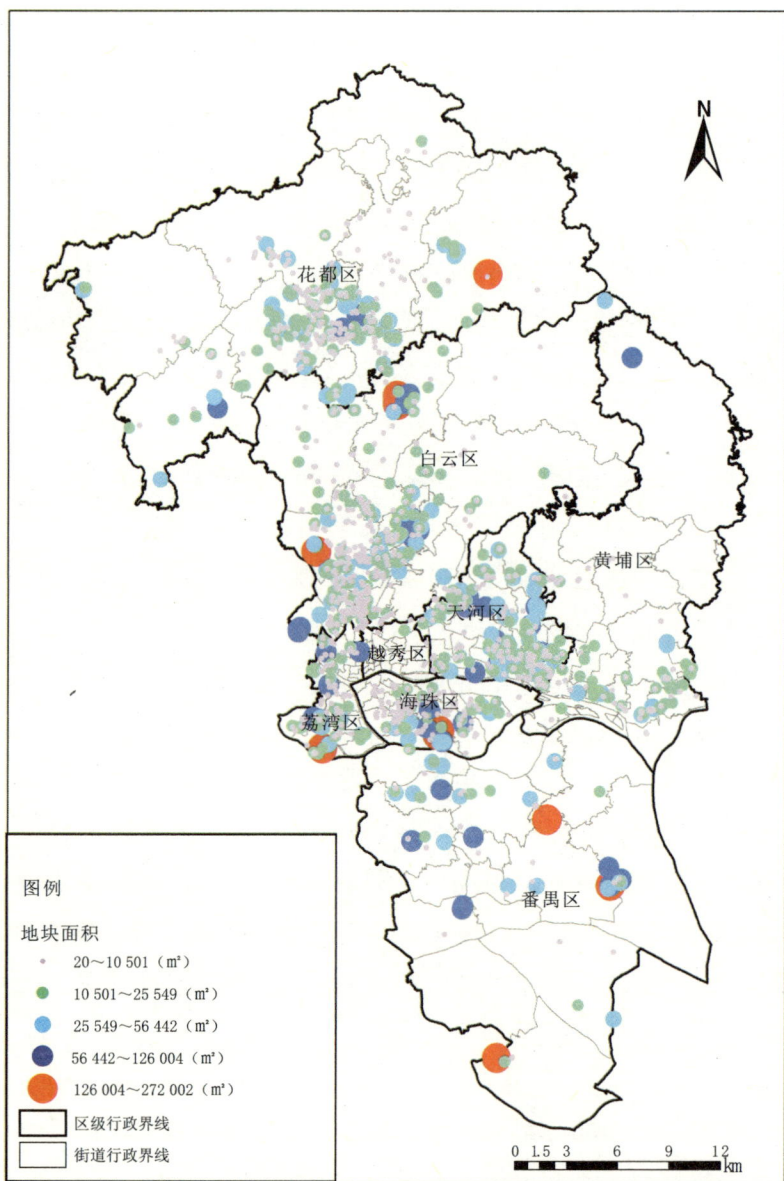

图9-34　广州市留用地空间分布示意图

　　白云区留用地块呈现出沿白云山西面由南向北呈条带状扩展的特征，其中大量中小面积的留用地块聚集在西南角，并呈现出向西北和

乡村贫困的地方性特征及土地利用对乡村发展的影响

土地利用与空间规划丛书

东北两个方向上的长距离辐射特征，异常大面积的地块则零散分布在白云区中部和北部。

荔湾区的留用地块呈现南北向的柱条状分布特征，该条带北与白云区的南部留用地聚集地相接，沿着广州与佛山界线向南扩展，散布在金沙洲、老荔湾区西部以及整个芳村地区，留用地面积较大的地块则主要聚集在荔湾区西部。

海珠区留用地块整体在全区域的分布较为均匀，小面积地块主要聚集于西部并呈现向东部剧烈扩散的特征，面积较大的地块主要趋向于聚集在中南部。

天河区留用地呈三块聚集区，一块在南面沿着珠江呈条带状分布，并且自西向东留用地数量逐渐增多向北部扩散，一块从白云山南面开始沿着东北方向伸展，然后又分叉成东北和正东两个方面呈条带状延伸，还有一块是在与增城接壤的东部地区由北向南呈条带状，并且与天河区南面沿珠江分布的条带状留用地聚集区相连。

黄埔区的留用地数量相对较少，主要聚集呈现在南部，与天河区南面沿珠江分布的条带状留用地聚集区相连，沿着珠江自西向东呈条带状分布。本部分对留用地空间分异特征的分析，为后面留用地的模式特征发现提供基础数据支持。

（3）地块规划用地类型特征分析

留用地的产业用途与留用地的实施效果紧密关联，通过对留用地的用地类型（即产业类型，本小节内统称产业）进行分析，可以较好地获知留用地的利用情况，有助于分析留用地落地后的利用效能；留用地的产业分布特征能够较为清晰地表达出留用地的空间利用特征，以及在整个市域呈现出的产业结构特征。所以通过对留用地的产业分布特征进行分析，可以得到留用地与周围环境的匹配情况，以及探究留用地的产业利用是否合理。

本研究将广州市域八个区的留用地块用实心圆标注其位置，并且根据用地类型用不同颜色标注各实心圆，得到至2012年广州市所有留用地产业结构分布图（如图9-35所示）。通过对广州市留用地的产业分布进行分析，可知广州市留用地呈现出如下的产业空间分布特征：

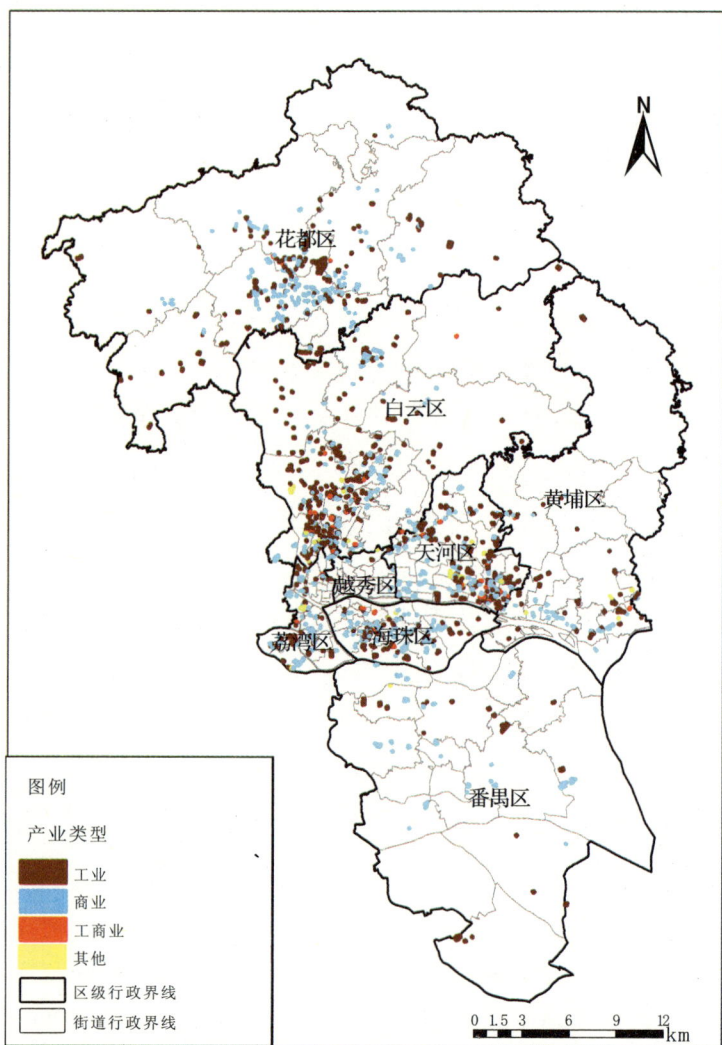

图9-35 广州市留用地产业类型分布示意图

①从数量上看，广州市留用地的规划用地类型中，工业和商业类型占了绝大多数，这两种类型的地块总数占比达到94.14%，地块总

乡村贫困的地方性特征及土地利用对乡村发展的影响
土地利用与空间规划丛书

面积占比达94.69%，说明留用地落地后的利用程度很高，有助于推动集体经济的可持续发展；其他用地类型的数量很少，多散乱分布在越秀区的周边地带。

②从不同区域来看，不同市辖区的用地类型呈现出不同的特征，其中海珠区的留用地块中商业类型最多，达到49.0%；天河区、白云区的留用地块则以工业类型居多，比例分别达到67.1%和49.86%；其他市辖区则在商业用地和工业用地上数量较为接近，反映了各区的商业与工业结构化程度存在差异，即各区的主导规划产业结构类型是商业类型还是工业类型。

③从留用地的规划用地空间分布特征来看，商业用地在空间上相对较为聚集，且多分布在现有商业区的周边地带，而工业用地则表现得较为离散，散布于全市域各个地区，且在成熟商业区周边的工业用地相对较少。

④工商业主要分布在海珠区、天河区、白云区，这和广州老城区的发展情况有关。

为了对广州市留用地的产业聚类与分异情况进行分析，本研究对广州市留用地的产业结构进行聚类与差异分析，得到至2012年广州市留用地产业结构聚类与差异分析图（如图9-36所示）。图9-36采用局部聚类算法，取权重影响距离为1200米（通过计算各区的地块标准距离得出的均值），所以只会在数据集中的地方才出现集聚结构；规划用地类型量化值为离散的10、25、50、100，分别对应商业、其他、工商业和工业，这样表示产业之间是相互有影响的，但是影响的权重是不同的。采用不同参数计算发现：

标准化与非标准化以及不同的赋值方法的聚类结果几乎完全相同；经过设定不同距离权重和聚类算法进行比较，排除产业量化赋值引起结果极端固定的可能性。因此，聚类分析结果表达了产业的结构聚集特征。

产业的聚集分布范围与数据的集中分布范围正相关，但是多数数

第九章
土地利用对乡村发展的影响

据间没有出现集聚特征，说明地块产业间的联系依然是很脆弱的，即地块的规划用地类型在空间上的分布总体是离散的。

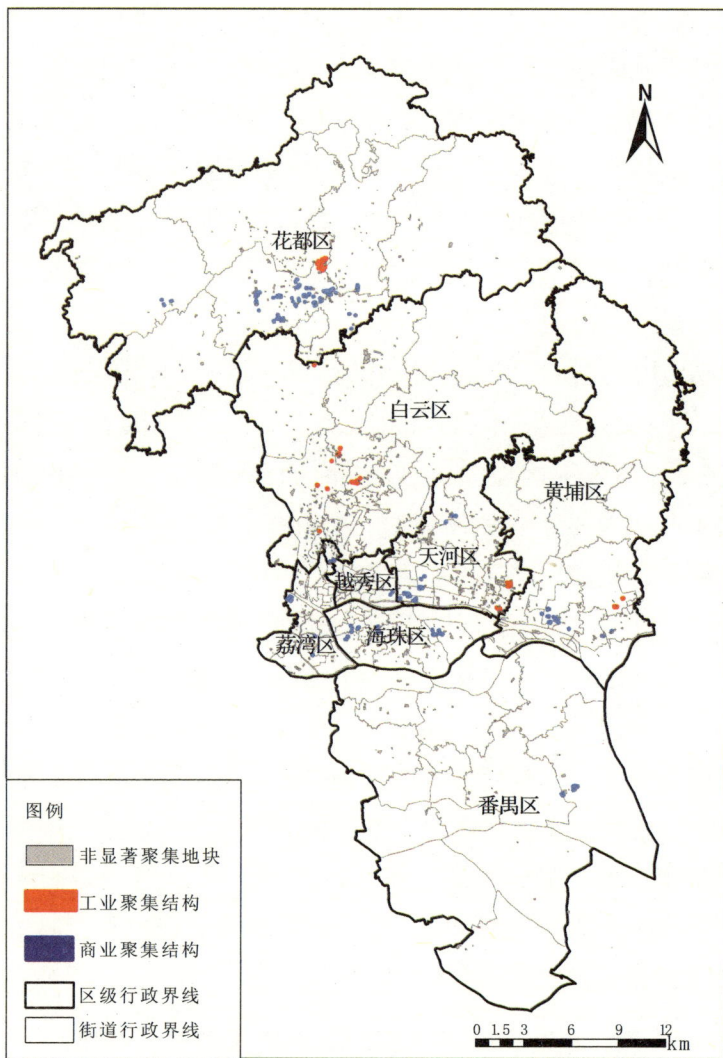

图9-36 广州市留用地产业结构聚类图

（4）留用地地块方向分布特征

通过对广州市各区留用地的分布聚集情况分析可知，留用地地块在各区空间上的分布具有明显的方向性，这间接地表征了某些潜在因子的方向分布特征，比如，区域经济发展水平差异等，为了更好地说明地块在空间上分布的方向性特征，采用方向分布椭圆来表征数据的这种区域分布特征。

方向分布椭圆是根据各地块在空间上的分布，计算这些要评估地块的平均中心，并用两个标准差分别表示椭圆的长短轴，同时给出一个方向值表示数据的分布方向性，其中一个方向椭圆涵盖了68%的输入地块数据。

图9-37给出各区留用地地块加入面积权重（面积权重说明：留用地地块分布标准差椭圆加入地块面积作为权重进行标准差计算之后的结果）计算的方向分布椭圆和不考虑地块面积的方向分布椭圆，并进行这两类方向椭圆的特征比较：

广州市各区留用地地块的方向分布椭圆，呈现出以海珠为中心的向外圆周辐射的状态，并发现加入面积权重计算的方向分布椭圆相比各区没有加入地块面积权重（即仅仅利用地块的空间分布）计算的椭圆均出现外扩现象，说明越远离中心的地块的面积大小较大。

方向椭圆在越远离辐射中心的条件下，椭圆越趋于增大，说明地块间的标准差越来越大，地块越来越离散，征地集约约束越来越弱，并且考虑面积权重的椭圆外扩越大，即远离区中心的征地面积规模也趋于较大规模。

通过分析图9-37得出如下分布特征：

花都区留用地的分布方向沿东西偏北方向延伸，方位为67.5105度，且留用地的分布主要集中在地区的中南部，这很有可能和花都区的地形条件有关；

白云区的方向椭圆分布在地区的西部，延伸方向为向西偏离南北方向17.647 351度，且在与越秀区接壤的地方留用地集中分布；

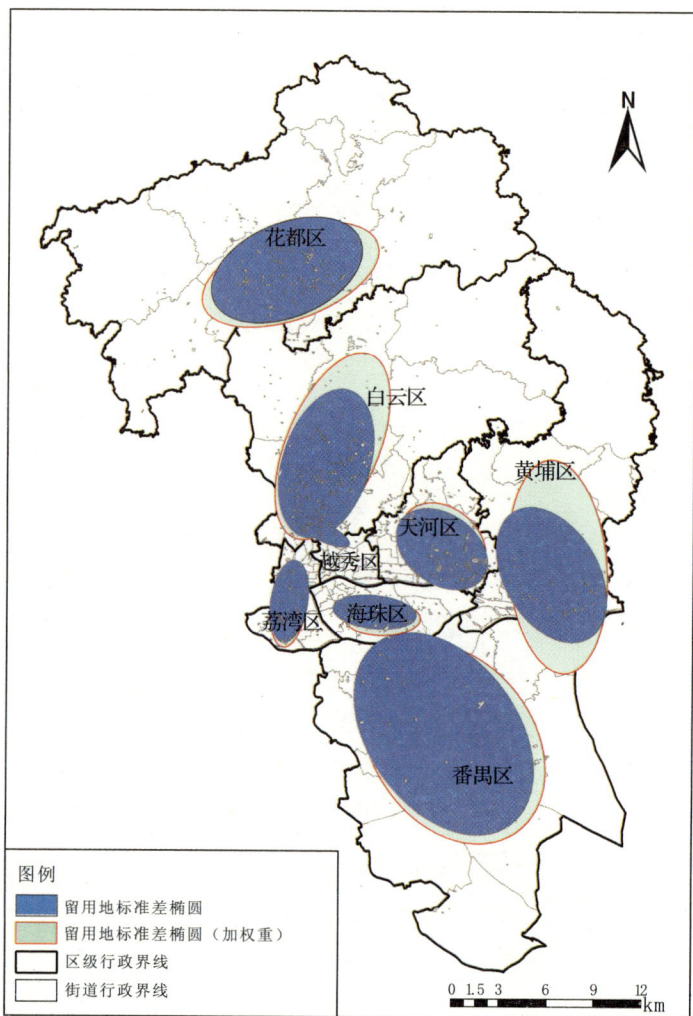

图9-37　广州市各区留用地方向分布示意图

　　越秀区的留用地集中在该区的西北部，方向椭圆距离区中心较远，说明该区留用地分布的区域性明显；

　　天河区的留用地分布较为均衡，方向椭圆的位置接近区域中心，椭圆形状接近行政区域形状，较小的拉伸方向沿西北—东南方向，因为天河区的留用地分布相对均匀，但在西北和东南方向靠近边界的区

乡村贫困的地方性特征及土地利用对乡村发展的影响
土地利用与空间规划丛书

域各有一个地块聚集区；

荔湾区的方向椭圆基本沿区域方向，分布方向为向东偏离南北方向，方位为8.615824度；

海珠区方向椭圆的延伸方向为东西方向，和该区的形状大致一致，主要是因为海珠区的行政面积不大但是留用地密度很大，分布也相对均匀；

黄埔区的方向椭圆沿南北方向延伸，方向椭圆分布在整个区域的南部；

番禺区的方向椭圆很大且倾向于靠近市中心，但是番禺区的留用地块数很少，说明地块分布在整个行政区圆周上离散。

结合面积因素分析之后，方向椭圆特征有所改变，因为地块面积大小分布的不均匀性，作为权重加入计算后，导致方向椭圆的标准差发生变化：

花都区在加入面积权重因素之后，长轴延伸有所增加，说明面积在这个方向上的影响是使其在该方向的差异性变小，即这个方向上椭圆外部区域较大面积的地块占有较大比例；

白云区加入面积因素之后方向椭圆的延伸也有所增加，但是在靠近与越秀区接壤的地方，留用地还是集中分布，只是东北方向的延伸增加明显，说明这个方向上椭圆外部有较多大面积地块存在，但是白云区的留用地无论是面积还是地块数量，都聚集在西南方向；

越秀区加入面积因素之后几乎没有变化，说明留用地的分布与面积的关系较小，面积因素的加入并不能有效地改变其分布的差异性，即这个区域的地块的面积大小比较均匀；

天河区加入面积因素之后，东北方向延伸增加，说明在这个方向上椭圆外有大面积地块的影响，考虑面积因素之后，东北方向上的差异减小；

荔湾区加入面积权重因素之后几乎没有变化，说明地块面积对留用地方向分布特征影响较小；

海珠区加入面积权重因素之后方向椭圆的大小及位置有所改变，向西北部偏离，说明加入面积权重因素之后，留用地的方向分布特征向西南延伸，椭圆特征并没有明显的变化，只是整体偏移，地块面积对留用地分布特征的影响不是很大；

黄埔区加入面积权重因素之后，方向椭圆特征分布方向和大小变化较大，长轴方向发生旋转、轴长明显变大，说明面积因素使留用地的方向椭圆向西北—东南方向延伸，这个方向上的留用地分布离散度大，地块面积差异也大；

番禺区在加入面积权重因素之后，变形椭圆整体向东南部偏移，但是椭圆特征变化不大。

六、开发利用模式与效益

基于广州市现状分析中征地留用地的特征，笔者通过对各区国土资源与房屋管理部门对全市留用地整体情况的调研，以及通过典型调查相结合方式，总结广州市留用地土地利用模式、利用效益和特征。通过对典型案例地的调研，笔者发现特殊性和创新性的利用效果，总结实践经验。

1.调研案例地选取

根据广州市局以及各区局对留用地开发利用和实践情况的初步了解，以各区局推荐的方式，由各区局推荐各区在留用地开发利用和使用上具有典型代表性的村庄，进行问卷调研与访谈。调研会议由村里了解留用地开发利用情况的代表（一般为村书记、村主任、村经济联社的主任等）、区分管留用地的工作人员，村所在街道、留用地项目开发企业等一同参与，共同讨论留用地开发的历程、现状、面临问题与下一步的计划。

目前共有除海珠区之外的11个区反馈各区留用地开发利用总体情况和各区典型调研留用地村庄、地块推荐表。其中越秀区因为基本完成土地的国有化，区内一直未进行留用地数据管理，故未上报此两表，仅上报由市局代填的留用地基本情况表。此外，由于各区上报时间的差异和项目组调研安排的原因，余下10个区中有萝岗、花都和增城仍未开展实地调研。各区典型调研留用地村庄、地块推荐汇总如表9-14：

表9-14　各区典型调研留用地村庄、地块推荐汇总表

序号	区名	推荐村庄、地块名	推荐原因
1	天河区	柯木塱	村留用地主要是以自筹资金自主开发为主，具有代表性。开发后以工业或商业模式对外承租，全部得以利用，留用地开发后的整体效益较高
2	萝岗区	玉树工业园	自主开发、招商
		火村返租	政府招商、开发
3	黄埔区	文冲经联社	文冲经联社留用地落地积极性较高，建成投入后收益较好
4	荔湾区	葵蓬联社	经初步摸查，该联社共有6宗地因为城市规划变化，导致无法报建和开发利用
		东塱联社	取得规划许可证时已扣留用地指标（办理规划许可证后未完善用地手续），在原规划许可证过期后重新申办时，规划部门要求重新提供留用地指标方可办理。目前，联社已无留用地指标
5	白云区	松洲街槎龙村龙骏广场	该项目为我区村自主开发、较为高效利用的经济发展用地项目
6	番禺区	沙湾镇龙岐渔港和荔园新天地	"荔园新天地"为历史留用地村自主改造项目，龙岐渔港为历史留用地开发项目
		石壁街石壁一村、石壁四村万科合作开发项目	项目开发模式为"村出地、引入开发商出资合作开发、建成物业按比例分配"的形式开发留用地
7	从化区	广东从化经济开发区高技术产业园水南村集中留用地	工业园区集中留用地，有利于"统一规划、整合开发"

序号	区名	推荐村庄、地块名	推荐原因
8	南沙区	黄阁镇乌洲村	工业区村留用地开发
		南沙街金洲村	"货币+物业"兑现留用地模式开发
9	花都区	新雅街清布村198亩留用地	①花都区第一宗上报和审批的留用地②用地手续已办妥，并与国际商务城签订合作协议，目前已办理了报建手续，准备施工
10	增城区	广州市增城市新塘镇塘美村经济联合社95.129亩地块	增加村集体收入

2.开发利用的一般流程与理论模式

（1）留用地获取的一般流程

通过广州市12区国土资源与房屋管理部门反映的留用地开发利用整体情况，以及对各区推荐的留用地开发利用典型村庄的实践历程、使用现状和开发利用效益情况进行调研，笔者发现在土地被征用之后，至留用地进入开发阶段，获得收益之前，获取留用地的指标和指标落地是影响留用地能否进入实质性开发阶段的关键步骤。

在2006年留用地政策未统一之前，在鼓励发展村镇经济的大背景下，各村一般只需要向区内提出村集体经济发展用地申请，即可在区层面获批，获得村集体经济用地的土地使用权。

在留用地政策统一之后，按照当前留用地政策及各区在实践过程中的具体操作流程，大概需要经历三个阶段才能进入留用地的实质性开发阶段（如图9-38）。

从土地被征用起，需要被征用地土地符合留用地补偿政策，对于历史产生的征地，可以根据历史征地协议重新审核留用地指标。但是往往被征用土地不符合土地利用总体规划或者城市总体规划和控制性规制，造成土地被征用后，留用地指标却无法落实。总体上看，近年征地过程中留用地土地指标的返还执行情况较好，一般是历史留用地指标容易在此阶段产生问题。

　　获得留用地土地指标后，一般村集体比较倾向在村庄范围内划分留用地落地范围，一方面避免造成二次征地，另一方面村民对于本村土地有很强的依恋感和归属感。通过审批符合两规的指标可以落地，村集体获取土地所有权和使用权。在此阶段，一般因为后续城市规划调整过程中，对于留用地位置、规模和功能的忽视，造成土地规划功能与留用地用途矛盾，使得已有村留用地指标无法落地使用。也有少数村庄因为对留用地的再次征用，村民认为应当获得"征一补一"的指标补偿，但在实际操作过程中，却因无相关法规参考，造成村集体留用地指标减少。

　　村留用地落地，打算进入实质性开发阶段之前，还需要办理落地地块的农转用手续、规划用地许可证和允许建设书，许多村庄的留用地空置无法利用的原因，是办理这些手续的流程复杂烦琐，历时短则一两年，长则一二十年。留用地在使用过程中的这些流程与手续，是影响其开发利用的非常重要的因素。

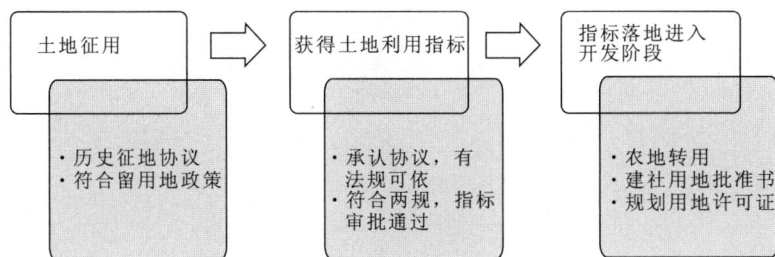

图9-38　广州市留用地获取的一般流程图

（2）留用地开发利用模式的理论结构

　　在对各区村留用地使用历程、开发利用情况和利用效益进行综合研究后，笔者发现，留用地开发利用的过程和模式，实质上是村集体对于留用地的开发模型、留用地的使用方和村留用地收益模式的选择过程。

为了能够清晰地梳理当前广州市各村留用地在开发利用过程中和利用效益中的现状和问题，必须从留用地开发利用模式的以上三个内涵出发，去理解各村的留用地开发利用实践。其中，留用地开发模式的选择是其中的关键，决定了留用地的使用方，也在很大程度上影响着留用地收益模式的选择。而对于留用地指标、留用地所有权和留用地地上物权的开发的选择是村留用地开发模式的核心，将在下节单独重点分析。

留用地的使用方，主要是村集体自身、政府、企业（包括大型地产开发商、国企、民营企业等），有时个人也会成为留用地的使用者；村的收益模式主要包括现金兑现、租金返还和物业返还，以及三种模式的组合，如南沙区金洲村与深圳星河地产共同开发的留用地项目，就是采用了"现金+物业"的收益返还模式，而无论是出租土地还是出租物业的留用地收益，其实都是租金返还的模式。

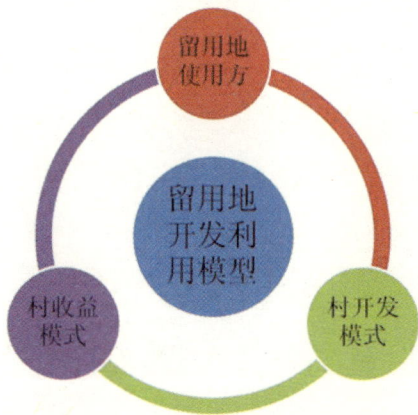

图9-39　留用地开发利用模式的内涵

（3）留用地开发的理论模型（如图9-40）

村留用地开发模式的核心是村集体对留用地指标、留用地所有权和留用地地上物权的开发的选择。通过其对留用地三种所有权类型的使用，可以与其他使用者达成使用协议并获得利益分成的过程，这个过程是留用地的开发利用过程。而这三个所有权中的前两个，也正是与留用地获取流程中的后两个阶段相对应。

获得留用地土地指标后，由于留用地对于未来全村村民的生计影响较大，村集体几乎都会选择在本村范围内落地转化为土地所有权（也有极少特例因为指标太小直接与政府兑现为物权），但也有少部分村由于暂时不打算使用或者不方便使用指标，与政府签下具结承诺。如果村被全部征用或者指标不方便落地等原因，也会选择将指标出让给其他潜在的使用方。

获得留用地的土地所有权后，村集体若直接将土地转让，则所有权发生转移，村集体获得土地转让收益。大部分村集体由于开发资金问题和村委自身开发经验和专业知识不足，会选择土地出租模式，收获土地租金，收益相对丰厚、稳定，收盘方式简单，对于村集体而言，是性价比比较高的开发模式。

位于城区或者各区中心区的村庄由于土地资源非常珍贵，土地价格与物业价格出租收入差异大，物业出租价格比土地高，一般会选择在土地上开发物权以获取更高的收益，而且土地转化成物业出租，出租面积有大幅增加，对于村庄整体收益而言提升较大。另外，早期有一定资金、专业知识、管理经验和人才积累的村庄，也会倾向于自己出资建设物业，为客户定制仓库然后再租给用户，提升收益水平。就目前调研情况看，没有村庄在建设物业后自己经营，其原因是从物业建设到具体经营跨度较大，而且收益存在不确定性，因此自主经营模式没有村庄使用。村庄对留用地地上物业的开发经常使用的是合作开发模式，通过引入专业的开发商，既可以帮助解决土地、物业建设的流程与报批问题，也可以充分依托合作方专业的能力，缩短土地、物业开发周期，合理规划用地，提升物业品牌，增加收益。在自主经营、合作开发和出租模式下，还有管理权的选择问题，一般自主经营村集体会保留管理权，其他方式下村集体能行使管理权的可能性较小。

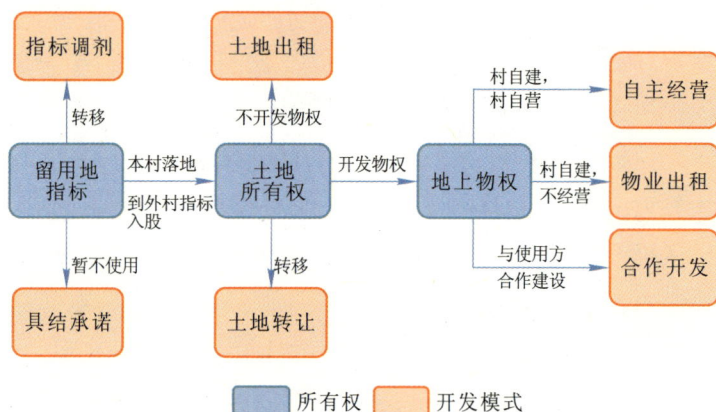

图9-40　留用地开发模式的理论模型

　　根据以上分析，当前对于一些典型村留用地开发利用模式的提法，从理论内涵的角度上看仍是比较单一和片面的。如"货币+物业"模式，其实仅表达了留用地开发利用过程中收益模式的方面，其核心开发模式是土地转让与物业出租的组合模式；而政府返租与政府返购模式，只是突出表达了留用地的使用方是政府，其核心的开发模式仍是土地转让与土地出租。

　　（4）全市与各区留用地兑现、报批和兑现方式总体情况

　　从广州市各区上报数据分析（如图9-41、图9-42所示），历史留用地的兑现工作基本完成，除了番禺区、白云区、花都区等三个区级尚有部分历史留用地没有兑现。而新增留用地的兑现情况不乐观，广州市各区有50%以上的新增留用地没有兑现，其中南沙区、天河区、海珠区未完成兑现的比例在78%以上。

乡村贫困的地方性特征及土地利用对乡村发展的影响

土地利用与空间规划丛书

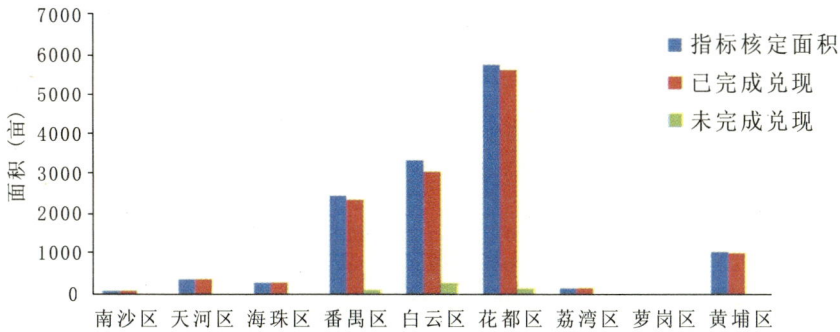

图9-41　广州市各区历史留用地兑现情况

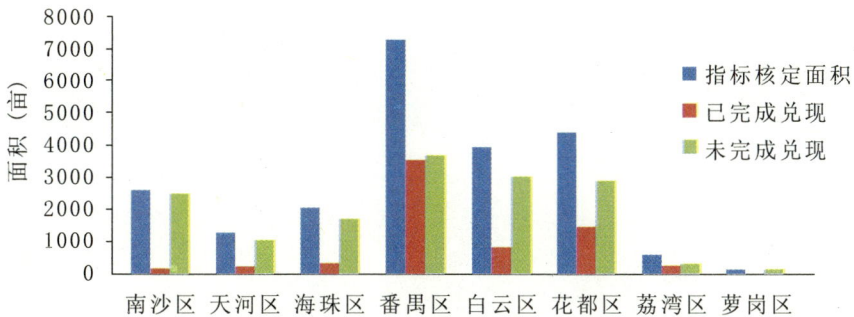

图9-42　广州市各区新增留用地兑现情况

　　造成以上情况的基本原因在于留用地报批程序复杂，周期长，导致落地慢，使得村民不满情绪增加。新增留用地的报批情况更为严重，有不少区留用地的报批手续依旧停留在村、镇基层单位（如图9-43、图9-44所示）。在实际调研中有部分村集体反映留用地实际落地情况和数据情况不符合。

第九章
土地利用对乡村发展的影响

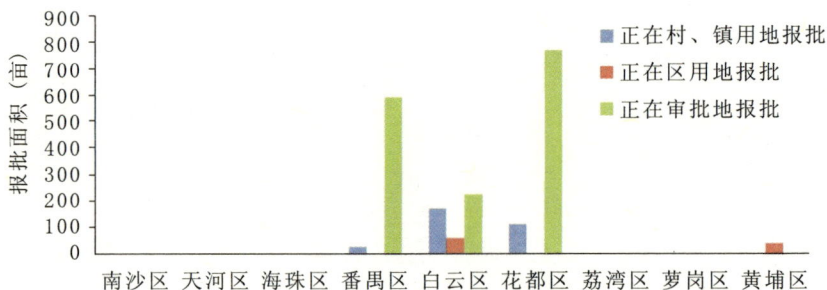

图9-43　广州市各区历史留用地报批情况

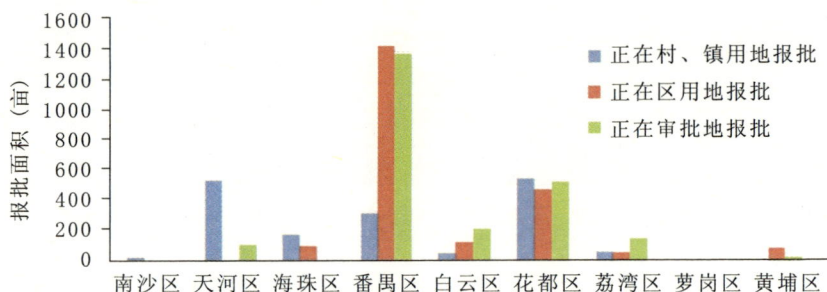

图9-44　广州市各区历史留用地报批情况

　　从广州市和各区的上报数据（如图9-45、图9-46所示），历史留用地的兑现方式以分散留地为主，其次选择集中留地和指标调出方式兑现，具结承诺、货币补偿的兑现方式较不常见。其中，广州市各区选择的兑现方式各不相同。以番禺区、白云区、花都区为例，番禺区、白云区历史留用地的兑现方式以分散留地为主，而花都区则以集中留地方式兑现历史留用地。

乡村贫困的地方性特征及土地利用对乡村发展的影响
土地利用与空间规划丛书

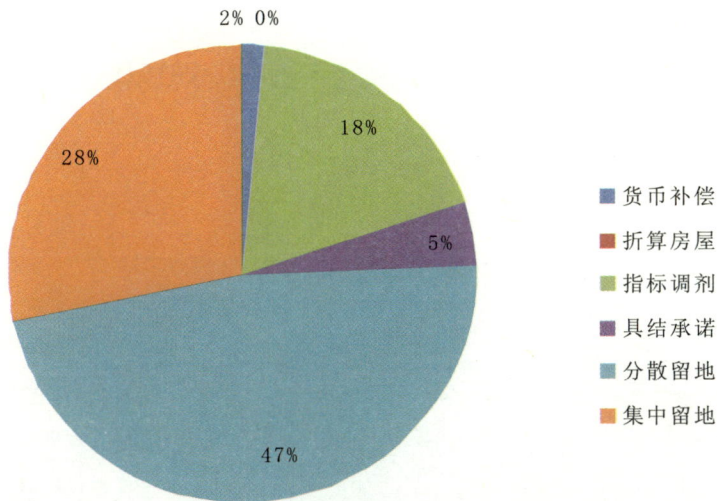

图9-45　广州市历史留用地兑现方式

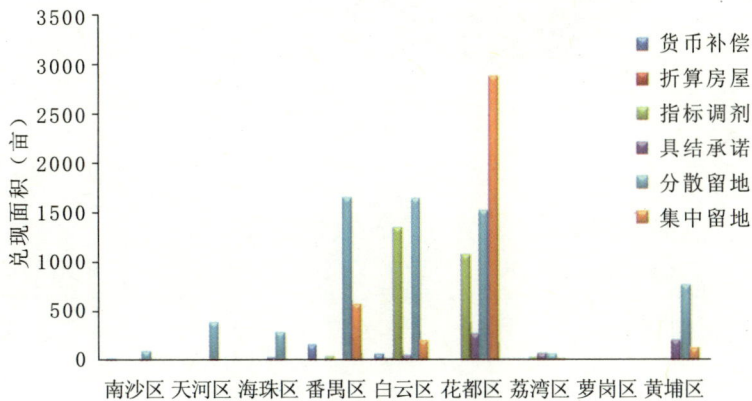

图9-46　广州市及各区历史留用地兑现方式情况

数据表明（如图9-47、图9-48所示），广州市新增留用地的兑现方式以集中留地、分散留地为主，指标调出、货币补偿的兑现方式较不常见。这表现了村集体对于留用地指标落地需求较大，对于市场

第九章
土地利用对乡村发展的影响

的把握能力越来越强，逐渐了解到市场规模效益带来的影响。其中，番禺区、花都区历史留用地的兑现方式基本以分散留地、集中留地为主，表现出对经济发展用地极大的需求。

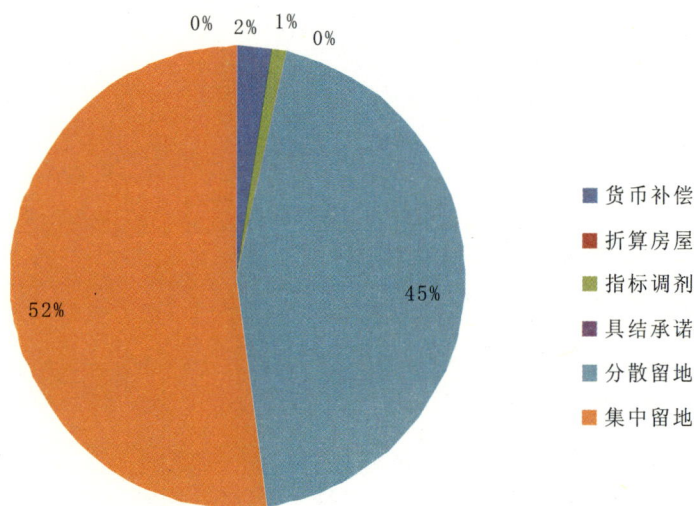

图9-47 广州市新增留用地兑现方式

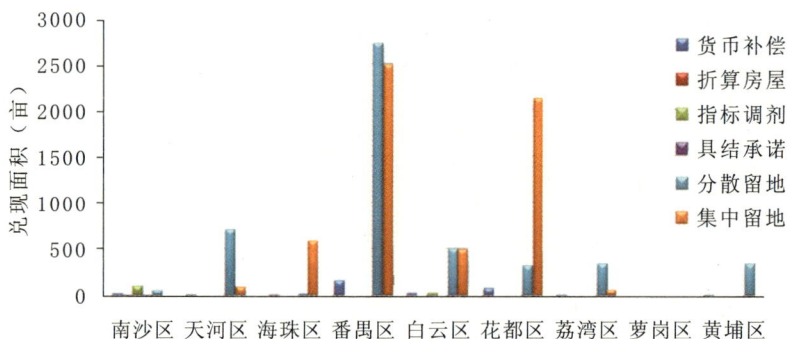

图9-48 广州市及各区新增留用地兑现方式情况

乡村贫困的地方性特征及土地利用对乡村发展的影响
土地利用与空间规划丛书

3.主要开发模式类型与特点

（1）调研典型村的开发利用模式分析（见表9-15）

根据前节理论模型对典型村留用地开发利用模式的分解，结合对典型村的实地调研和实践情况，可以发现总体上，从全市各区留用地开发利用三个内涵看，典型村的开发利用模式呈现出以下特点：

①大部分村采用了土地出租和物业出租的开发模式。出租模式一方面涉及主体较少，经济来源稳定，另一方面不需要承担投资风险，不需要村集体进行相关管理。对于以村民为主体的村委和村经济社而言，最便于执行监督，有利于村内部的稳定性。

②没有村集体选择进入后期自主经营的开发模式。自主经营需要完成从租金收益到村集体自负盈亏的跨越，对于当前的村委而言比较难以实现。保障收入的稳定性更加符合对于解决村民生计问题的留用地开发的初衷，因此选择该种模式的村庄并没有出现。

③村集体逐渐重视合作开发模式，由于大部分村集体在起步初期资金有限，专业知识不足，管理能力有限，村集体与开发商合作采用"村出土地，企业出钱"模式。这样可以规避许多风险，后期具体收益分成形式多样，可以选择物业分成、物业租金分成等方式。

④企业是留用地的主要使用者。也即表明，全市留用地的开发市场程度较高，除了萝岗区参与了留用地的使用外，其他各区基本上仍是以村自行开发，与市场和企业结合紧密。

⑤收益模式以租金收入和物业分成为主。收益模式与开发模式选择的关联性较大，由于村民倾向于选择土地和物业出租，租金收入成为主流的收益模式。值得关注的是，一些村庄在先期开发缺乏资金和人力条件的时候，选择与开发商合作开发，并从中获得物业分成的情况逐渐增加，这体现了村庄对留用地利用的迫切和关注，开始学会引入市场力量提前进行留用地开发，获取收益。

表9-15 调研典型村的开发利用模式分析

案例地	开发模式	留用地使用方	村收益模式
番禺区石壁街道	合作开发	企业	物业分成
番禺区龙岐村	土地出租	企业	土地租金
番禺区大岗镇	土地出租	企业	土地租金
南沙区金洲村	土地转让	企业	货币+物业
	物业出租	企业	物业租金
南沙区南横村	土地转让	企业	货币+物业
南沙区乌洲村	物业出租	企业	物业租金
白云区槎龙村	物业出租	村集体	物业租金
黄埔区文冲村	物业出租	企业	物业租金
	合作开发	企业	物业租金分成
从化区水南村	土地出租	企业	土地租金
天河区柯木塱村	土地出租	企业	土地租金
萝岗区玉树工业园	物业出租	村集体	物业租金
萝岗区火村	土地出租	国家	土地租金
萝岗区刘村	土地转让	国家	土地转让金

（2）不同开发模式的典型村分析

根据留用地开发利用模型，留用地开发利用模式可以分为7种，分别为指标出让、具结承诺、土地出租、土地转让、自主经营、物业出租、合作开发。

①指标出让。村集体拿到留用地指标后，不选择指标落地，而是将留用地指标出让给其他村集体，对方向村集体支付指标出让金。这种出让指标的开发模式方便了那些村内没有土地可供选址落地，又不愿意在异地落地的村集体，使得村集体不至于空有指标，却没办法增加村集体收益。

调研中发现，荔湾区南教村早年因为全村土地已经被征完了，区国土局允许在同区范围内进行指标交易，在村自发协商基础上，指标出让给了荔湾区龙溪村，具体面积、金额暂时不知。

乡村贫困的地方性特征及土地利用对乡村发展的影响
土地利用与空间规划丛书

②具结承诺。由于征收土地面积不大，返还留用地地块小，零散，不利于规划，村集体没有选择立刻兑现留用地指标，而由村集体提供承诺书，等到指标累积到一定数额后再统一兑现。如天河区柯木塱村留用地开发模式。

柯木塱村从2006年开始被征地，经过前后数次征地后，按照10%比例总计需要返还约4.3万平方米的留用地，目前村集体将17 000平方米的留用地指标统一选择在村内背坪处落地，因为地块较大，容易开发，因此计划由村集体自主经营，拟将其打造为集餐饮、零售、商业、办公为一体的综合性楼盘，规划占地面积19 888平方米。

③土地出租。村集体通过直接出租土地，让承租方自行投资经营留用地，不参与干预和分享收益，每年或定期地向承租人收取租金。租金可以在几年后提高，租期在20年以下，到期后双方可以约定继续承租。这种租赁利用的方式比较简单，操作简便，投资风险小。

如番禺区龙岐村留用地开发模式。龙岐村留用地选在了市桥三桥东侧，福德路北侧，在市桥河道的南岸地块落地。该地块在2013年6月已经整体将土地出租给多隆集团属下分公司进行整体商业地产的开发，拟打造为盛汇文创商业项目。项目实施过程中，村集体不参与干预和分享收益，租金采用了"递增+奖励"的方式。

如萝岗东区街火村社区留用地开发模式。2007年9月，东区街火村社区积极响应区政府推出的返租盘活经济发展用地政策，与区政府签订了共计1165亩经济发展用地的返租协议。区政府按照每月4元/平方米的标准定期给付租金，并负责投资建设物业和进行招商选资，引进了一批科技含量高、投资强度大、经济效益好、生态效益佳的优质项目落户。火村社区尝到政府返租"头啖汤"，一年仅租金一项村集体人均收入就近3000元。截至目前，火村社区已获得过亿租金，集体经济发展装上了"加速器"。2009年，火村人均股份分红近万元。

④土地转让。村集体通过变更土地所有权性质，即集体用地转为国有用地，将土地推向市场，将土地使用权在一定年限内让与土地使用者，并由土地使用者向村集体支付土地使用权出让金。这种转让土地的方式手续程序较为复杂，再加上村民失去土地所有权，投资风险较大。

如南沙区金洲村"货币+物业"开发利用模式。2012年，金洲村与深圳星河房地产开发有限公司合作，盘活村集体留用地103亩。根据市政府出台的"货币+物业"政策，将103亩村自留用地转为国有后，由政府将土地推向市场进行拍卖，而金洲村则对拍卖金进行合理分配：30%用于分发村民福利基金，70%则用于反购星河房地产开发的商铺，总获1万平方米商业物业，并将这些商铺返租给开发商，增加了村内经济650万元。

如萝岗东区街刘村社区留用地开发模式。2010年10月，区政府一次性返购东区街刘村社区1145亩土地，按照区位规划功能定位，回购本金为22亿元，首付三成，其余分50年等额支付，仅此一项分配，刘村社区每年每人将新增12000多元收入，并且这种稳定收益将持续50年。

⑤自主经营。村集体领到征地补偿款后，由于其有较多的资金进行对留用地的自行投资开发，建设商铺用房、物流厂房、仓储库房等，可以通过自身的能力和管理来维持集体成员的长期生存和保障。例如萝岗区联和街玉树工业园。

联和街玉树社区抓住科学城发展起步的契机，在经历了三次大面积征地后，于2004年主动邀请北京的设计专家，拿出集体的3亿元征地款规划建设一个有一级标准工厂、员工宿舍、商业设施的工业园，以较低的门槛吸引科学城大型企业的中下游配套企业入驻。目前该模式已开花结果，玉树工业园共吸引了约100家中小企业，每年为村集体带来经济收入4000多万元，仅此一项分配就使全村每年人均收入增加1万多元。玉树工业园已成为萝岗区经营管理最为规范的村级工业园，成为广州东部社会主义新农村的典范。

⑥物业出租。村集体根据市场需求，留用地建设商铺用房、物流厂房、仓储库房等，村集体作为出租人将其留用地上物权出租给承租人使用，由承租人向村集体支付租金。这种开发利用模式相对直接出租土地而言，租金较高，村集体获得利益更多。

乌洲村2010年12月21日与番禺得意精密电子有限公司签订厂房及宿舍租赁合同。村集体根据开发商的合同要求，由村出资建设厂房，开发商付物业租金。合同约定厂房、仓库及宿舍面积20000平方米，每年将为乌洲村集体经济增加200多万元收入，可以进一步增加村民收入，提高村民生活水平。近年乌洲村以同样的开发模式与精工电子和特百惠公司开展其他留用地的开发。

⑦合作开发。村集体以土地作股份，开发方以资金货币作股份，双方协议根据土地价格和建筑成本分得相应物业产权，再统一经营和分别出租获得收益。选择合作开发方一般是具有土地开发经验和相应资质的合作人。如黄埔区文冲村留用地开发项目。

黄埔区文冲村的留用地大部分采用合作开发的模式。村集体以土地的方式入股，其中所有报建费用都由开发商出。村集体和开发商按一定比例对物业租金进行分成，因初期开发商需要拿回成本所以开发商比例较高，而村集体的比例逐年递增，以保证村集体的利益。

（3）不同开发模式的优劣势比较

从留用地使用角度看，留用地的使用者可以是政府、村集体、企业和个人。其中，政府是相对稳定的合作对象，村集体、企业次之，个人较不稳定。由政府主导开发留用地，可结合当地经济社会发展情况，将急需上马的项目放到土地手续完备的留用地中，加快项目建设，发挥项目的基础性带动作用，促进区域经济发展；但与政府合作，一般村集体比较弱势，在合作中失去掌控权和主动权，很可能失去对土地的控制和获取长期高增长收益的机会，市场化程度较低。由村集体主导开发留用地，该项目每天受到众多村民的监督，其开发建设、实际使用、收益状况等更容易被属地村民了解和掌握，监督管理的成本相对较低，而且投资具有机动性，基本实现与市场接轨。由企业主导开发留用地，企业可根据留用地块周边地区的经济、产业、社会发展状况，研究留用地的市场需求，进而确定留用地的功能定位、服务对象、服务范围，再据此制定开发建设方案，分期建设计划，确定投资开发策略及风险规避措施，完全是市场行为，有利于发挥留用地的价值。由个人主导开发留用地，相较政府、村集体和企业，村集体需要承担的风险是最大的，个人的力量、资金有限，留用地一般用作物流等低附加值功能用途，效益不能得到最大化，但其好处是对市场反应灵活快速。

从村收益模式角度看，留用地的收益方式可以是一次兑现、租金和物业。其中，租金是最稳定的收益方式，物业次之，一次兑现是村集体最不愿意接受的方式。村集体获取租金的方式有土地租金和物业租金两种，村集体与企业签订固定租赁合同，企业定期交纳租金，村集体不需要承担投资风险，农民的利益得到有效保障。以物业为收益方式，村集体可以将物业转租给他人或经营物业，同样不需要承担投资风险，但相较于租金而言，物业具有年限，一旦过了年限，村民有可能失去这一经济来源。一次兑现则是村集体的下下之选，农民本身缺乏稳定经济来源，只给予村民一定数额的补偿金的情况下，村民坐吃山空，成为"三无"农民，不利于社会安定。

从村开发模式看，村集体可以选择自主经营、出租和合作开发模式。其中，出租是村集体选择最多的，合作开发次之，自主经营模式最少见。出租可以选择出租土地或出租物业，出租土地是村民首选，其次是物业出租。出租土地对于村集体而言省时省力，不需要在土地上投资资金，而物业出租一方面需要村集体筹备资金建设厂房、商业楼等，没办法立刻回笼资金，另一方面地上建筑物若不符合市场需求，较难寻求开发商承租。和开发商合作开发，村集体可以选择土地入股的方式参与经营，对于村集体而言不需要考虑太多资金的问题，但同时需要同开发

乡村贫困的地方性特征及土地利用对乡村发展的影响
土地利用与空间规划丛书

商一起承担投资风险。自主经营对于村集体而言投资风险最大，盈亏自负，再加上村领导班子时常变换，不利于留用地开发建设。

不同的留用地开发利用模式带来不同的优势与劣势，通过对比各种模式的优劣势，有利于我们选择留用地的开发方式，详见下表9-16。

表9-16　不同留用地开发模式优劣势对比

序号	开发模式名称	优势	劣势
1	指标出让	不需要考虑指标落地 不需要承担投资风险	只获得指标出让金，村集体失去长远经济来源
2	具结承诺	指标统一落地 留用地地块具有规模性	指标落地时间不定 指标落地选址困难
3	土地出租	土地作为不动产，相比货币更加易于监管 定期收租，村集体经济来源稳定 政府可结合当地情况进行招商引资	租金相对较低，收益不高 村集体寻求可靠稳定的开发商有困难 没有政府统筹，只能零星引进开发商租赁，村集体不能充分利用周边产业布局 实际使用者无法融资
4	土地转让	不需要对土地进行开发利用 村集体不需要承担投资风险	只获得土地转让金，村集体失去稳定的经济来源 新的土地出让金政策出台会影响留用地市场需求
5	自主经营	土地作为不动产，相比货币更加易于监管 村集体可根据市场需求进行开发留用地，投资具有机动性 村集体参与投资，加强集体感	村集体自负盈亏，存在一定投资风险 用地规模小、布局散乱、效益低，收益增长有限 村级干部的领导能力决定村集体投资方向
6	物业出租	土地作为不动产，相比货币更加易于监管 定期收租，而且租金较高，村集体经济来源稳定 政府可结合当地情况进行招商引资	前期需要建设地上建筑物，村集体无法立刻受益 村集体寻求可靠稳定的开发商有困难 没有政府统筹，只能零星引进开发商租赁，村集体不能充分利用周边产业布局
7	合作开发	土地作为不动产，相比货币更加易于监管 村集体可以自由选择开发商进行合作 投资项目具有灵活性，对于土地供应结构具有一定弹性调节	不了解市场信息，村集体容易盲目投资 对于村级单位而言，较难寻求经济效益明显的项目 和开发商合作，需要协定具体分成内容 产业集聚效应不明显

4.各区调研留用地开发利用模式效果分析

（1）各区调研留用地开发利用模式情况

①番禺区龙岐村（见表9-17）。龙岐村于2013年6月将部分留用地出租给多隆集团属下分公司进行整体商业地产的开发，拟打造为盛汇文创商业项目，但因规划设计方案与实际占地及建筑面积仍存在部分差额，村集体希望能申请镇层面上预留5%的留用地指标予以补足。租金按每平方米每月13.1元，采用"递增+奖励"的方式计算，每两年递增10%，租期为30年。如果村集体村委每多提供10 000平方米的落地面积，则租金可上涨1元/平方米。村集体认为，留用地开发利用的周期长，办证过程烦琐，从准备开发至今已有10多年时间。而且在开发过程中遇到留用地二次征用的问题，导致即使留用地已经划定范围，但由于周边城市道路，如西环路、南堤路等多次扩大，从而产生对留用地的再次征用，使留用地面积不断减小，这部分面积村民认为应按照征一补一的原则进行指标补偿。

表9-17　番禺区龙岐村留用地利用情况

案例地	已落地留用地面积（平方米）	开发模式	规划定位	价位	是否递增
番禺区龙岐村	28 847	土地出租	商业地产	13.1元/平方米（每月）	每两年10%的租金递增
	未落地留用地面积（平方米）	未落地原因			
	16 147	市与区内的城市规划在进行调整时，未考虑村留用地实际情况与原规划用途，且在规划过程中未知会村委村民，使得当前留用地土地规模无法落地，规划用途不符，开发受限			

②南沙区金洲村（见表9-18）。金洲村因南沙区的经济发展走上了"早征地，早发展"的道路，前期经济发展前景不错，后期因为盲

目发展房地产，在1997年金融风暴过后，村内经济濒临破产，土地曾面临被法院拍卖的局面。2012年南沙区出台了"货币+物业"政策，得以将村内烂尾楼盘活，重新发展。"货币+物业"政策的出台，一方面解决了金洲村的债务问题，一方面盘活了金洲村内的经济。

表9-18　南沙区金洲村留用地利用情况

案例地	已落地留用地面积	开发模式	规划定位	收益	是否递增
南沙区金洲村	103亩	土地转让	商业地产	600万（每年）	随市场价

③南沙区乌洲村（见表9-19）。对于乌洲村来说，发展留用地的效益是很明显的。乌洲村已引进的项目导致土地基金基本用完，村集体想出租一部分地，但因南沙区已经定位为高新技术开发区，区里对项目引进做了一系列的限制，故对于乌洲村来说，大的项目没有能力引进发展不了，小的项目却遭遇限制不让出租。但区里面级别越高，村里面受的限制越多，一部分地还需要调整，乌洲村有些留用地还是批不下来。南沙区关于留用地报批的做法和市区不同，广州市区是国土局发文，规划局办选址，之后才是留用地报批，而南沙区没有留用地指标，直接选址，有项目之后进行报批，项目推进后留用地指标才会发到村集体，南沙区存在留用地批下来之后是农田保护区的情况。乌洲村一部分留用地还需要调整，至今仍批不下来。

表9-19　乌洲村留用地利用情况

案例地	已落地留用地面积	开发模式	规划定位	收益	是否递增
南沙区乌洲村	549亩	物业出租	工业	700多万（每年）	—
	未落地留用地面积	未落地原因			
	—	划的是农田保护区，落不了地			

④黄埔区文冲村（见表9-20）。文冲村已开发的和纳入建设意向

第九章
土地利用对乡村发展的影响

的8块留用地中，有两块是村民自己集资开发建设的。其中大沙东地块已经投入使用，整栋现在按建筑面积算是21元每平方米出租（包括地下室），除去公用面积30~40元每平方米，对方再以40~50元每平方米出租，另外一块村民出资建设的地块因为地铁的穿过而被迫中止。剩下的都是和开发商合作的，村民以土地入股，所有报建费用都由开发商出，村民和开发商按某比例对租金进行分成，村民的比例逐年递增（3年递增5%），初期开发商因需要拿回成本所以比例较高（大约15年内保证开发商收回成本），其中两块留用地正处于拆迁中，两块处在设计阶段，一块正在建设(以17~18元每平方米出租)，开发前收了200万押金，共3000多平方米；一块因涉及城中村改造被搁置。

表9-20　黄埔区文冲村留用地利用情况

案例地	已落地留用地规模	开发模式	规划定位	价位	是否递增
黄埔区文冲村	8块	土地出租+物流出租	商业地产	不同地块价格不一	3年递增5%
	未落地留用地面积	未落地原因			
	10 000多平方米	不符合城市规划或者土地规划			

⑤番禺区石壁街道（见表9-21）。万科金壁唯一准备启动的项目，采取的是与开发商合作开发的模式（物业分成50%+50%）方案，出50%的物业留给村民，50%办到万科自己的名下，没有居住，只有商业，于2014年12月1日正式动工。最近石壁二村正在招商，但只有一家投标，最后是不是它还要等村里决定。街道办和村对留用地开发都不满意，征地村的发展主要靠留用地，有些村的地几乎被征完，村对广州南站的贡献很大。政府将留用地办证主体单位放到征地单位，由于征地单位级别高，项目开始之后不管了，前两年村里意见很大，还出现过业主单位到总部上访的情况，迫使政府重视，逐步将业

乡村贫困的地方性特征及土地利用对乡村发展的影响
土地利用与空间规划丛书

主单位提到桌面上具体来谈这个问题。这两年所有的手续、协调、奔走等都是以街道办为主体去办，征地主体只是出一些相关费用。

表9-21　番禺区石壁街道留用地利用情况

案例地	已落地留用地规模	开发模式	规划定位	价位	是否递增
番禺区石壁街道	1块是万科金壁，1块在招标	土地转让	商业地产	不同地块价格不一	物业分成50%+50%
	未落地留用地规模	未落地原因			
	7块	南站的控规较严，广州土地出让金调高、办证程序烦琐			

⑥荔湾区葵蓬经济联合社（见表9-22）。葵蓬经济联合社目前有6块历史留用地无法开发，新增留用地已经落地并且进行了相应的规划，产生了一定的经济效益。经济联合社将土地以每平方米2~3元每月直接出租，联社每人每年的分红为1万~2万元。

表9-22　荔湾区葵蓬经济联合社留用地利用情况

案例地	已落地留用地面积	开发模式	规划定位	价位	是否递增
荔湾区葵蓬经联社	39 997平方米	土地出租	商业+公共服务	2~3元/平方米	—
	未落地留用地规模	未落地原因			
	6块	—			

⑦天河区柯木塱村（见表9-23）。柯木塱村对于此留用地地块计划由村集体自主经营，拟打造为集餐饮、零售、商业、办公为一体的综合性楼盘。目前，留用地尚未进入实质性规模开发，为了有效利用留用地，柯木塱村将此地块出租，按每平方米4元每月计算，每3年有5%的租金递增，土地租期以短期为主。

第九章
土地利用对乡村发展的影响

表9-23 天河区柯木塱村留用地利用情况

案例地	已落地留用地面积	开发模式	规划定位	价位	是否递增
天河区柯木塱村	16 787平方米	物业出租	综合性楼盘	4元/平方米	每3年递增5%
	未落地留用地面积	未落地原因			
	26 665平方米	村集体认为耕地或农用地转为建设用地的程序太过烦琐以及"以优补优"政策			

⑧白云区松洲街槎龙村（见表9-24）。槎龙村2004年到国土规划部门申请将工业用地修改为集体商服用地，2012年将大厦整体出租。早期工业厂房建筑面积约10 000平方米，每月租金12元/平方米，总效益为每年144万元。现在龙骏广场大厦建筑面积31 000平方米，每月租金36元/平方米，总效益为每年1339.2万元。10年时间内，村内龙骏广场留用地地块的总经济效益由144万元增加到1339.2万元。槎龙村龙骏广场由村进行建设，资金来源于银行贷款，总投资1亿元，预计5~6年才能收益。但在2012年整体出租大厦竞标时，要求中标者一次性给出3000万元。现在龙骏广场酒店入住率达60%，经济效益较好。周边地块的地价，如江南市场仓库首层租金30元/平方米。周围3公里有类似的商业新天地，龙骏广场做商业综合体，面临竞争较大，吸引人流不足成为问题。

表9-24 白云区松洲街槎龙村留用地利用情况

案例地	已落地留用地面积	开发模式	规划定位	价位	是否递增
白云区松洲街槎龙村	31 000平方米	物业出租	集体商服用地	36元/平方米	每3年递增8%

⑨从化区水南村（见表9-25）。当前从化区水南村出租留用地面积约为500亩，现在出租给地铁14号线建设公司中铁公司作为预制件厂，租期4年，之后由白云的物流公司洽谈用于发展物流仓储业，土

乡村贫困的地方性特征及土地利用对乡村发展的影响
土地利用与空间规划丛书

地租金价格为3～5元每平方米每月，一般是按30年出租，每5年一增租。通过此留用地出租收益，村民每人收益可平均增加4000元左右。由于留用地的使用权、村集体自身素质、留用地政策的变更以及政府的缺位等原因，使得从化区水南村留用地使用企业的产业起点不高，一般附加值高、产出高的企业不愿租赁。现今留用地的利用方式、用地性质导致用地功能和布局混杂，不利于之后整个园区的管理，拉低了整个高新区的档次。

表9-25　从化区水南村留用地利用情况

案例地	已落地留用地规模	开发模式	规划定位	价位	是否递增
从化区水南村	4块（600亩），2块空置	物业出租	仓储	3～5元/平方米	每5年递增

（2）各区调研留用地开发利用模式效果分析

在各村的实践中，由于各村的区位和对留用地经营方式的不同等因素，不同村留用地的用途和收益存在很大差异，有区位优势的留用地租金收益明显大于位置相对较差的。例如，白云区松洲街槎龙村的物业租金收益可以达到36元/平方米，而采取土地出租开发模式的荔湾区葵蓬经联社租金收益却只有2～3元/平方米，留用地建设的房屋价格与周边价格的差异因各村情况而异，总体来说差异不大。同时，由于各村具有不同的经济实力和决策能力，村集体会选择不同的开发模式。例如，金洲村选择与深圳星河合作进行房地产开发，较多的村会对留用地自主投资开发建设，然后将其留用地地上物业进行出租而收益，还有些村会选择以土地的方式入股与业主单位进行合作开发，等等。对于村集体来说，留用地的开发成本主要包括：政府规定的各种税费（土地出让金、房产税等）、开发所承担的风险（市场风险、经营管理风险等）、开发过程中的成本（人员工资、建设费用等）。基于此，不同开发模式的各村留用地开发模式、收益以及开发成本如下表9-26所示：

表9-26 各村留用地开发模式、收益及成本

案例地	开发模式	规划定位	价位	是否递增	租价和周边价格的比较	开发成本
番禺区龙岐村	土地出租	商业地产	13.1元/平方米	每两年10%的租金递增	相差不大	政府规定的各种税费、开发所承担的风险（除去经营管理风险）
南沙区金洲村	合作开发+物业出租	商业+房地产	30%用于分发村民福利基金	从每月7元/平方米涨到30元/平方米	周边为村自己仓库	政府规定的各种税费
南沙区乌洲村	物业出租	商业地产	15～26元/平方米	随市场价	周边市场价	政府规定的各种税费、开发过程中的成本
黄埔区文冲村	合作开发+物业出租	商业地产	21～40元/平方米	3年递增5%	相差不大	开发所承担的风险（除去经营管理风险）
番禺区石壁街道	合作开发	商业地产	物业分成50%+50%	—	区位因素使得比周边地区稍高	政府规定的各种税费、开发所承担的风险（除去经营管理风险）
荔湾区葵蓬经联社	物业出租	商业地产以及公服用地	2～3元/平方米（功能不符，作为临建）		相差极大	政府规定的各种税费、开发所承担的风险、开发过程中的成本
天河区柯木塱村	具结承诺	—	—	—	—	—
白云区松洲街槎龙村	物业出租	商业地产	36元/平方米	3年递增5%	稍高	政府规定的各种税费、开发所承担的风险（除去经营管理风险）、开发过程中的成本
从化区水南村	物业出租	商业地产	3～5元/平方米	5年递增	稍低	政府规定的各种税费、开发所承担的风险（除去经营管理风险）、开发过程中的成本

乡村贫困的地方性特征及土地利用对乡村发展的影响

土地利用与空间规划丛书

从各村的实践来看，对于开发模式的选择，一般是由村集体经济组织来选择，村集体会选择使自己利益最大化的开发模式，政府可能在其选择时提出引导性意见。从列表可以看出，以被征地的村集体的角度来考虑，自主经营开发模式的开发成本是最高的，相对来说，金洲村的"货币+物业"开发模式成本最低，其次为合作开发模式，但从长远利益来考虑，"货币+物业"模式在将来容易遇到土地的问题，这种模式将一部分集体土地转为国家用地并将土地推向市场，村民只能拥有这种商业物业40年，40年之后失去物业的失地农民则失去了经济来源。而对于合作开发和土地出租这两种开发模式来说，是村集体以土地的方式入股或者变价，合作单位按照事先与村集体经济组织协议好的土地所占股份或者租金分红，也就是说，村集体从这两种开发模式中获得的收益都是事先协商好的，收益较稳定且不会有变化，而且在合作开发模式中，村集体在取得稳定收益的同时还可以获得土地的增值收益，所以这种开发模式是村集体使用留用地最多的方式。如果村集体经济组织决策者经营能力强，那么采用自主经营开发模式不仅能保障被征地村集体经济组织的基本收益，还能让村集体经济组织享有全部开发成果，进而能享受土地及其之上的附着建筑增值带来的收益。因此，从成本最小和村集体获益两个方面综合来看：当村集体经济组织决策者的经营能力较弱时，采用合作开发模式的成本最小，但从村集体经济组织获得最终收益最大化的角度看，采用物业出租或者土地出租是村集体较为理想的选择；当村集体经济组织决策者的经营能力足够强时，采用自主开发模式可使整个项目的收益最大化，但需要付出的成本和承担的风险也最高。从各村实践来看，对于没有资金来源或面临财政危机的村集体来说，村集体也会考虑"货币+物业"及其他开发模式。

5.开发利用模式小结

（1）以集体土地属性保持留用地所有权是各村集体对留用地开发利用的主流态度

村集体对于留用地所有权的基本观点是保留集体土地性质，原因在于：一是农民对于土地的执着与热爱，一旦集体土地性质变更，村民成为失地农民，而对于农民而言，失地意味着失业。二是集体土地不具有时间限制，村集体可以长久保留土地，有利于村内部经济长远发展。在区与区之间、区内各村，越是经济发达、配套设施完善的村集体对于土地的需求越大，越渴望拥有集体性质的土地。

（2）土地出租和物业出租模式是主要开发模式，商业与工业是承载的主要业态功能

村集体主要考虑以下因素，首选出租作为留用地的开发模式：一是村集体资金投资问题；二是承担市场投资风险问题；三是村领导干部主导开发建设能力问题；四是村领导班子具有变动性，不利于留用地项目管理问题；五是收取租金，经济来源稳定。两种出租模式相比较而言，经济比较发达的地区村集体通常选择物业出租模式，以提高收益。商业与工业是村集体主要选择的业态功能，有能力的村庄基本上倾向于以商业开发为主，增加留用地收益水平。

（3）村集体收益模式以租金和物业为主

以土地和物业出租为主的开发模式，决定了村集体选择的租金和物业的村集体的收益模式。对于村集体而言，租金和物业是最稳定的经济来源，为了村集体内部的稳定发展，村集体对于留用地的开发模式大部分为出租土地和出租物业，与开发商收取租金或进行物业分成。

（4）具结承诺是村集体的需求

随着经济的逐渐发展，村集体越来越重视规模效益带来的益处。产业集聚有利于吸引更多开发商进行投资，有利于政府完善基础配套

乡村贫困的地方性特征及土地利用对乡村发展的影响

土地利用与空间规划丛书

设施，有利于提高地区竞争力，给村集体带来更高、更好的效益。因此村集体希望累积留用地指标，然后在区位较好的地区进行选址落地，以期形成商业发展圈，达到土地利用最大利益化。

（5）区位差异对留用地利用效益的影响较大

城镇化水平较高的村庄的留用地，且村集体发展起步较早的情况下，开发情况总体较好，市场需求大，合作项目可选择性多，档次也较高，物业出租收入每月可达36元/平方米；而处于偏远地区的村庄，留用地未开发的情况较多，村民开发的积极性也不高，如从化高新区水南村的土地出租收入为每月3～5元/平方米。区位差异对留用地利用效益的影响较大，甚至是决定性的。

（6）集中留用的大规模留用地，有利于开发和利用

通过与各区局访谈及实地调研发现，大规模集中留用的留用地优势主要从两个方面体现出来：一方面是在用地报批和手续办理时，大规模留用地容易受到重视，农村开发意愿强烈，通常会获得街道办或者镇里的协助，有大型企业参与开发的地块，开发商协助办证也有较高的热情，所以集中留用方式的留用地一般进入后期开发的比率较高，另一方面，大规模集中布置的留用，相比而言更加好利用和开发，招商情况也比较理想。小面积的边角地很多处于空置状态，村民自己使用也困难，留用地的作用完全无法突显。

（7）留用地与地上物权价格与周边区域并无明显差异

从普遍使用的土地、物业出租方式看，留用地与地上物权价格与周边区域并无明显差异。总体而言，留用地在落地后，市场化程度较高，其土地与物权的使用价值基本可以通过市场得到实现，而且许多村集体市场意识也非常强，递增式租金收益方式也比较普遍。

6.存在问题

通过对广州市各区国土资源管理部门和各典型村的调研可以清

晰地感觉到，虽然在整个过程中存在着种种问题，但留用地政策在征地农民中是认可度和接受度较好的一种安置方式，通过合理的开发利用，被征地农民从安置留用地开发中获得较好的、稳定的、长期的收益，并且收益大大高于现金征地补偿标准，而且农民和村集体便于操作监管，真正提供了长远解决失地农民生计问题的机会。这使未来更好地对留用地进行开发利用，切实发挥留用地政策实施的初衷成为可能。本节主要对调研过程中各村反映的留用地开发利用存在问题进行分析，概括起来主要有以下几个方面：

（1）留用地落地问题

①历史留用地落地问题仍突出。由于留用地政策实施管理力度不足，导致各个时期不同程度地出现留用地欠账情况。再加上在早期征地的时候，征地主体单位没有被要求指标一定要落地，因此征地单位采取的是只给指标，不具体落实留用地选址的方式进行补偿。因此村民空有指标，却没有土地进行经济发展。直到2013年后，政府方出台政策要求征地单位在征地的同时对留用地指标进行落地。因此历史留用地存在欠账历时较长，欠账量大，建设用地规模指标所限，选址落地难，大量留用地选址未能落实等问题，失地农民要求兑现留用地的呼声越来越高，新征地工作难以推进，严重影响社会民生和城市发展。

此外，从2000年至2005年广州市村经济发展用地的审批几乎停止，2006年后需凭市国土房管局核发的留用地指标申请村经济发展用地。对2006年以后没有土地被征收的村而言，无法通过正常途径申请使用村经济发展用地，因而也引发了要求兑现留用地历史承诺的要求。需要注意的是，也有部分留用地未落地是因为村民对于留用地选址不满意，或者打算达到一定规模后一并兑现留用地，为留用地落地工作带来困难。

②留用地指标使用过程烦琐复杂，落地周期较长。按照目前留用

地政策，安排留用地一般需要在主体工程用地范围之外另行选址。选址既要符合土地利用总体规划和城乡规划，又要被征地村同意，在选址问题上政府部门和被征地村往往难以达成一致，导致广州市留用地落地难的现象较为普遍。同时，由于集体土地征收和农转用的审批权在省政府或国务院，办理留用地过程烦琐，再加上广州市建设用地增量极为有限的客观情况，客观上给在短时间内解决留用地历史欠账问题增加了难度。因而农民心中无底，对政府缺乏信任，一方面加大了征地拆迁的难度，影响了旧村改造的进行，另一方面也限制了留用地项目的引进，影响了招商引资工作的顺利开展。

此外，由于土地指标的紧缺及规划调整存在难度等原因，很多村集体留用地项目在过程中未批先建，违章建设。由于村集体留用地项目多是由于非村民原因造成的开发延误，村民们怨气较大，有关人员执法时难度很大。

③留用地位置、规划和用途与现有规划的协调难度大。安置在被征地集体土地或周边范围内的留用地，以村集体为单位落实经济发展留用地，一般都呈小面积零星分布，留用地用途也是五花八门，零星小面积的留用地单独招商难以引进好项目。部分留用地因为城市建设需要或受相关规划限制，部分村镇所属的可建设用地全部被征用，没有预留属于本村的经济发展用地，需要征用异村、异镇用地予以解决。在异地安置过程中，往往受到异村、异镇的排斥，拒绝接受其他村镇的留用地安置。同时，村民对于将部分地块落实到外村或别的乡镇可能还有顾虑，既有对地理位置差异导致的地价差异的不认同，也有对落实在别村土地上的留用地块开发管理能否顺利进行持有怀疑，因此，影响了有指标没有地的村在跨地区去落实留用地选址定点工作的积极性，导致留用地无法落地。

在调研中，各区普遍反映市政府在进行城市规划调整时，根本未考虑村留用地实际情况与原规划用途，且在规划过程中没有和当地村委村民进行协商，使得当前历史留用地土地虽然指标已经落地，但是与规划用途不符，开发受限。如番禺区龙岐村因城区控制性规划调整，在村委和村民完全不知情的情况下，将留用地范围规划为40 000多平方米的体育用地，10 000多平方米的社会公共停车场，还有沿江一大段公共绿地，使村核准使用的留用地只余下28 847平方米，造成招商项目停滞。村集体也积极重新上报规划部分，要求进行城区控制性规划的调整。但目前的问题是，原规划的体育用地、社会公共停车场等功能需要在城区内另外选址落地，或者是在现留用地内解决原社会停车场问题，涉及问题复杂。又如南沙乌洲村落地在其他村的99亩留用地至今依旧没有进行开发利用。

④留用地政策仍不完善，与其他政策存在衔接问题。

一是征收比例需再细化问题。留用地政策中存在一些"政策盲点"，对于特殊征收案例没有相关规定。如再征留用地问题，对于再征留用地情况政府该如何安排征收比例没有一个明确的说法；当留用地的所有权发生改变时，政府是否该按照政策安排村民该有的留用地，这些在政策上也没有明确规定，导致政府处在一个模棱两可的立场。番禺龙岐村便出现这样的情况：该村留用地在已经划定范围的情况下，由于周边城市道路，如西环路、南堤路等多次扩大，以产生对留用地的征用，使留用地面积不断减小，总共有16 147平方米。这部分减少面积本应按照"征一补一"的原则进行指标补偿，现在有关资料与申请已经上报市局用地处，但没有政策支撑，至今一直未有回复。

二是新政策出台问题。由于广州市留用地尚在完善阶段，因此政府频频出台新政策，容易出现政策与合作协议衔接不上的问题。例如，2014年出台的出让金政策使得在此之前签订合作开发的留用地出现工程停滞，原因就在于采用新标准执行的话将大大提高村留用地合作建设成本，不利于留用地的开发。在调研中也发现番禺区石壁街道留用地开发项目由于近期广州出台的政策导致留用地在土地转让时相比市场土地价格再无优势。在此政策下，开发商还需要承担村集体物业的建设，开发商不如使用正常招、拍、挂程序的土地，但前期又与村民签订了开发合同，交了诚意金，因此也比较为难。

三是留用地安置政策后续问题。为了解决留用地安置问题，切实解决农民切身利益，市政府也不断推出新政策，如集中安置政策、"货币+物业"安置政策等。但由于这些新政策处在试点探索阶段，在新政策实施过程中出现一些问题值得政府思考。如南沙区采用"货币+物业"方式进行安置留用地，一定程度上盘活了村集体的经济。但由于将集体用地转为国家用地并将土地推向市场，村民真正成了失地农民。虽然村民获得了大部分物业，但是商业物业村民也只能拥有40年，40年之后失去物业的失地农民将如何获得经济来源，将产生新的问题。

（2）留用地开发问题

①村领导和村民开发利用意识需要加强，开发状况依赖村领导能力。村集体享有留用地建设的自主权，但由于大部分村集体领导开发利用的意识相比滞后，跟不上市场经济发展的要求，对千变万化的市场难以把握，前瞻性意识不强，怕承担市场风险。村领导遇到问题不主动与政府部门对接，失去开发时机，待周边城市发展起来之后，往往又因为用地性质的调研，造成不能开发。也有部分偏远村，对村干部不信任，放任留用地空置，也不进行开发；而在一些村领导能力较强的村庄，村集体与政府、村民和开发商沟通互动较好，开发状况相对理想，留用地的开发利用情况与村内"能人"的关系很大。如荔湾区葵蓬联社目前有6块历史留用地，虽然《建设用地批准书》和《建设用地规划许可证》已经办下来，但早期没有开发利用，现在却被规划为小学、幼儿园、卫生站、教师公寓等，造成目前开发意愿虽然强烈，但开发难度很大。

第九章
土地利用对乡村发展的影响

②地区发展环境不均衡，留用地利用收益差异大。中心城区或开发区集聚大量大企业、外资企业，周围设施环境已渐成熟，区域优势大，留用地项目的启动必然会带来可观的经济利益。外围城区由于商业氛围不浓厚，交通等基础设施配套不到位，留用地开发项目的启动在短期内难以创造较多的经济价值，导致广州市各村经济总收入差异较大，可支配总收入不尽相同。城中村、田中村、郊区村的经济发展水平差距大。在实际调研中我们也发现像天河区、荔湾区、南沙区等商业氛围较浓、政府关注度较高的地区的留用地开发利用情况较好，村民收益比较可观。

③留用地开发项目门槛变高，村集体招商引资难度加大。由于留用地利用方式较为粗放，因此政府对于留用地开发引进项目的门槛逐渐提高，受限于村集体单位小、政策优惠不足等原因，加大了村集体招商引资的困难度。如南沙区自从评了国家级新区后，政府要求只能是世界500强企业入驻。世界500强的企业不多，即使真的引进500强企业，也是被区里先招商引资走，村级单位是没有办法引进"含金量"很高的企业的，导致村里留用地的开发更被动。目前，南沙区村集体如果想引进某个项目，政府认为项目达不到区里要求，档次不够，不符合南沙的功能定位和产业政策不给报批。而当地村委书记认为既然留用地权属已经拨给村，主体权和决定权也应该留给村委，希望区政府把留用地的主体权和决定权留给村里，政府和国土局做监督。

④留用地分散，难以形成开发的规模效应。按照过去的留用地政策，留用地选址多为与项目挂钩就近分散选址，规模一般较小（约为被征土地面积的10%～15%）。因此，留用地的分布比较零散，开发利用大多由各区各村独立承担，相互之间缺乏交流，没有形成统一规划和招商资源共享，对留用地的招商缺乏整体指导和整合包装，无法形成强劲商业利用开发氛围，不利于形成规模效益。如黄埔区文冲的8块留用地虽然在本村范围内落地，但是从空间布

乡村贫困的地方性特征及土地利用对乡村发展的影响
土地利用与空间规划丛书

局上看，留用地地块总体上分布较为零散；从开发利用项目上看，目前该村留用地开发方式有自建、与其他开发商合作等方式，没有形成独特的经济发展圈。

⑤已安排的留用地利用较为粗放。留用地分布零散、规模小的特点，再加上村集体留用地开发利用第一桶金问题成为开发门槛，客观上造成已安排的留用地利用在初期只能通过低级产业方式开发，利用较为粗放，具体表现为以下几点：

一是使用低效。历史上分散安排的留用地采取零散式发展模式，往往难以引入优质的投资项目，土地粗放利用，使用效益较低。

二是出租、转让较多。由于大部分农村集体经济组织自我开发能力较弱，开发资金不足，经营管理水平有限，留用地多用于出租或转让，留用地的保障农民生计的积极作用未能充分发挥。

三是部分土地闲置。由于留用地分布零散、规模较小的特点，造成部分已批准的村经济发展用地多年来一直闲置，未开发建设。

如黄埔区文冲村共有8块留用地，目前真正投入使用的只有靠近大沙东片区的留用地，其开发模式为物业出租；其他7块留用地中2块的开发模式为土地出租，剩余5块则处在空置状态。从文冲村的开发利用方式可以了解到广州市早期大部分投入使用的留用地的开发模式多为出租，甚至闲置无法利用，导致留用地利用方式比较粗放。

七、政策与对策

通过对国内留用地安置问题的相关文献进行研究，并通过对广州市留用地使用现状进行实地走访，以此为例，分析政府在失地农民安置过程中存在的主要问题，同时重点对几个典型案例的留用地安置模式进行分析比较，在此基础上，提出改进广州留用地合理利用的政策建议和实施对策。

1.政策建议

（1）规范土地征收程序，实施征收土地与留用地报批同步政策

土地征用程序是土地征用制度的重要组成部分，由于某些征地项目对全市整体发展的迫切性和重要性，在广州市各区操作过程中却存在着许多的非程序性做法，给被征用土地的村集体留用地的后续开发带来许多困难。因此，要维护被征地农民的合法权益，一方面要严格规范土地征用程序，另一方面建议实施征收土地与留用地打包同步报批政策。对于新增留用地，坚决不留首尾，但需要注意一个或多个项目多次征地造成的留用地空间破碎化，同时也要注意过程中，村民由于对留用地不满意，不愿意配合落地的情况，原则上杜绝欠账情况发生。这样也便于留用地与征地开发项目的同步开发、招商、协调出租转让，提高土地的开发利用效率，加快留用地开发利用周期，保障失地农民基本生活。在充分尊重村民意愿和妥善安置村民生活的情况下，允许采取其他方式处理留用地问题。有条件的地块，可在报批同步基础上，进一步推进四个同步：同步规划，同步报批，同步供地，同步开发建设。

（2）以政策形式保障"三规合一"过程，充分考虑、落实村留用地与集体经济发展用地的位置、规模和功能

因各种规划调整导致留用地不能进入后期开发程序在各区留用地利用中具有普遍性。当时由于历史原因在规划过程中对留用地的忽视，造成了当前各村留用地开发难的问题，因此，一方面需要区局牵头对各村留用地与集体经济发展用地的位置、规模和功能进行确认和规划调整，另一方面在政策上，应保障"三规合一"和规划调整过程充分考虑、落实村留用地与集体经济发展用地的位置、规模和功能，不能因为是村集体用地而随意改变土地性质和功能。过程中还要尊重失地农民在土地征收中的主体地位，赋予失地农民充分的知情权和参

乡村贫困的地方性特征及土地利用对乡村发展的影响
土地利用与空间规划丛书

与权，充分沟通表达落实多方的意愿，营造多赢局面，避免政府单方面行动而把农民排除在程序之外。

（3）建立留用地指标与村集体建设用地综合统筹的管理制度

因为广州市留用地政策历程的复杂性，许多村庄留用地开发和村集体建设用地的开发是混合进行的，村集体对于两者在指标获取和落地过程上的报批、使用也是同步进行，其实目前对于村集体而言，两种类型的土地都是解决村集体生活保障的重要手段。因此，建议建立留用地指标与村集体建设用地统筹考虑的管理制度，对留用地与村集体建设用地指标的核定、使用、调剂、核销情况进行统筹动态管理，都综合统筹、指标共用，避免留用地规模过小、留用地与规划不符等问题给村集体土地开发造成停滞。

（4）适当放宽对于留用地的产业限制与准入条件政策

由于留用地土地所有权基本掌握在村集体手中，与国有土地在权利上存在差异，留用地在招商引资和吸纳产业能力上先天不足，因此许多企业集团对于使用留用地持保留态度。在这样的背景下，如果与国有土地统一对留用地进行产业限制与准入条件，基本是将留用地与国有土地放在同一起跑线上进行竞争，完全无法发挥留用地灵活利用，形成梯度土地利用的优势，也不利于全市社会经济和产业转型升级过程中对已有工业企业的保留和吸纳，因此建议适当放宽对于留用地的产业限制与准入条件政策。

（5）进一步梳理留用地政策，积极开展政策框架探索

一方面，进一步梳理当前相关法律法规，明确和制定全市留用地政策和操作细则。各区的留用地安置政策和做法千差万别，实际操作过程较为灵活，但也存在着许多创新性，需要通过系统性的法规形式对实施留用地政策和留用地落地过程加以规范。做到在指标获取、指标落地过程中有法可依，使各区国土资源管理部门能够从容执行，如明确对留用地再次征用的补偿问题。另一方面，积极开展留用地开发

第九章
土地利用对乡村发展的影响

利用模式政策框架探索。如指标流转调剂与集体建设用地使用权流转有机结合，在无须征地的情况下，促进留用地集中选址和集约利用，通过集约利用的开发收益分享，促进提供指标与提供土地的村集体共同发展。

2.实施对策

（1）充分利用协会力量或者建立半官方组织，协助留用地统筹开发利用

村集体在留用地开发利用的整体过程中，缺乏土地报批、城市规划专业知识、专业人力资源、招商引资市场信息，在后期物业开发建设管理的能力也仍显不足。单靠政府力量来帮助引导留用地开发工作量太大，困难较大。因此，建议充分利用协会力量或者建立半官方组织，与政府、村集体形成对接，提供专业技术力量，协助多方实现留用地统筹开发利用。

协会力量或者建立半官方组织可以提供多方面的服务，加强对留用地项目产业投向以及经营管理过程中的引导，引进符合城市功能定位要求、有发展前途和市场潜力的项目；同时做好各项服务工作，提供市场信息，构建人才培养机制，引进培养管理人才；加强对街道、村领导干部的经济管理能力的培训教育，提高管理水平。

（2）由各区国土资源管理部门牵头，统一对各村留用地与集体经济发展用地进行确认和规划调整，缩短留用地开发周期

针对各区留用地利用中的留用地不能进入后期开发程序的普遍性问题，应由各区国土资源管理部门牵头，近期统一对各村留用地与集体经济发展用地进行确认和规划调整，充分利用"三规合一"、村庄规划和功能片区规划契机，综合考虑各种发展规划需求，对各村留用地与集体经济发展用地的位置、规模和功能进行确认和规划调整，并在之后规划过程中不能随意改变村集体用地土地性质和功能。此过程

中要充分沟通表达落实多方的意愿，营造多赢局面。

（3）加强留用地利用的监督，保证土地补偿长效机制

村集体已经能非常充分地认识到土地资源的宝贵性和巨大价值，因此，一方面在现实留用地项目引进、落实和建设等环节中需要通过建立监督机构、监督检查制度和调动社会各监督力量，避免集体资产流失和腐败现象，另一方面，加强对土地利用模式的监管，积极引导被征地村利用征地留用地建设物业，形成资产积累，把补偿安置费变为不动产，用不动产收益安民富民，确保农民失地不失利。原则上避免一次性补偿方式。

（4）对于未落地留用地指标，政府应当给予适当补助

留用地作为给予失地农民的生计补偿，在实际操作过程中，多数因为种种原因无法开发，留用地未能开发的时间短则两三年，长则十多年，对于村集体、村民的稳定非常不利，政府应当对未落地留用地指标给予适当补助，以解决失地农民的基本生计问题。另一方面，在综合考虑各方利益的基础上，也应当适当降低土地开发利用税率，对村集体在办证过程中发生的费用给予减免和优惠。

（5）加强留用地开发利用方式的创新

虽然由于村民意识等种种原因，村集体倾向于在本村内落实留用地，进行留用地的开发，但未来随着全市城市化进程和地域的扩张，更多村庄地区逐步转化为城镇化地区，留用地的落地开发利用和利用效果对于村民未来生活和村集体的稳定更加重要，因此需要积极探索其他留用地开发利用方式，加强模式在实践操作过程中的创新。

如可由政府引导划定集中安置区，将全市各村留用地指标进行集中落地，引入市场机制进行利益分配，政府作为中介或者管理者，从中收取一定的管理费用；探索在现有土地制度下，借助政府力量的村留用地公开招、拍、挂形式，按累计方式积累留用地指标统一落地方式、异地落地方式、指标交易使用方式、利用留用地指标盘活违法用

地等，以更好地发挥留用地的本源性作用。

农村土地利用管理的创新，将成为当下土地制度改革的重要内容，一方面可实现集体土地资源的价值显化，另一方面也可帮助乡村地区减贫、脱贫，促进村民创收、增收。尽管本研究存在众多不足之处，但依然可以坚信的是，从人文地理学的视角去研究乡村贫困及土地利用对乡村发展是十分有意义的。在充分了解乡村贫困同地方背景之间的复杂联系及其影响因素的基础上，可更为清楚地认识地方贫困的根源与特征，也可更加深刻地了解盘活农村集体土地资源对有效缓解地方贫困、促进村民收益增加的重要作用，以进一步为区域反贫困策略的制定提供正确方向，使未来区域反贫困策略做到有的放矢，提高其针对性和有效性，促进乡村地区持续、快速、健康发展。

参 考 文 献

Agarwal B, 1997. Gender, environment, and poverty interlinks: regional variations and temporal shifts in rural India, 1971−1991. World Development, 25（1）: 23−52.

Agnes I, 2011. Absolute poverty deterioration in Benue State: rural people oriented coping strategy. Cross-cultural Communication（7）: 132−140.

Agudelo C, Rivera B, Tapasco J, 2003. Designing Policies to Reduce Rural Poverty and Environmental Degradation in a Hillside Zone of the Colombian Andes. World Development, 31（11）: 1921−1931.

Ahlström A, Pilesjö P, Lindberg J, 2011. Improved accessibility modeling and its relation to poverty-A case study in Southern Sri Lanka. Habitat International, 35（2）: 316−326.

Ahluwalia M S, 1978. Rural poverty and agricultural performance in India. The Journal of Development Studies, 14（3）: 298−323.

Al-Hathloul S, Edadan N, 1993. Evolution of settlement pattern in Saudi Arabia: a historical analysis. Habitat International, 17（4）: 31−46.

Alwang J, 2004. Poverty, policy, and space: discussion. American Journal of Agricultural Economics, 86（5）: 1297−1298.

Amarasinghe U, Samad M, Anputhas M, 2005. Spatial clustering of rural poverty and food insecurity in Sri Lanka. Food Policy, 30（5−6）: 493−509.

Ansoms A, Mckay A, 2010. A quantitative analysis of poverty and livelihood

参考文献
Reference

profiles: the case of rural Rwanda. Food Policy, 35（6）: 584-598.

Bardhan P K, 1985.Poverty and "trickle-down" in rural India: a quantitative analysis. Agricultural change and rural poverty: variations on a theme by Dharm Narain. Johns Hopkins University Press, Baltimore, MD, USA: 76-95.

Barrett G, 1982. Problems of spatial and temporal continuity of rural settlement in Ireland, A. D. 400 to 1169. Journal of Historical Geography, 8（3）: 245-260.

Benson T, Chamberlin J, Rhinehart I, 2005.An investigation of the spatial determinants of the local prevalence of poverty in rural Malawi. Food Policy, 30（5）: 532-550.

Bigman D, Srinivasan P V, 2002. Geographical targeting of poverty alleviation programs: methodology and applications in rural India. Journal of policy modeling, 24（3）: 237-255.

Binam J N, Oduol J, Olarinde L, et al., 2011. Determinants and prevalence of rural poverty in west, east and southern African countries. Modern Economy（2）: 308-323.

Cloke P, Goodwin M, Milbourne P, et al., 1995. Deprivation, poverty and marginalization in rural lifestyles in England and Wales. Journal of Rural Studies, 11（4）: 351-365.

Cloke P, Marsden T, Mooney P H, 2006. Handbook of Rural Studies. Great Britain: SAGE Publications Ltd.

Combat Poverty Agency, 2009. Understanding poverty: an introductory guide to poverty in Ireland. CPA, Dublin.

Commins P, 2004. Poverty and social exclusion in rural areas: characteristics, processes and research issues. Sociologia Ruralis, 44（1）: 60-75.

Curtis K J, Voss P R, Long D D, 2012. Spatial variation in poverty-generating processes: child poverty in the United States. Social Science Research, 41（1）: 146-159.

Deaton A, 1997. The analysis of household survey: a microeconometric approach to development policy. Baltimore: the Johns Hopkins University Press.

De La Fuente A, 2010. Remittances and vulnerability to poverty in rural Mexico. World Development, 38（6）: 828-839.

Deller S, 2010. Rural poverty, tourism and spatial heterogeneity. Annals of Tourism Research, 37（1）：180-205.

De Janvry A, Sadoulet E, 2000. Rural poverty in Latin America: determinants and exit paths. Food Policy, 25（4）：389-409.

Drèze J, Srinivasan P V, 1997. Widowhood and poverty in rural India: some inferences from household survey data. Journal of Development Economics, 54（2）：217-234.

Du Y, Park A, Wang S, 2005. Migration and rural poverty in China. Journal of Comparative Economics, 33（4）：688-709.

Duffy P J, 2009. Historical geography, rural. International Encyclopedia of Human Geography：136-145.

Eills F, Biggs S, 2001. Evolving themes in rural development 1950s-2000s. Development Policy Review, 19（4）：437-448.

Elbers C, Fujii T, Lanjouw P, et al., 2007. Poverty alleviation through geographic targeting: how much does disaggregation help? Journal of Development Economics, 83（1）：198-213.

Ellis F, 2003. Livelihoods and rural poverty reduction in Malawi. World Development, 31（9）：1495-1510.

Ellis F, 2003. Livelihoods and Rural Poverty Reduction in Tanzania. World Development, 31（8）：1367-1384.

Emwanu T, 2006. Updating Poverty Maps with panel data. World Development, 34（12）：2076-2088.

Erenstein O, Hellin J, Chandna P, 2010. Poverty mapping based on livelihood assets: a meso-level application in the Indo-Gangetic Plains, India. Applied Geography, 30（1）：112-125.

Fan S, Hazell P, Haque T, 2000. Targeting public investments by agro-ecological zone to achieve growth and poverty alleviation goals in rural India. Food Policy, 25（4）：411-428.

Fan S, Chan-Kang C, 2008. Regional road development, rural and urban poverty: evidence from China. Transport Policy, 15（5）：305-314.

参考文献
Reference

Farrow A, Larrea C, Hyman G, et al., 2005. Exploring the spatial variation of food poverty in Ecuador. Food policy, 30（5-6）：510-531.

Ferreira F H G, 2001. Rural Nonfarm Activities and poverty in the Brazilian Northeast. World Development, 29（3）：509-528.

Foulkes M, Schafft K A, 2010. The impact of migration on poverty concentrations in the United States, 1995-2000. Rural Sociology, 75（1）：90-110.

Francis P, James R, 2003. Balancing rural poverty reduction and citizen participation：the contradictions of Uganda's decentralization program. World Development, 31（2）：325-337.

Gaiha R, 1988. Income mobility in Rural India. Economic Development and Cultural Change, 36（2）：279-302.

Griffin K, Ghose A K, 1979.Growth and impoverishment in the rural areas of Asia. World Development, 7（4-5）：361-383.

Guedes G R, Brondizio E S, Barbieri A F, et al., 2012. Poverty and inequality in the rural Brazilian Amazon：a multidimensional Approach. Human Ecology, 40（1）：41-57.

Gustafsson B, Sai D, 2009. Temporary and persistent poverty among ethnic minorities and the majority in rural China. Review of Income and Wealth, 55（S1）：588-606.

Haggblade S, 2010. The rural non-farm economy：prospects for growth and poverty reduction. World Development, 38（10）：1429-1441.

Haynie D L, Gorman B K, 1999. A gendered context of opportunity：determinants of poverty across urban and rural labor markets. The Sociological Quarterly, 40（2）：177-197.

Hentschel J, 2002. rural poverty in Ecuador：assessing local realities for the development of anti-poverty programs. World Development, 30（1）：33-47.

Hyman G, Larrea C, Farrow A, 2005. Methods, results and policy implications of poverty and food security mapping assessments. Food Policy, 30（5-6）：453-460.

Islam R, 1990. Rural poverty, growth and macroeconomic policies：the Asian experience. International Labour Review, 129（6）：693-714.

Jamal V, 1990. Defining poverty in a dualistic subsistence context: a comment on Haaland and Keddeman and an alternative estimate. Economic Development and Cultural Change, 38（4）: 833-844.

Jarosz L, Lawson V, 2002. "Sophisticated people versus rednecks": economic restructuring and class difference in America's West. Antipode, 34（1）: 8-27.

Kam S P, Hossain M, Bose M L, et al., 2005. Spatial patterns of rural poverty and their relationship with welfare-influencing factors in Bangladesh. Food Policy, 30（5-6）: 551-567.

Krishna A, 2011. The irrelevance of national strategies? Rural poverty dynamics in states and regions of India, 1993-2005. World Development, 39（4）: 533-549.

Krugman P, 1991. Geography and trade. MIT Press.

Lanjouw P, 2001. Nonfarm employment and poverty in rural El Salvador. World Development, 29（3）: 529-547.

Lawson V, Jarosz L, Bonds A, 2008. Building economies from the bottom up: (mis)representations of poverty in the rural American Northwest. Social & Cultural Geography, 9（7）: 737-753.

Levin N, Kark R, Galilee E, 2010. Maps and the settlement of southern Palestine, 1799-1948: an historical/GIS analysis. Journal of Historical Geography, 36（1）: 1-18.

Lichter D T, Johnson K M, 2007. The changing spatial concentration of America's rural poor population. Rural Sociology, 72（3）: 331-358.

Macours K, Swinnen J F M, 2008. Rural-Urban poverty differences in transition countries. World Development, 36（11）: 2170-2187.

Meenakshi J V, Ray R, 2002. Impact of household size and family composition on poverty in rural India. Journal of Policy Modeling, 24（6）: 539-559.

Mendola M, 2007. Agricultural technology adoption and poverty reduction: a propensity-score matching analysis for rural Bangladesh. Food Policy, 32（3）: 372-393.

Milbourne P, 2004. The local geographies of poverty: a rural case-study. Geoforum, 35（5）: 559-575.

Mitchell C J A, 2004. Making sense of counterurbanization. Journal of Rural Studies, 20（1）: 15−34.

Minot N, Baulch B, 2005. Spatial patterns of poverty in Vietnam and their implications for policy. Food Policy, 30（5−6）: 461−475.

Minot N, 2000. Generating disaggregated poverty maps: an application to Vietnam. World Development, 28（2）: 319−331.

Moffatt S, Glasgow N, 2009. How useful is the concept of social exclusion when applied to rural older people in the United Kingdom and the United States? Regional Studies, 43（10）: 1291−1303.

Morgan J, Olsen W, 2011. Aspiration problems for the Indian rural poor: research on self-help groups and micro-finance. Capital &Class, 35（2）: 89−212.

Naude W A, Krugell W, 2003. Spatial inequality in Africa. Development Southern Africa, 20（1）: 161−167.

Nord M, 1998. Poor people on the move: county-to-county migration and the spatial concentration of poverty. Journal of Regional Science, 38（2）: 329−351.

Okwi P O, Ndeng'e G, Kristjanson P, et al., 2007. Spatial determinants of poverty in rural Kenya. PNAS, 104（43）: 16769−16774.

Olivia S, Gibson J, Rozelle S, et al., 2011. Mapping poverty in rural China: how much does the environment matter?. Environment and Development Economics, 16（2）: 129−153.

Orford S, Dorling D, Mitchell R, et al., 2002. Life and death of the people of London: a historical GIS of Charles Booth's inquiry. Health & Place, 8（1）: 25−35.

Patrick C, 2004. Poverty and social exclusion in rural areas: characteristics, processes and research Issues. Sociologia Ruralis, 44（1）: 60−75.

Peacock F, 1981. Rural poverty and development in West Malaysia(1957−70). The Journal of Developing Areas, 15（4）: 639−654.

Pickering K, Harvey M H, Summers G F, et al., 2006. Welfare reform in persistent rural poverty: dreams, disenchantments, and diversity. University park: penn state university press.

乡村贫困的地方性特征及土地利用对乡村发展的影响
土地利用与空间规划丛书

Place F, 2007. Understanding rural poverty and investment in agriculture: an assessment of integrated quantitative and qualitative research in Western Kenya. World Development, 35 (2): 312–325.

Porter K H, 1989. Poverty in rural America: A national overview. Sociocultural and service issues in working with rural clients. 51–63

Ravallion M, 2000. Prices, wages and poverty in rural India: what lessons do the time series data hold for policy? . Food Policy, 25 (3): 351–364.

Rigg J, 2006. Land, farming, livelihoods, and poverty: rethinking the links in the Rural South. World Development, 34 (1): 180–202.

Rupasingha A, Goetz S J, 2007. Social and political forces as determinants of poverty: A spatial analysis. The Journal of Socio-Economics, 36 (4): 650–671.

Saisana M, Saltelli A, 2010. The multidimensional poverty assessment tool (MPAT): robustness issues and critical assessment.

Smith L H, Rungeling B, 1976. Rural white poverty are unique policies required? . Growth and Change, 7 (4): 8–12.

Stockburger C, 1967. Causes of rural poverty. International Food Policy Research Institute (IFPRT).

Szonyi J, Pauw E D, Rovere R L, et al., 2010. Mapping natural resource-based poverty, with an application to rural Syria. Food Policy, 35 (1): 41–50.

Tanton R, Harding A, Mcnamara J, 2010. Urban and rural estimates of Poverty: recent advances in spatial microsimulation in Australia. Geographical Research, 48 (1): 52–64.

Tickamyer A R, 2009. Poverty, Rural. International Encyclopedia of Human Geography: 416–420.

Benson T, Chamberlin J, Rhinehart I, 2005. An investigation of the spatial determinants of the local prevalence of poverty in rural Malawi. Food Policy, 30 (5–6): 532–550.

Van de Walle D, 2002. Choosing Rural Road Investments to Help Reduce Poverty. World Development, 30 (4): 575–589.

Walsh K, 2010. Scoping paper prepared for the Pobal All-Island Conference " New

参考文献
Reference

ideas，New Directions" on 21st October 2010 in the Boyne Valley Hotel，Drogheda.

Zezza A，2002. Meso-Economic Filters Along the Policy Chain： Understanding the Links Between Policy Reforms and Rural Poverty in Latin America. World Development，30（11）：1865−1884.

Zhang Y，Wan G，2006. The impact of growth and inequality on rural poverty in China. Journal of Comparative Economics，34（4）：694−712.

艾沙江·艾力，瓦尔斯江·阿布力孜，2007. 新疆贫困地区经济发展因素综合分析. 经济地理，27（3）：404−408.

艾云航，1989. 关于贫困地区经济开发问题的探讨. 经济地理，9（1）： 1−5.

安建华，纪军平，孙宝珠，1991. 农业生产用地利用效果的综合评价方法. 黑龙江八一农垦大学学报（1）：87−90.

安树伟，1998. 我国反贫困进程的历史回顾与前景展望. 经济地理，18（2）： 46−50.

安树伟，1999. 中国农村贫困问题研究：症结与出路. 北京： 中国环境科学出版社.

曹春生，2005. 古村遗韵. 沈阳：辽宁大学出版社.

曹建民，胡瑞法，黄季焜，2005. 技术推广与农民对新技术的修正采用：农民参与技术培训和采用新技术的意愿及其影响因素分析. 中国软科学（6）：60−66.

曹明明，2002. 西部贫困地区可持续发展的模式初探. 人文地理，17（4）：92−95.

陈富明，2012. 留用地合作开发项目投资风险评价研究：以杭州市为例. 杭州：浙江大学.

陈光金，2008. 中国农村贫困的程度、特征与影响因素分析. 中国农村经济（9）：13−25；34.

陈国阶，2000. 渝鄂湘黔接壤贫困山区商贸发展. 地域研究与开发，19（1）：81−84.

陈慧，2006. 农村女青年精神贫困透视. 广东工业大学学报（社会科学版），6（2）：52−54.

陈济康，2008.刍议征地留用地安置制度的建立与完善——以长乐市为例//科学合理用地 人地和谐相处2008年学术年会论文集. 福州： 长乐市国土资源局：260−264.

陈绍华，王燕，2001. 中国经济的增长和贫困的减少——1990—1999年的趋势研究. 财贸研究，27（9）：3-11.

陈扬乐，2003. 湖南县域经济发展水平的空间差异与扶贫开发. 经济地理，23（2）：183-186.

陈勇，2013. 对余杭区村级留用地发展情况的调查与思考——以创新思维破解留用地发展难题为基点. 浙江国土资源（2）：18-19.

成升魁，丁贤忠，1996. 贫困本质与贫困地区发展. 自然资源（2）：29-34.

程静，2010. 农业天气风险与中国农村贫困的实证研究. 地域研究与开发，29（4）：104-107.

程世勇，2010. 城乡建设用地流转：体制内与体制外模式比较. 社会科学（6）：45-52.

邓聚龙，1982. 灰色控制系统. 华中工学院学报，10（3）：9-18.

丁文广，雷青，于娟，2006. 甘肃省耕地资源禀赋与贫困关系的量化研究. 经济地理，26（4）：636-638.

丁文广，于娟，卜红梅，2007. 甘肃省能源资源禀赋与贫困关系的量化研究. 经济地理，27（6）：1025-1029.

董皞，冼伟雄，李俊夫，2013. 中国广州城市建设与管理发展报告（2013）. 北京：社会科学文献出版社.

杜国明，2004. 人文地理学、自然辩证法与人地关系理论的发展. 内蒙古师范大学学报（哲学社会科学版），33（5）：110-112.

杜茂华，2012. 农村征地留用地制度的制约因素与创新机制. 江苏农业科学，40（4）：404-406；407.

杜茂华，陈莉，2013. 重庆市实施农村集体征地留用地制度建立健全失地农民有效补偿机制探讨. 江苏农业科学，41（8）：400-403；404.

杜茂华，李彬，2012. 城镇化背景下征地留用地制度探析：基于被征地农户权益保护的视角. 安徽农业科学，40（5）：3045-3047.

杜茂华，汤鹏主，2012. 农村征地留用地模式分析及政策建议. 西南农业大学学报（社会科学版），10（1）：1-5.

杜鹏，王利，2010. 基于GIS的营口市地形起伏度分析. 科教信息，23：564-565.

都阳，蔡昉，2005. 中国农村贫困性质的变化与扶贫战略调整. 中国农村观察

（5）：2-9；22.

段塔丽，2004. 论西部农村贫困妇女的生存环境及其网络资本. 陕西师范大学学报（哲学社会科学版），33（2）：64-68.

段鹏，张晓峒，张静，2009. 论我国农村贫困的决定因素——基于村民行为选择视角的实证分析. 财经研究，35（10）：105-115.

范少言，陈宗兴，1995. 试论乡村聚落空间结构的研究内容. 经济地理，15（2）：44-47.

方素萍，2005. 关于村集体留用地问题和对策的思考. 工作研究（7）：2.

封志明，唐焰，杨艳昭，等，2007. 中国地形起伏度及其与人口分布的相关性. 地理学报，62（10）：1073-1082.

封志明，张丹，杨艳昭，2011. 中国分县地形起伏度及其与人口分布和经济发展的相关性. 吉林大学社会科学学报，51（1）：146-151.

冯文勇，陈新莓，2003. 晋中平原地区农村聚落扩展分析. 人文地理，18（6）：93-96.

冯星光，张晓静，2006. 贫困测度指标及其评价. 统计与信息论坛，21（3）：22-26；44.

冯彦，2001. 滇西北"大河流域"区贫困类型及脱贫研究. 云南地理环境研究，13（1）：87-93.

高二平，2012. 被征地农民留用地开发模式及收益分配研究. 杨凌：西北农林科技大学.

高凤君，郭治兴，魏秀国，2010. 广东省县域经济实力差异空间自相关分析. 地理信息世界（4）：29-34.

高更和，侯景伟，2008. 穷人地理学：研究贫困问题的一个新视角. 南阳师范学院学报，7（3）：73-77.

葛莹，姚士谋，蒲英霞，等，2005. 运用空间自相关分析集聚经济类型的地理格局. 人文地理（3）：21-25.

宫文，周进生，2011. 广西乡村贫困化空间格局及其影响因素分析. 安徽农业科学，39（20）：12434-12437.

巩晶，2010. 近十年中国农村贫困的知识量化研究. 杨凌：西北农林科技大学.

巩晶，付少平，2010. 近十年国内农村贫困研究的文献分析. 广东农业科学

乡村贫困的地方性特征及土地利用对乡村发展的影响

土地利用与空间规划丛书

（1）：243-246.

谷洪波，吴克明，2004. 我国农村贫困的形成机理及政策选择. 湖南师范大学社会科学学报，33（1）：65-69.

顾林土，2006. 完善"征地留用地"制度 推进新郊区新农村建设. 上海土地（4）：11-13.

关淑芳，2012. 试论我国农村集体建设用地使用权的流转. 法学杂志（5）：56-60.

管驰明，陈干，贾玉连，2001. 乡村聚落群结构分形性特征研究——以浙江省平湖县为例. 地理学与国土研究，17（2）：57-62.

广东省连县县志编写委员会，1985. 连县志. 连州：广东省连县县志编写委员会.

广东省地方史志编纂委员会，1999. 广东省志 地名志. 广州：广东人民出版社.

广东省扶贫开发领导小组办公室，2005. 广东扶贫志（1985-2005）. 广州：广东省扶贫开发领导小组办公室.

广州市统计局，国家统计局广州调查队，2013. 广州市统计年鉴. 北京：中国统计出版社.

国家统计局农村社会经济调查司，2009. 中国农村贫困监测报告-2008. 北京：中国统计出版社.

郭来喜，姜德华，1995. 中国贫困地区环境类型研究. 地理研究，14（2）：1-7.

郭利平，2001. 文山州特困乡贫困类型划分. 云南地理环境研究，13（1）：78-86.

郭清霞，魏细玲，2008. 湖北省两大贫困区PPT战略模式比较. 经济地理，28（1）：167-169；176.

郭璇，钟娴君，2005. 集体建设用地使用权流转法律问题探析. 中山大学学报论丛，25（1）：91-94.

韩春，2010. 中国农村贫困代际传递问题根源探究. 经济研究导刊（16）：46-48.

韩林芝，邓强，2009. 我国农村贫困主要影响因子的灰色关联分析. 中国人口·资源与环境，19（4）：88-94.

韩茂莉，2004. 辽代西拉木伦河流域聚落分布与环境选择. 地理学报，59（4）：543-549.

何红梅，王晓波，刘志隆，2011. 自然灾害对农村贫困影响的经济分析. 甘肃农业（4）：21-22.

何红霞，2011. 留用地制度的地方实践及其改进——以杭州市为例. 南京工业大学学报（社会科学版），10（3）：27-31.

贺振，2010. 基于空间自相关的河南省城镇化水平空间格局研究. 测绘科学，35
（6）：178-179；191.

胡兵，赖景生，胡宝娣，2007. 经济增长、收入分配与贫困缓解——基于中国农
村贫困变动的实证分析. 数量经济技术经济研究（5）：33-42.

胡业翠，方玉东，刘彦随，2008. 广西喀斯特山区贫困化综合评价及空间分布特
征. 中国人口·资源与环境，18（6）：192-197.

黄帝荣，2009. 农村贫困群体文化扶持的社会学思考. 湖南商学院学报（双月
刊），16（3）：38-42.

黄飞飞，张小林，余华，等，2009. 基于空间自相关的江苏省县域经济实力空间
差异研究. 人文地理（2）：84-89.

黄蜀媛，1996. 大旗头村——华南农业聚落的典型. 华中建筑，14（4）：48-49.

黄晓燕，曹小曙，李涛，2011. 海南省区域交通优势度与经济发展关系. 地理研
究，30（6）：985-999.

黄亚云，金晓斌，魏西云，等，2009. 征地留用地安置模式适用范围的定量评价
与实证研究. 城市发展研究，3（16）：68-72.

黄忠怀，2003. 整合与分化——明永乐以后河北平原的村落形态及其演变. 上
海：复旦大学.

黄忠怀，2005. 20世纪中国村落研究综述. 华东师范大学学报（哲学社会科学
版），37（2）：110-116.

贾涛，1990. 关于贫困山区经济、环境协调发展问题的理论探讨. 地域研究与开
发，9（6）：21-23.

江波，1999. 关于贫困地区贫困人口问题的探讨——以山西省50个贫困县为例.
人文地理，14（1）：72-75.

江华，杨秀琴，2011. 农村集体建设用地流转——制度变迁与绩效评价. 北京：
中国经济出版社.

姜德华，张耀光，杨柳，等，1988. 中国贫困地区类型划分及开发研究提要报告.
地理研究，7（3）：1-16.

蒋凯峰，2009. 我国农村贫困、收入分配和反贫困政策研究. 武汉：华中科技大学.

蒋美华，2007. 农村已婚女性贫困状况及脱贫对策——以河南农村已婚女性为例.

中州学刊（1）：122-126.

蒋巍巍，1996. 集体土地使用权及集体非农建设用地流转问题分析. 中国土地科学（S1）：74-77.

焦若水，2006. 民族妇女贫困：制度与文化的双重解释. 青海民族研究，17（4）：53-56.

金涛，张小林，金飚，2002. 中国传统农村聚落营造思想浅析. 人文地理，17（5）：45-48.

金晓斌，魏西云，周寅康，等，2008. 被征地农民留用地安置模式适用性评价研究——分析浙江省典型案例. 中国土地科学，22（9）：27-32.

金昱彤，2010. 转型中的无助者：社会支持视野下的西北乡村贫困女性. 甘肃联合大学学报（社会科学版），26（3）：50-53.

景文宏，黄文秋，周潮，2009. 欠发达地区农村贫困性质的转变和扶贫战略调整——以甘肃为例. 西北人口，30（4）：58-61；66.

李翠锦，2010. 农户人力资本投资与农村贫困关系的实证研究. 安徽农业科学，38（14）：7611-7613.

李翠锦，2010. 农户收入结构对农村贫困缓解的影响研究. 特区经济（3）：180-181.

李德一，张安定，张树文，2008. 山东半岛北部海岸带城乡聚落扩展变化特征与驱动力分析. 自然资源学报，23（4）：612-618.

李海涛，商如斌，翟琪，2003. 洛仑兹曲线与基尼系数的应用. 甘肃科学学报，15（1）：89-94.

李汉中，2011. 农村贫困人口分布空间分化成因及对策探析. 江苏农村经济（1）：58-60.

李强，2008. 改革开放30年来中国社会分层结构的变迁. 北京社会科学（5）：47-60.

李实，John Knight，2002. 中国城市中的三种贫困类型. 经济研究（10）：47-58.

李石新，2006. 经济增长、收入分配与中国农村贫困的减少. 武汉：华中科技大学.

李双成，许月卿，傅小锋，2005. 基于GIS和ANN的中国区域贫困化空间模拟分析. 资源科学，27（4）：76-81.

李松志，孙白俊，2010. 九江市县域经济发展水平空间差异分析. 工业技术经济，29（3）：2-5.

李小建，2009. 农户地理论. 北京：科学出版社.

李小云，张悦，李鹤，2011. 地震灾害对农村贫困的影响——基于生计资产体系的评价. 贵州社会科学（3）：81-85.

李学东，1998. 我国贫困山区可持续发展的因素与目标研究——以黔江地区为例. 地域研究与开发，17（2）：19-23.

李雅丽，陈宗兴，1994. 陕北乡村聚落地理的初步研究. 干旱区地理，17（1）：46-52.

李阳兵，王世杰，容丽，2004. 西南岩溶山区生态危机与反贫困的可持续发展文化反思. 地理科学，24（2）：157-162.

李一川，薛东，2010. 农村集体经济留用地开发模式与开发方案的研究. 学理论（15）：46-48.

李益敏，林锦屏，2004. 云南省反贫困地理信息系统建设初探. 人文地理，19（5）：30-33.

李瑛，陈宗兴，1994. 陕南乡村聚落体系的空间分析. 人文地理，9（3）：13-21.

李雨停，丁四保，王荣成，2009. 我国农村贫困区域及农村人口转移问题研究. 经济地理，29（10）：1704-1709.

李志刚，刘晓春，2003. 陕甘宁接壤区反贫困策略. 人文地理，18（2）：7-10.

李志鹏，2013. 南沙新区村留用地开发利用策略的研究. 兰州：兰州大学.

廖荣华，喻光明，刘美文，1997. 城乡一体化过程中聚落选址和布局的演变. 人文地理，12（4）：31-34，24.

廖少廉，杨靳，2002. 人口迁移与农村贫困. 市场与人口分析，8（6）：19-23.

林伯强，2003. 中国的经济增长、贫困减少与政策选择. 经济研究（12）：15-25.

刘创巍，2007. 论农村发展留用地制度构建和完善. 北京：对外经济贸易大学.

刘芳，赵新平，岳隽，2011. 快速城市化背景下原农村集体留用地的产权经济学分析——以深圳为例. 广东土地科学，10（4）：4-9.

刘海军，2009. 中国农村贫困成因研究综述. 中国集体经济（25）：87-88.

刘慧，2001. 新时期西部地区贫困问题研究. 地理研究，20（4）：489-497.

刘明皓，邱道持，汪红群，2002. 山城土地定级地形因素评价方法探讨——以重庆市主城区为例. 河北师范大学学报（自然科学版），26（3）：309-313；318.

刘姝驿，2014. 台湾地区市地重划的制度建设及不同模式效益比较. 重庆：西南大学.

刘卫，2002. 关于珠江新城村留用地问题的探讨. 南方建筑（3）：13-15.

刘晓旭，2009. 农村贫困妇女就业的实证研究. 中华女子学院山东分院学报（3）：26-30.

刘修岩，章元，贺小海，2007. 教育与消除农村贫困：基于上海市农户调查数据的实证研究. 中国农村经济（10）：61-68.

刘永红，王卫城，2008. 快速城市化地区的征地留用地规划管理探索与实践——以深圳为例//中国城市规划学会. 生态文明视角下的城乡规划——2008中国城市规划年会论文集. 大连：深圳市城市规划发展研究中心：1-7.

陆康强，2007. 贫困指数：构造与再造. 社会学研究（4）：1-22.

罗弘韬，2012. 杭州市村留用地制度分析及完善建议. 上海：华东政法大学.

罗遐，2007. 1980年代中期以来中国贫困问题研究综述. 学术界（双月刊）（127）：247-257.

罗小兰，2011. 最低工资对农村贫困的影响：基于中国农民工的实证分析. 经济科学（3）：68-78.

骆振，韩利红，2011. 滨江区村级留用地开发的实践与探索. 杭州农业与科技（3）：10-12.

骆振，余雪贞，2010. 滨江区村级留用地开发的问题与对策思考. 工作研究（12）：10-11.

吕韬，曹有挥，2010. "时空接近"空间自相关模型构建及其应用——以长三角区域经济差异分析为例. 地理研究，29（2）：351-360.

马丽，2001. 黄土高原地区贫困范围变化与脱贫机制分析. 经济地理，21（1）：23-27.

马忠玉，2001. 论我国西部大开发战略中的旅游开发与贫困消除. 自然资源学报，16（2）：191-195.

马晓微，杨勤科，2001. 基于GIS的中国潜在水土流失评价指标研究. 水土保持通报，21（2）：41-44.

米文宝，陈忠祥，李龙堂，1997. 西海固贫困原因剖析与可持续发展对策. 人文地理，12（3）：70-74.

明亮，2011. 自然灾害的农村贫困效应——对湖南SH村冰雪灾害的调查研究. 广东农业科学（3）：187-189.

参考文献
Reference

欧阳修，宋祁，2011. 新唐书. 北京：中华书局.

潘裕娟，曹小曙， 2010. 乡村地区公路网通达性水平研究——以广东省连州市12乡镇为例. 人文地理（1）：94-99.

彭德福，1986. 我国十一片贫困地区情况简介. 农业经济问题（8）：23-24；14.

齐大英，2006. 民国时期山西中南部乡村聚落的规模和形态结构. 西安：陕西师范大学.

秦存强，郁大海，支秋霞. 2009. 当代农村女性文化贫困现状与对策. 理论观察（5）：108-111.

清远市地名委员会，清远市国土局，1993. 清远市地名志. 广州：广东省地图出版社.

仇凤仙，2010. 消解与重构：欠发达区域农村贫困老人生活状态分析——以安徽省S县D村调查为例. 南方人口，25（6）：9-14；31.

曲玮，2008. 基于地理环境约束的农村贫困问题研究. 兰州：兰州大学.

上海市郊区经济促进会，2008. 维护农民合法权益，促进农村和谐稳定——关于"征地留用地"情况的调查和建议. 上海农村经济（7）：7-8.

沈红，2000. 中国贫困研究的社会学评述. 社会学研究（2）：91-103.

盛来运，1997. 经济增长和收入分配对农村贫困变动的影响. 中国农村观察（6）：31-36.

宋延洲，黄万华，王国强，等，1992. 关于贫困地区发展区域支柱产业的若干问题——以信阳地区为例. 地域研究与开发，11（1）：1-4.

隋文娟，刘筱，廖悲雨，2010. 贫困视角下的中国区域经济增长规律及其管治研究. 地理研究，29（2）：373-381.

苏基才，2009. 利用留用地促进城郊型农村集体经济发展——以广州市白云区为例. 南方农村（3）：24-27.

苏小东，2012. 征地补偿留用地安置模式研究——以瑞安市为例. 财经界（学术版）（3）：283-284.

孙继凤，刘爱荣，1998. 贫困区的发生类型与可持续性脱贫对策. 地域研究与开发，17（2）：28-31.

孙立平，2009. 中国社会结构的变迁及其分析模式的转换. 南京社会科学（5）：93-97.

孙天胜，徐登祥，1996. 风水——中国古代的聚落区位理论. 人文地理，11（S1）：60-62.

孙佑海，2000. 城市土地初次流转问题与对策. 中国土地（7）：19-22.

孙运宏，2011. 农村女性贫困问题研究综述. 理论观察（3）：69-70.

谭伟伦，曾汉祥，2005. 连州的传统经济、宗教与民俗. 香港：国际客家学会，海外华人资料研究中心，法国远东学院.

谭贤楚，2011. "输血" 与 "造血" 的协同——中国农村扶贫模式的演进趋势. 甘肃社会科学（3）：226-228.

汤国安，赵牡丹，2000. 基于GIS的乡村聚落空间分布规律研究——以陕北榆林地区为例. 经济地理，20（5）：1-4.

唐建，刘志文，2004. 西部地区农村贫困现状、原因及对策探析. 中国人口·资源与环境，14（4）：50-55.

田志康，林长旺，何百琪，1992. 湖北省大别山区贫困标准研究. 地域研究与开发，11（1）：39-42.

脱脱，等，1997. 宋史. 北京：中华书局.

万晔，司徒群，朱彤，等，2002. 云南傣族农村聚落分类体系与建设整治途径研究. 经济地理，22（S1）：58-62.

汪一鸣，1993. 我国建立市场经济过程中的反贫困战略. 人文地理，8（4）：1-7；20.

王传胜，孙贵艳，孙威，等，2011. 云南昭通市坡地聚落空间特征及其成因机制研究. 自然资源学报，26（2）：237-246.

王东荣，2007. 征地留用地制度的实施依据和推进措施. 上海土地（6）：11-13.

王法辉，2009. 基于GIS的数量方法与应用. 姜世国，滕骏华，译. 北京：商务印书馆.

王国强，蔡建霞，1992. 贫困地区支柱产业选择依据与方法研究——以河南大别山区为例. 地域研究与开发，11（4）：31-34.

王国强，方相林，1995. "九五" 期间河南省贫困地区扶贫开发对策. 地域研究与开发，14（3）：42-46.

王海民，李小云，2009. 贫困研究的历史脉络与最新进展述评. 中国农业大学学报（社会科学版），26（3）：40-51.

王惠, 2008. 留地安置政策存在的问题及法理分析. 农业经济 (9): 26-29.

王建革, 2000. 华北平原内聚型村落形成中的地理与社会影响因素. 历史地理 (16): 89-96.

王静国, 2009. 我国城市化进程中失地农民留地安置研究. 成都: 电子科技大学.

王俊文, 2007. 当代中国农村贫困与反贫困问题研究. 武汉: 华中师范大学.

王立安, 钟方雷, 苏芳, 2009. 西部生态补偿与缓解贫困关系的研究框架. 经济地理, 29 (9): 1552-1557.

王青, 2012. 被征地农民留用地开发模式及收益分配研究. 杨凌: 西北农林科技大学.

王权典, 2008. 统筹城乡发展视野中征地留用地法律问题之初探//2008 "农村法制建设论坛" 暨中国农业经济法研究会上海年会.2008年 "农村法治建设论坛" 暨中国农业经济研究会上海年会论文集. 上海: 中国农业经济研究会, 中国法学会: 148-155.

王权典, 2010. 统筹城乡征地留用地保障政策之法律研析. 行政与法 (2): 36-40.

王荣来, 刘晓林, 杨延哲, 等, 2000. 河南省农村贫困人口分布特点与扶贫对策. 地域研究与开发, 19 (1): 92-94.

王如渊, 孟凌, 2006. 对我国失地农民 "留地安置" 模式几个问题的思考——以深圳特区为例. 农业经济导刊 (3): 42-47.

王社教, 2006. 论历史乡村地理学研究. 陕西师范大学学报 (哲学社会科学版), 35 (4): 71-77.

王石英, 1999. 贫困地区资源承载力等级与资源配置——以四川省凉山州为例. 地域研究与开发, 18 (3): 29-32.

王婷婷, 2012. 实行留地安置的失地农民就业保障研究——以贵州省忠庄镇为例. 重庆: 重庆大学.

王玮瑜, 2009. 广州市花都区农村经济发展留用地规划建设管理研究. 广州: 华南理工大学.

王飚, 2009. 社会组织与农村贫困主体消除的多元化. 科技和产业, 9 (6): 84-87.

王飚, 2009. NGO与农村贫困的消除. 湖南财经高等专科学校学报, 25 (119): 42-44.

王银峰, 田建民, 裴文岑, 等, 1990. 初论贫困地区优势资源的系列开发. 地域研究与开发, 9 (7): 54-56.

王雨林，2007. 转型期中国农村贫困问题研究——基于省际数据的分析. 杭州：浙江大学.

王增文，2010. 农村老年女性贫困的决定因素分析——基于Cox比例风险模型的研究视角. 中国人口科学（1）：75-83.

王志标，2005. 阿马蒂亚·森的贫困思想述评. 北京工业大学学报（社会科学版），5（3）：5-10.

王祖祥，范传强，何耀，等，2009. 农村贫困与极化问题研究——以湖北省为例. 中国社会科学（6）：73-88.

魏后凯，1992. 我国贫困地区经济开发政策的抉择. 地域研究与开发，11（1）：18-21.

魏众，B.古斯塔夫森，1998. 中国转型时期的贫困变动分析. 经济研究（11）：64-68.

温华特，2013. 留一片土地　保一方生计——聚焦杭州市留用地安置制度. 浙江国土资源：36-38.

吴红伟，2009. 西部农村贫困地区劳动力转移对策分析. 理论前沿（9）：42-43.

吴清华，2004. 当代中外贫困理论比较研究. 人口与经济（1）：74-79；64.

吴文恒，牛叔文，郭晓东，等，2008. 黄淮海平原中部地区村庄格局演变实证分析. 地理研究，27（5）：1017-1026.

吴新颖，2005. 关于贫困地区发展旅游业的思考. 经济地理，25（3）：430-432.

肖斌，2010. 我国农村贫困代际传递问题. 成都：西南财经大学.

肖智远，2010. 广东欠发达农村贫困的现状与原因分析. 南方农村（2）：86-90.

谢让志，1997. 中国农村贫困问题及反贫困战略研究. 经济地理，17（4）：37-42.

谢庭生，曾代良，徐达华，2000. 湘西武陵山贫困地区脱贫与发展. 经济地理，20（1）：43-47.

谢智荣，1996. 台湾市地重划实例与优缺点. 中国土地科学，10（6）：22-23.

薛东，朱青青，孙玉梅，2011. 农村经济发展留用地开发模式及相关问题的研究. 学理论（36）：176-179.

薛华，2004. 农村集体建设用地流转管理研究. 重庆：重庆大学.

徐敏，张树夫，2010. 基于空间自相关模型的江苏省县域经济空间格局演变分析. 工业技术经济（12）：55-60.

徐胜，2008. 江苏省现代农业园区的建设及规划研究. 南京：南京农业大学.

徐秀虎，2011. 农村贫困阶层发生分化的影响因素分析——基于对苏北某县部分贫困户的调查. 南京人口管理干部学院学报, 27（1）：32-35；69.

许敦莲, 2012. 留用地开发亟待强化引导. 浙江经济（12）：48-49.

许月卿, 李双成, 蔡运龙, 2006. 基于GIS和人工神经网络的区域贫困化空间模拟分析——以贵州省猫跳河流域为例. 地理科学进展, 25（3）：79-85；140.

闫满存, 李华梅, 王光谦, 2000. 广东沿海陆地地质环境质量定量评价研究. 工程地质学报, 8（2）：416-425.

严志强, 廖赤眉, 胡宝清, 2004. 桂西北喀斯特斜坡带生态安全评价及反贫困对策. 地域研究与开发, 23（6）：27-30.

杨国涛, 2006. 宁夏农村贫困的演进与分布研究. 南京：南京农业大学.

杨吉人, 2014. 城镇化：赋予农民更多财产权——彭浦村征地留用地试点成功的启示. 上海农村经济（1）：29-31.

杨靳, 2003. 人口迁移与农村贫困——中美实证分析. 厦门：厦门大学.

杨静如, 2009. 农村女性文化贫困探析. 邢台学院学报, 24（4）：11-12.

杨俊, 黄潇, 2010. 基于教育差距引致农村贫困的背景观察. 公共管理（3）：110-119.

杨科, 2009. 论农村贫困人口的自我发展能力. 湖北社会科学（4）：61-64.

杨颖, 2011. 中国农村反贫困研究：基于非均衡发展条件下的能力贫困. 北京：光明日报出版社.

杨友孝, 蔡运龙, 傅泽强, 2000. 西部贫困山区的产业开发与项目选择——以贵州省紫云自治县为例. 地理学与国土研究, 16（3）：12-17.

姚如青, 2010. 城市征地留用制度的创新评价和完善建议——基于浙江省杭州市的调查研究. 中共杭州市委党校学报（5）：23-28.

叶普万, 贾慧咏, 2010. 我国农村妇女贫困的现状、原因及解决对策. 理论学刊（9）：61-64.

尹怀庭, 陈宗兴, 1995. 陕西乡村聚落分布特征及其演变. 人文地理, 10（4）：17-24.

银平均, 2006. 社会排斥视角下的中国农村贫困. 天津：南开大学.

余建辉, 张文忠, 2010. 基于社会属性的北京市居民群体空间自相关分析. 地理研究, 29（5）：820-829.

俞枫, 曹国平, 梁俊林, 等, 2005. 适应城市化发展要求　加强经济发展留用地管理. 浙江国土资源（3）：26-28.

俞万源, 2002. 贫困落后地区的城市化. 地域研究与开发, 21（1）：35-37.

于立繁，2007. 农村老年贫困与老年社会保障制度建设——基于安徽省部分贫困农村的实地调研. 合肥：安徽大学.

喻国华，2003. 广东农村贫困的类型及原因. 仲恺农业技术学院学报，16（3）：53-58.

袁媛，2006. 转型时期广州城市贫困的空间特征和形成机制研究. 广州：中山大学.

袁媛，许学强，2008. 转型时期中国城市贫困地理的实证研究——以广州市为例. 地理科学，28（4）：457-463.

袁政，2003. 人地关系理论新探——区域政治、经济、社会系统观. 人文地理，18（3）：92-96.

曾早早，方修琦，叶瑜，2011. 吉林省近300年来聚落格局演变. 地理科学，31（1）：87-94.

张建华，陈立中，2006. 总量贫困测度研究述评. 经济学（季刊），5（3）：675-694.

张京祥，张小林，张伟，2002. 试论乡村聚落体系的规划组织. 人文地理，17（1）：85-88；96.

张康聪（Chang, K.T.），2009. 地理信息系统导论：第三版. 陈建飞，等，译. 北京：清华大学出版社.

张连均，张晶，侯晓慧，等，2010. 江苏省人口分布的空间自相关分析. 首都师范大学学报（自然科学版），31（4）：7-10.

张琳，2010. 对留用地安置制度的探讨. 城市建设（下旬）（4）：464.

张启慧，1996. 中国贫困地区持续发展初探. 地域研究与开发，15（3）：23-26；48.

张秋华，罗叙文，2014. 村发展留用地开发状况分析及思考. 浙江国土资源（2）：40-42.

张淑芬，郑宝华，2010. 投资对缓解农村贫困成效影响的实证分析——以云南73个国家扶贫开发工作重点县为例. 云南社会科学（4）：48-51.

张旺锋，方晨，耿莎莎，2012. 基于GIS的西部三大经济区经济空间重心轨迹研究. 西北师范大学学报（自然科学版），48（4）：94-101.

张伟然，1995. 湖南历史文化地理研究. 上海：复旦大学出版社.

张伟然，2000. 湖北历史文化地理研究. 武汉：湖北教育出版社.

张晓虹，2000. 山西历史聚落地理研究. 历史地理（16）：75-88.

张小林，1999. 乡村空间系统及其演变研究：以苏南为例. 南京：南京师范大学出版社.

张有为, 2008. 关于进一步落实征地留用地制度 实现失地农民长效增收的若干建议. 上海农村经济（7）：9-10.

张玉玺, 庄天慧, 2010. 贵州省农村贫困人口分布特征及变动趋势分析. 四川经济管理学院学报, 21（3）：25-27.

张占录, 2009. 完善留用地安置模式的探索研究. 国家行政学院学报（2）：81-83.

张占录, 2009. 征地补偿留用地模式探索——台湾市地重划与区段征收模式借鉴. 经济与管理研究（9）：71-75；95.

张祖群, 2009. 清代以来咸阳村落的分布变化和社会之考察. 西安：陕西师范大学.

赵荣, 1995. 关中中心聚落地域结构的形成与演变. 人文地理, 10（1）：56-64.

赵莎莎, 2013. 城郊失地农民社会安置问题研究——以西安市未央区为例. 西安：长安大学.

赵涛, 庄大方, 冯仁国, 2004. 1990年代我国新增非农建设用地的空间分异特征. 经济地理, 24（5）：648-652.

赵玉亮, 邓宏图, 2009. 制度与贫困：以中国农村贫困的制度成因为例. 经济科学（1）：17-29.

赵跃龙, 刘燕华, 1996. 中国脆弱生态环境分布及其与贫困的关系. 人文地理, 11（2）：1-7；68.

郑鸣潮, 沈乐毅, 2006. 让农民得实惠——浙江省杭州市实行留用地管理的经验. 国土资源通讯（5）：33，35.

郑文娟, 2009. "城中村"改造中"留用地"项目开发的对策——以杭州市为例. 中国房地产（3）：66-67.

庄天慧, 张海霞, 杨锦秀, 2010. 自然灾害对西南少数民族地区农村贫困的影响研究——基于21个国家级民族贫困县67个村的分析. 农村经济（7）：52-56.

周婧, 杨庆媛, 信桂新, 等, 2010. 贫困山区农户兼业行为及其居民点用地形态——基于重庆市云阳县568户农户调查. 地理研究, 29（10）：1767-1779.

周力丰, 2006, 对留用地安置过程中几个问题的探讨. 浙江国土资源（7）：21-22.

周怡, 2002. 贫困研究：结构解释与文化解释的对垒. 社会学研究（3）：49-63.

朱青青, 罗曼, 2012. 关于农村经济发展留用地开发模式的案例分析. 广东土木与建筑（10）：14-16.

祝伟，2010. 经济增长、收入分配与农村贫困——以甘肃为例. 兰州：兰州大学.

邹怡，2006. 民国市镇的区位条件与空间结构（上）——以浙江海宁硖石镇为例. 历史地理（21）：145-171.

左停，齐顾波，唐丽霞，2009. 新世纪我国农村贫困和反贫困的新特点. 贵州社会科学（7）：46-52.

国家统计局国际统计信息中心，2008.长江和珠江三角洲及港澳台统计年鉴.北京：中国统计出版社.

参考文献
Reference